習近平用典

人民日報評論部

高 潔／陸 晩霞 他［訳］

博文国際

Xi Jinping's Citations from Chinese Classics
by
People's Daily Press

序言

中国文化から力を汲み取る

楊振武

「歴史を忘れないでこそ未来を切り開くことができる。継承が上手な人こそ革新も巧みにできる。歴史から未来へと歩み、民族文化の血脈を継続、開拓、前進してこそ、今日の事業をやりこなせる」２０１４年9月、孔子生誕２５６５周年国際シンポジウムにおける講演で習近平総書記は、世界に向って優れた伝統文化を伝承、革新しようという〝中国の声〟を発し、幅広い共感を引き起こした。

「人民と心を通じ合わせ、人民と苦楽を共にし人民と団結し、奮闘し、絶えず公にある」２０１２年11月15日、注目されたその記者会見において、中国共産党総書記に就任したばかりの習近平総書記は、清新で素朴な言葉を以て多くの人々の心を打った。その後、たびたびマスコミに引用された〝夙夜在公〟（夜のまだき仕えまつる）という言葉は、『詩経・召南・采蘩』による。

歴史は最高の教科書である。習近平氏はかつてこう言った。一つの民族、一つの国とは自分が一体誰なのか、どこから来てどこへ行くのか、知っておかなければならず、これが明らかになったら、その目標を目指し、疑わずに邁進していかなければならない。中国の文化は歴史が長く中華民族の最も奥深い精神的な探求が積み重ねられており、中華民族の独特な精神的記号が含まれている。「先天下之憂而憂、後天下之楽而楽」（天下の人の憂いに先んじて憂い、天下の人の楽しみにおくれて楽しむ）という政治的な志、「苟利国家生死以、豈因禍福避趨之」（苟《いやし》くも国家に利すれば生死を以てす、豈《あに》禍福に因りて之を避趨する（急いで避ける）や）という報国（国のために尽くす）の情操、「富貴不能淫、貧賤不能移、威武不能屈」（富貴にもたぶらかされず、貧賤にも揺がされず、権威や武力にも屈服させられぬ）という浩然の気、「鞠躬尽瘁、死而後已」（全力を尽して行い、死ぬまで止めることはない）という献身的精神は、いずれも中華民族の精神的遺伝子を受け継いでおり、我々の最も深く強い文化のソフトパワーである。

　中国共産党の第十八回大会以来、習近平総書記の一連のスピーチ及び文章、インタビューは、個性豊かなスタイルを成している。読者を引き込む力を持ち、海外のマスコミに「習式風格」と呼ばれている。〝問渠那得清如許、為有源頭活水来〟（問う渠那して清許の如きを得たる　源頭より活水の来る有るが為なり）。習近平氏の言葉の魅力は古代の典籍に取材し、有名な文を使いこなしていることにある。諸子百家から唐詩宋詞、孔子から毛沢東まで博引傍証し、画龍点睛で思想的な啓発を読者に与え、精神的に奮起させる。

　習近平氏の文章とスピーチ、著作を学ぶことを通じて最も深く感じられるのは、彼が典籍を活用し、古いものを現在に役立てる。古いものの優れたところを残し、新しい方向に発展させる。そして、優れた伝統文化を生かして、目下における新しい意義と価値を付与していることである。

例えば、「利民之事、糸髪必興。厲民之事、毫末必去」（民を利する事は、糸髪（細部に至るまで）といえども必ず興す。民を厲する（厳しくする）事は、毫末（極めて小さな物事）といえども必ず去らしむ）という言葉を以て、施政者が民衆の利益を守ることの重要性を明らかにし、「以実則治、以文則不治」（実によって行なえば治まり、文によって行なえば治まらない）という言葉で著され、着実に事にあたってこそ国を興すことができる一方、空論は国を誤るという道理を明らかにしている。「其身正、不令而行。其身不正、雖令不従」（其の身正しければ、令せずして行わる。其の身正しからざれば、令すと雖《いえど》も従わず）という言葉は、指導者が自からやり始めることの重要性を明らかにし、「明者因時而変、知者随事而制」（明者時に因りて変え、知者世に随ひて制す）という言葉で、改革・革新の意義を語るのである。以上のような典籍の活用は枚挙にいとまがない。「以百姓之心為心」（人民の心をその心とする）の気持ち、「執古之道以御今之有」（上古の本来の「道」をしっかり守って、それにより現在の事物を制御していく）の政治的智恵、「天下大事必作于細」（世界の大事も必ず小さなことから起こるもの）の実務的精神が、典籍への活用から感じられる。共産党員の無私、執政者の深謀遠慮が行間に溢れ、言わずとも明らかなのである。

習近平氏はたびたび中華文明の創造的転化と革新的発展を促し、その生命力を活用し、博物館にある文献や広大な土地に残されている遺産、そして、古書に書いてある文字を甦らせようと呼びかけている。前後五千年、縦横数万里、名文警句を使いこなせたのは、高い思想力と文化に対する高度な自信を持っているからである。典籍の使用はまさに中華文化の輝いている名刺を作ることであり、世界に向ってすばらしい中国の物語を発信することである。これこそ、古書に書いてある文字を甦らせる魔法である。

古人は、「経国之大業、不朽之盛事」（文章は国政に深いかかわりを持ち、永遠に朽ちることがない偉大なる営みである）と言っている。共産党員が本を読み文章を書くのは、視線をさらに治国と執政の大事及び大境地に向けるためである。典籍の使用は〝治世〟のためである。何を使い、どのように使い、使った効果はどうなるか。それらはすべて指導能力、執政思想、執政様式の反映であり、古人の政治の智恵を近代的執政実践に活用する好例である。

現在、中国では大きな変化が起きており、指導者が全面的に改革を深化させるには、過去の例や経験をふまえ将来を予測し、歴史から啓発を得て、困難に挑戦することが必要である。執政者が権力を使う時、理想信念というカルシウムの栄養が欠かせない。

典籍の使用は、単に名文警句を暗誦し典故を知るということではなく、習近平総書記のようにここから門に入り、深い学識や考えを有する伝統文化の宝庫に深入りしなければならない。歴史を学ぶことにより成敗を見、得失を定め、興亡を知る。詩歌を学ぶことを通して情を舞い上がらせ、志を高揚させ、魂を清らかに美しくする。倫理を学ぶことで廉恥を知り、栄誉と恥辱を知り、是非を弁じる。文化の世界に入り学びを深め素質を高めてこそ、我々は問題を考える時、仕事をする時、初めて自信が湧き力が出るのである。

「960万平方キロの広大な土地に立ち、中華民族が長い年月奮闘して積み重ねてきた文化の養分を吸収しつつ、厖大な結束力を持った我々13億の中国人が自らの道を歩むならば、広い舞台が生まれる。そして、深い歴史の見識を身につけ、強力な前進力を持つことになる」

現代の中国は千年来未曾有の巨大な変化を経験している。現代の中国共産党員は歴史上新しい特徴のある偉大な闘争を行っており、中国文化の肥沃な土地に根ざし、時代の流れに順応、底力を発揮し、自信を強めていってこそ、「積跬歩以至千里、積小流以成江海」（一歩ずつ歩みつづけなければ千里の遠くへ行くことはできず、小さな流れを沢山あつめなければ江海の大をなすことはできない）となる。中国の夢を実現する歴史的リレーにおいて、我々の世代の絢爛たる頁を綴って行こう。

習近平用典……もくじ

敬民篇

執政篇

立徳篇

修身篇

篤行篇

勧学篇

任賢篇

天下篇

廉政篇

信念篇

革新篇

法治篇

弁証篇

敬民篇

「わが党の基盤は人民にあり、血脈は人民にある。また、力は人民にある」。中国共産党の90年余りの輝かしい歩みが立証しているように、「公のための立党、民のための執政」という宗旨を堅持することで、わが党は莫大な物質的支援及び精神的支援を人民大衆から得ている。人民大衆の支援から汲み取った力によってわが党は中国の誇るべき奇跡を起こした。そして、中国の驚くべきパワーを示し、中国の歩むべき道を探し出したのである。

中華民族の偉大な復興という夢を実現するにあたって、あくまで人民に依拠し、最も広範な人民の積極性、自発性、創造性を十分に引き出さなければならない。また、党と人民大衆との血肉的つながりを固めるにあたって、党と人民大衆との間を隔てている見えない壁を打ち破らなければならない。この命題を達成するには、習近平総書記がわが党の中央総書記に就任された当初から提唱している、「人民」を党の執政の基盤とし、「敬民」をスローガンとする。そして、人民に親しむには真摯な感情を込めなければならない。そして、人民を愛するには適切な措置を取り、人民に利益をもたらすには確実な成果を上げなければならない。これは習近平総書記の偽らざる心境と言える。

人水を視て形を見、民を視て治か否かを知る。

――『党の大衆路線教育実践活動第一段階総括会議及び第二段階業務配置会議における談話』などの文中で引用

■解読

人民はしばしば船を浮かべる水に喩えられたり、種を育む土地に喩えられたり、葉や枝を支える根っこに喩えられたりする。そこから、一国の執政者にとって人民がいかに重要であるかは、どれほど強調しても強調しすぎることはないということが窺える。それゆえに、第十八回党大会では、全党において大衆路線教育実践活動を推進し、党の優秀な伝統を改めて発揚し、党と人民大衆との血肉的つながりを改めて固めようとする旨を示した。

人民大衆との密接な結びつきを保つことを宗旨に行われる党内教育活動だからこそ、人民大衆を部外者扱いしてはならない。習近平総書記も、「扉を開いて活動を繰り広げるように」とたびたび指示を与え、「独り言を言うべからず、独りよがりになるべからず」とも重ねて戒めている。

総書記が引用しているこの名言では、人民を執政の是非を照らし写す鏡並みの「水」に喩えている。実際には、教育実践活動のみならず、数多くのほかの活動においても、人民大衆の参与を強め、人民大衆の監督を受け入れ、人民大衆の批評を歓迎しなければならない。なぜかというと、「大衆」を鏡によく映し見たり、「大衆」を定規によく照らし測ったりしてこそ、「誰に依拠し、誰のために」という質問への解答がうまく見つかるからである。

■出典

湯諸侯を征す。葛伯祀らず、湯始めてこれを伐す。湯曰く、予、言へるあり。人、水を視て形を見、民を視て治否を知る、と。伊尹曰く、明らかなるかな！言よく聞かれ、道乃ち進む。国に君とし民を子とせよ。善を為すもの、皆王官に在れ。勉めよや、勉めよや！と。湯曰く、汝、命を敬むこと能はずんば、予大いにこれを罰殛し、赦す攸あること無からん。

――〔前漢〕司馬遷『史記・殷本紀第三』

■解釈

司馬遷『史記・殷本紀』より引用。殷はまた商と称され、中国史上二番目に古い王朝。その初代の王は成湯という。紀元前1620年、成湯は祭祀を行わないことを理由に諸侯である葛伯を征伐する際、伊尹に対して「人水を視て形を見、民を視て治か否かを知る」と語った。人が水面に自らの姿が映って見えるように、国民の有り方から一国の政治の状況が窺い知られるという意味である。即ち、民情を鏡として政治を行ういわゆる「鏡鑑説」の最古のものであろう。

成湯の「鏡鑑説」によって、早くも中国の奴隷社会時代ではすでに民情を尺度として、政治の善悪を判断していたことが分かる。それ以降、「人を以て鏡とす」という理念は歴代の明君によって受け継がれてきた。『詩経・大雅』には「殷鑑遠からず、夏后の世に在り」とある。『大戴礼記・保傅』にも「明鏡は、以て形を察する所なり。往古は、以て今を知る所なり」とある。唐の太宗皇帝李世民は「鏡鑑説」をさらに深めて発展させた。『新唐書・魏徴伝』によると、直言極諫の魏徴が死去した後、太宗皇帝は嘆息して、「銅を以て鑑と為せば、以て衣冠を正す可し。古を以て鑑と為せば、以て興替を知る可し。人を以て鑑と為せば、以て得失を明かにす可し。朕て《こころみ》此の三鑑を保ち、以て己が過を防ぐ。今、魏徴逝し、一鏡を亡へり」と言ったという。

但だ願わくば蒼生倶に飽暖たることを、辛苦を辞さずして山林を出づ。

——『着実に実践し、先頭を歩む・祝日時の市場供給及び物価状況を視察した際における談話』などの文中で引用

部に、「天下の大事は必ず細より作る（世の中では、どんな大事でも細かいところより着手すべし）」ということを心に銘じ、着実かつ細かに民生事業に取り組み、着実かつ細かに民生に関わる仕事に努めるように促すためである。

「人は何のために指導幹部になろうとするのだろうか」という問いへの解答は、簡単なように見えるが、根本的な意義を持っているのであり、この問いへの解答をちゃんと見つけ出せば、困惑がなくなり、所得が低いとか、昇進が難しいとかといった愚痴もこぼしたりすることもしなくなるだろう。

さらに、いわゆる権力は、公のためのものであると

解読

「人民のことを心に銘じない人には指導幹部は務まらない」と、習近平総書記はたびたび言及している。「官職についている以上は、その地の人民大衆に幸福をもたらすべきであり、手に権力を握っている以上は、人民大衆のために奉仕すべきである。さもなくば、何もできない人を誰が選ぶだろうか、何もしない人が何の役に立つだろうか。民生というのは、抽象的空理空論ではなく、人民大衆に利益をもたらすという実務を徹底するところにあるものであり、各役職に就く指導者の担当能力を問う問題でもある」と強調している。習近平氏がこの詩句を引用するのは、各レベルの指導幹

いうところに最大の価値があるのであり、個人的利益しか考えず、個人的得失にばかりこだわるのでは、指導幹部の職に向かない。言わば、役職につく指導幹部は、金稼ぎ目当ての商売人とはそもそも違う道を歩むべきものである、と習近平氏はたびたび強調している。

▨出典

混沌を鑿り開きて烏金を得、陽和を蓄藏して意最も深し。爝火は燃え回す春浩浩、洪爐は照り破る夜沉沉。鼎彝元より生成の力を頼る、鉄石猶死後の心存す。但だ願わくば蒼生倶に飽暖たることを、辛苦を辞さずして山林を出づ。

——〔明〕・于謙「詠煤炭」

▨解釈

「詠煤炭」は明代の名臣于謙による詠物詩の一つ。詩人は自らを石炭に喩え、物に寄せて志を述べる形で、国政のために全力投球する抱負と情操を述べ表すものである。

首聯（八句の律詩の一句目と二句目）では石炭を詠ずるという本題が明らかにされている。烏金は石炭。陽和は暖かな陽光のことだが、ここでは石炭がもたらす熱のことを指す。一句の意味は、切り出された石炭には巨大な熱のエネルギーが蓄蔵されているという。頷聯（三句目と四句目）は物事の描写に託して自らの思いを表わす手法である。爝は松明のこと。一句の意味は、石炭が燃えることによって、人々の生活に暖を与えることができて、まるで大地に暖かい春が廻ってくるようで、暖炉の火がカンカンと闇夜の漆黒を照らし破るようであるという。頸聯（五句目と六句目）も石炭の役割に着眼して比喩を設ける。鼎彝は帝王の宗廟にある祭祀用具。鉄石は古代の人々から石炭の前身とされたことから、詩人の折り曲げない決意を喩えるものである。この一句からは国家社稷を思い、自らの命が終わるまで国家のために貢献しつづけていきたいという気概が読み取れる。尾聯（七句目と八句目）は杜甫の詩句「大いに天下の寒士を庇いて倶に歓顔（喜びの顔）せん」と同工異曲のもので、民衆のために働きたいという詩人の真摯な気持ちの現われである。

衙齋臥して聴く蕭蕭の竹、疑うは是れ民間疾苦の声かと。些小吾が曹、州県の吏、一枝一葉總て情に関ず。

――『蘭考県の党委員会常任委員会指導グループ特別テーマ民主生活会議に参加した際の談話』などの文中で引用

解読

「小さな官吏ほど大きな役目を果たす」という言葉通り、習近平総書記は現場や地方の幹部の役割の重要性を強めている。2013年11月26日、荷澤市で行われた座談会において、在席の市、県の各中国共産党委員会の書記たちを相手に、中国古代の対聯（対句による詩の形式）を一つ詠った。

「一官吏になることで得意にならず、一官吏になれなかったことで恥とせず、一官吏の役割を侮るべからず、一地域の盛衰は全てその地の官吏の指導力による。一方、人民大衆と同じ服を着、人民大衆と同じ食事を取り、官吏も人民の一人そのものだから、人民大衆に背を向けるべからず」という意味のものであった。

封建社会時代の官吏でさえこのような認識を持っているのだから、今日、新しい時代の先頭を歩む我々中国共産党員としては、これよりもっと高い認識を持たなければならない、と習近平氏は指摘している。習近平氏が高く評価している指導幹部は、等級がそれほど高くなく、現場や末端の役職につく者がほとんどであるが、いずれも「実務に励み、先頭に立つ」を履行している優秀な幹部である。

人民大衆の利益に関わるものには小事なし。人民大衆の利益に関連する「小事」の一つ一つが、国家利益に関連する「大事」を構成する「細胞」の一つ一つそのものであり、小さな一つ一つの「細胞」が丈夫であればこそ、大きな「身体」が活気にあふれるようになれるのである。しかも、人民大衆にとっては、身近な細かい事柄の一つ一つが実に大切な「大事」そのものである。また、解決を急ぐ事柄だったり、解決が難しい事柄だったりするものさえある。これらの「小事」の解決に迅速対応ができなければ、人民大衆の情緒や思想にダメージを与えかねない。これらの「小事」の解決への対応においても、中国共産党員としての先進性が問われ、規律性が求められる。さらには人格まで問われるのである。

■出典

衙齋臥して聴く蕭蕭の竹、疑うは是れ民間疾苦の声かと。些小吾が曹、州県の吏、一枝一葉總て情に関ず。

――〔清〕・鄭燮「濰県署中画竹呈年伯包大中丞括」

■解釈

揚州八怪の一人鄭燮《ていしょう》（号は板橋1693－1765）による画題詩の一首。乾隆十一、二年、濰県の知事在任中に山東の巡撫に詠み送ったものである。当時の山東地方は洪水に見舞われ、特に濰県一帯の被害が深刻で大勢の餓死者が出ていた。知事の鄭板橋は「大いに修築を興し、遠近の飢民を招いて工に赴かせ食に就かせる」との布令を出した。

この救済措置を取るに先立って朝廷へ報告せねばとの意見も出たが、板橋は「此は何時か。輾転（心配して寝返りを打つ）して申報する（上に報告される）を俟《ま》つなら、民に孑遺（生き残り）あること無し。譴（降格）あらば、我之に任ず」と一蹴した。

この詩は竹の葉音から詠み起こし、風物に託して思いを述べるものである。第一句は知事官邸の書斎で休んでいる時、窓外の竹が風に吹かれる音を聞いたという。「聴」の一字によって、詩人が眠れないぐらい地元の被災状況を憂慮している様子が伝わる。第二句は自然界の音から被害民たちが衣食の困窮に苦しんでいることに思いを馳せると詠む。「疑」の一字は詩人の民衆を労り政務に勤しむ気持ちの現れである。第三句は「些小吾が曹、州県の吏」とあるが、自らが位の低い地方長官であることを明らかにする。第四句の「一枝一葉」

は文面は竹を詠ずる文言であるが、実際は民衆の切実な生活苦を喩えるものである。全体は竹を画いた絵にある題画詩ではあるが、言葉の端々に地元民の安危苦楽を気に掛ける詩人の深い愛情を滲ませる一首である。

政の興る所は、民心に順ふに在り。政の廃する所は、民心に逆ふに在り。

――『中国人民政治協商会議成立65周年祝賀大会における談話』などの文中で引用

解読

「民心」というのは、一国の執政党にとっては根本的な問題そのものである。『管子』によるこの言葉は、民心と執政との密接関係を明らかに説明したものである。人民大衆の「心」を第一に考え、人民大衆が心から望んでいること、人民大衆が困惑していること、人民大衆が苦しんでいることを切実に身に感じ、常に心にかけなければならないと、習近平氏は重ねて強調している。人民大衆の利益の確保を出発点と帰結点にするということを、理論上明確に規定し、実践上明確に要求しているところこそが、わが党の根本的な政治的優勢のありかだと言えよう。

わが党の90年余りの奮闘史が立証しているとおり、党旗に「人民」を代表する釜と金槌が刻み込まれているように、わが党が「人民」の利益を終始心に銘じているからこそ、肥沃な土地に恵まれ、無尽蔵の原動力を獲得したのである。軍事物資の提供と運搬に手柄を立て淮海戦役（解放戦争三大戦役のひとつ）での勝利をもたらした手押し車から、東北地域の厳しい環境に負けず石油労働者たちが「祖国の石油事業のため身を捧げよう」と誓い合った情熱に至るまで、一手に引き受けるという「大包干」制度に従う。また、進んで契約に拇印を押すという気合から、「汶川世代」「鳥の巣世代」などと呼ばれる世代が示している新時代の国民意識に至るまで、人民こそが革命及び建設、改革の原動力であり、知恵の源でもある。

今日、人民大衆の幸せな生活への憧れと期待を心にかけ、発展による恩恵をより多く、より公平に国民全体にもたらし、「共同富裕」という目標の実現に向け、着実に進められるように、我々は、更なる努力を重ねなければならないのである。

出典

政の興る所は、民心に順ふに在り。政の廃する所は、民心に逆ふに在り。

憂労を悪めば、我はこれを佚楽にす。民、貧賤を悪めば、我はこれを富貴にす。民、危墜を悪めば、我はこれを存安す。民、滅絶を悪めば、我はこれを生育す。……故に、その四欲に順へば、則ち遠き者も自ら親しみ、その四悪を行へば、則ち近き者もこれに叛く。故に予ふるの取る為るを知るは、政の宝なり。

——春秋『管子・牧民・四順』

解釈

『管子』は戦国時代の斉の稷下の学士たちが管仲に仮託して著わした書物だが、そのうちの「牧民」「形勢」「権修」「乗馬」などの諸篇には管仲の説と見られる部分が残っている。「牧民」の篇は人の管理を説くもので、とくに「四順」では、人心と政治の関係を論ずる内容となっている。

管子によると、政治の成敗は為政者が民心を如何に理解して善政を布くか否かにある。政令が順調に行われるのは、民心に随い応えているからだ。逆に政令の実施が進まないのは、それが民心に反しているからだ。

文章では、人々の憎むものと欲するものをそれぞれ四つ挙げて、「四悪」と「四欲」としたうえで、為政者は民の「四欲」に順っていれば、民がその政権に親しみ集まってくること、いわゆる「四順」の管理方法を提起する。

「四悪」とは、「憂労」「貧賤」「危墜」「滅絶」を憎むこと。これは、管子が人々の人間性をはっきり見抜いたうえでの発言である。つまり、人々は苦労、貧困、災難、家の没落などを憎み嫌うのが「四悪」で、安楽、富貴、生存、家の繁栄などを望むのが「四欲」である。「牧民」の正しい方法は「四順」にある。即ち、国民の「四欲」に順って、人々の安楽・富貴・生存・繁栄に対する願望を満足させることである。そうすれば、遠方の人も自然と近づいてきて帰化するのに対して、国民をその憎み嫌う四つの状態に陥らせるなら、親しい者でも反発して離れていくという。

管子の思想はいまでもその啓発的意味を失っていない。管理者は管理対象の好悪をきちんと把握し、後者の願うところと一致するような制度を行なって、はじめて有効な管理システムができるのである。

治政の要は民を安んずるに在り、民を安んずる道はその疾苦を察するに在り。

――『貧困脱却・指導幹部の基本的な知識と技能――人民大衆との関係を密接に』などの文中で引用

解読

人は世の中を生きる以上、さまざまな困難にぶつかることを免れない。社会全体において考えれば、貧困者の比率はそれほど高くないかもしれないが、一人一人、一家庭一家庭において考えれば、その困難は100%のものにほかならない。それゆえ、社会全体の運営を管理する者としては、人民大衆に落ち着いた暮らしをもたらすには、人民大衆の切実な困難の解決に励むのが一番肝心である。

習近平氏が第十八回党大会第一回記者会見において、国内外の記者を相手に「より質の高い教育、より安定した雇用、より満足できる所得、より頼りになる社会保障、より高いレベルの医療衛生サービス、より快適な住居条件、より美しい環境――に恵まれるといった幸せな生活への人民の憧れこそが、我々中国共産党員の奮闘目標である」と強調している。人民大衆に安定した暮らしをもたらすには、人民大衆の切実な困難を察することが肝心であり、ただ口先で「人民のために奉仕する」と言うだけで、行動上では人民大衆の切実な困難に目をつぶり、政治文書に「常に民生に心をかけるべし」と書いてあるのに、打ち出した政策が民生の改善に何の恩恵も与えられないのでは、人民大衆が困惑していること、人民大衆が苦しんでいることを察することができず、「口先だけで調子のいいことを言う」こととなる。民心の安定や国政の運営などは空論にすぎず、人民大衆に擁護されることはさらに不可能なことになってしまう。

「身中にひそむ災いを取り除くごとく、人民大衆の困難の解決に励むのは何より肝心である」という言葉通り、人民大衆の苦しみをちゃんと理解し、その困難の解決に努め、誠心誠意人民大衆の根本的利益の実現に奉仕することができてこそ、わが党が幾千万もの人民大衆を集結し、団結させることができ、国の建設の推進及び中華民族の偉大な復興の実現に必要な強い力を汲み上げることができるのである。

■出典

窃かに聞く、理を致す要は、惟だ民を安んずるに在り、民を安んずる道は、その疾苦を察するに在るのみ。……然るになお一事、民病為る者有り。銭糧を帯征する是なり。いわゆる帯征は、累年の拖欠をもって、分数を搭配し、見る年の銭糧と同じく、一つに併せて催征することなり。……況や今、考成法行きて、公私の積貯、頗る羸余あり。即ち、この積逋を蠲くとも、国賦において初めより損する所無く、而して膏沢を黎庶に洽からしめ、頌声を寰宇に溢れしむべし。民心固結し、邦本輯寧たるは、久安長治の道なり。計らうにこれより便なる者無し。伏して乞う、聖裁を施行せよ。

――明・張居正「請蠲積逋以安民生疏」

■解釈

「治政の要は民を安んずるに在り、民を安んずる道はその疾苦を察するに在り」というのは明代の張居正の疏に見る一文が下敷きになったものである。原文は「理に致す要は、惟だ民を安んずるに在り、民を安んずる道、その疾苦を察するに在り」とある。国家の安定を図る鍵は、平和で豊かな国民生活を作り出すことにあり、平和で豊かな国民生活を作り出すためには、人々の悩み苦しみを確実に知らなければならない。張居正の見解は儒教思想の民本主義を受け継ぎ、さらに解説したものである。

万暦十年（１５８２年）、張居正は明の神宗皇帝に「請蠲積逋以安民生疏」を上奏し、全国範囲で「帯征銭糧」の制度を停止させ、住民の過去の滞納分を取り消すことを提案した。

「帯征銭糧」とは、過去数年に未払い分があった場合、一定の比例に則って当年度の銭糧と同じものと見なして、累積数量で銭糧を徴収する制度である。豊作の場合でも、農民たちはぎりぎり当年度の銭糧の額に相当する食糧を獲れるかもしれないが、凶作の場合、必然的に規定額どおりの銭糧を納めることができない。このように年度が重なってくると、農民には銭糧の滞納分が増える一方で、ついには生活の破綻を引き起こしてしまう。そこで張居正が皇帝に具体的な解決案を提言した。

当年度の納入分を納めてさえいれば、過去の滞納分は免除となるというものである。こうすれば、農民の負担を軽減するだけでなく、農民と地方役所との連帯責任によって生じた地方政治の不正問題なども食い止めることができるとして、この解決案を「久安長治の道なり。計らうにこれより便なる者無し」と張居正は確信をもって奏上したのである。

民の楽しみを楽しむ者は、民もまたその楽しみを楽しむ。民の憂へを憂ふる者は、民もまたその憂へを憂ふ。

――『之江新語・着実に人民のために奉仕するには実のある仕事を行わなければならない』などの文中で引用

解読

誕生当初から、党旗に「人民」を代表する釜と金槌を刻み込み、しかも数え切れない風雨を乗り越え、90年余りの長い年月を経ても、「人民」の利益を終始心に銘じるという趣旨を貫徹し、堅持してきた政党は、世界中でわが党をおいてほかに例が見られないと言えよう。

わが党の基盤は人民にあり、血脈は人民にあり、力は人民にある。水と魚が切り離すことができないように、わが党の党員幹部は人民とともに喜び、人民とともに苦しみ、誠心誠意人民のために奉仕すれば、人民大衆から徳をもって報いられるであろう。

こうして、人民大衆から心より擁護され、支持されるようになり、さらにわが党と人民大衆との良好なインタラクティブが実現し、新時代に入っても新たな水魚の交わりが結ばれるであろう。

人民の利益を根本とし、人民に奉仕するために執政に励むというのは、ともかく一つ一つの実のある仕事に励むことから踏み出していくべきものである。こうした一つ一つの実のある仕事は、社会の経済発展の推進とか、社会全体に恩恵をもたらすとかといった「大事」にもつながる。さらに、人民大衆の日常生活と密接な関係を持っている身近な「小事」にも具現しているのである。「民の楽しみを楽しむ」ことは発展によって生まれてきた恩恵を人民大衆に及ぼすことを具現し、それに対して、「民の憂へを憂ふる」は人民大衆の困惑や困難の解決に励むことを具現しているのである。

出典

斉の宣王、孟子を雪宮に見る。王曰く、賢者もまたこの楽しみ有るか、と。孟子対えて曰く、有り。人得ざれば、則ち其の上をそしる。得ずして其の上を非る者は、非なり。民の上と為りて、民と楽しみを同じうせざる者、亦た非なり。民の楽しみを楽しむ者は、民もまたその楽しみを楽しむ。民の憂へを憂ふる者は、民もまたその憂へを憂ふ。楽しむに天下を以てし、憂ふるに天下を以てす。然り而して王たらざる者、未だこれ有らざるなり。

——戦国・孟子『孟子・梁恵王下』

解釈

本編は孟子と斉の宣王との会話を記したものである。「民の楽しみを楽しむ者は、民もまたその楽しみを楽しむ。民の憂へを憂ふる者は、民もまたその憂へを憂ふ」とあるように、孟子の民本思想を端的に表した一節である。

為政者が民衆の楽しみをあたかも自分の楽しみのように考え、一緒に楽しむと、民衆のほうでも為政者の楽しみを見て自分のこととして楽しむ。また、為政者が民衆の心配ごとを自分のこととして考えて配慮すれば、民衆もまた為政者の憂慮を他人事とせず、一緒に心配してあげるのだという。

孟子によれば、天下の人々の苦楽をわが身のこととして考えているのに、なおも天下の人々から認めてもらえないというケースはあり得ない。北宋の范仲淹は孟子の思想を踏まえて、「天下の憂へに先んじて憂ひ、天下の楽しみに後れて楽しむ」という名文（「岳陽楼記」）をしたためた。

孟子は民衆こそ国家の主体であると唱えている。君主が国家の安定を図るためにはまず民心を得ることが大事である。民衆の意見に従い、民衆とともに生活を楽しむ。こうして初めて民衆の支持を得、尊敬を集めることができる。同じ主張を示す文章は『孟子』には、ほかにも見られる。「古の人は民とともに楽しむ、故によく楽しむなり」「今王は百姓と楽を同じうせば、則ち王たらん」などである。

民衆とともに楽しむということも孟子の仁政思想の一環である。このような認識が思想の根幹をなしているから、孟子は為政者のために、戒めの三箇条を示したのである。

つまり、思想面では民を国家の根本とし、民を重要視して民を愛護すべきである。軍事面では戦争を避けて民を安んじて民を救うこと。経済面では民の産業に節制を持たせ、民を富ませ民を利することである。

徳は民を愛するより高きはなく、行は民を害するより賤しきはなし。

――『之江新語・指導幹部が人民大衆の「公僕」であるという関係の顚倒は許されない』などの文中で引用

解読

一人の人間には人間として守るべき道徳ラインがあるごとく、一人の幹部には幹部として持つべき道徳ラインがある。一人の指導幹部として持つべき道徳の最高基準は、人民大衆を愛し人民大衆に奉仕するところにある。最低基準も同じところにあると言えよう。指導幹部は人民の「公僕」であり、人民こそが指導幹部の奉仕する「主人」であるとする関係を顚倒することは如何なる時も許されない。

人民大衆を「主人」と見なすことができず、全力を尽くして「公僕」に努めることもできなければ、一人の指導幹部としては失格そのものである。表では人民大衆の「公僕」として努めるなどとと言い切っているのに、裏では人民大衆の「主人」のつもりで威張って、さらに御高くとまっている姿に憧れてばかりいるのでは、かえって人民大衆の利益を損なうことになる。

こうして、「水と魚との交わり」関係が「油と水との相容れない」関係へと変わってしまい、指導幹部と人民大衆との調和が崩れ、対立と衝突を起こしてしまう。それがいわゆる幹部としての道徳を喪失した最もひどい行為であり、まさに「人民大衆の利益を損なわない」ということをモラルの最低基準とする」ことのいわれでもある。

幹部として持つべき道徳を守るには、「指導者本位」

の考え方を正し、「官吏」というのは人民の〝主人〟であるという封建的悪習を克服し打破しなければならない。また、終始党の基本綱領と大衆路線を堅持し、人民大衆との血肉のつながりを保ち、全ての英知を人民のために生かし、全ての力を人民の中に根付かせなければならない。そして、真摯な感情を人民に注ぎ、人民の悩みを解決することを何よりも重要な位置に置き、誠心誠意人民に知恵を貸し、人民のために対策を立て、人民に利益をもたらすことに取り組まなければならないのである。

■出典

叔向、晏子に問いて曰く、意いずれを高きと為すや、行いずれを厚きと為すや、と。対えて曰く、意は民を愛するより高きは莫く、行は民を楽しましむるより厚きは莫し、と。また問いて曰く、意いずれを下きと為すや、行いずれを賎しきと為すや、と。対えて曰く、意は民を刻するより下きは莫く、行は身を害するより賎しきは莫きなり、と。

――戦国～秦『晏子春秋・内篇・問下』

■解釈

『晏子春秋』は後世の人が晏子（人名：晏嬰《あんえい》）に関する言行録をまとめたものである。

上記の原文にある四ヵ所の「意」は、近代経学の大家劉師培の補釈によると、「悳」の訛伝である。「悳」は「徳」の正字なので、四カ所は正しくは「徳いずれを高きと為すや」「徳は民を愛するより高きは莫く」「徳いずれを下きと為すや」「徳は民を刻するより下きは莫く」となる。

本篇では、叔向が晏子に向かって、高尚な道徳は如何なるものか、親切丁寧な行為は如何なるものかを教わった話が記されている。

晏子の答えによると、為政者としては国民を慈しみ守ることより高尚な道徳はなく、また、国民が楽しく暮らせるように働くことより親切丁寧な行為はないという。

なお、原文では「行は身を害するより賎しきは莫きなり」とあるが、呉則虞『晏子春秋集釈』にしたがうと、「身」は「民」の誤写である。

晏子の言葉は官位にある者の果たすべき責務を鋭く

指摘している。仕官する者としては、己を正して民を愛する行為は従来称賛される。これに対して、権力を振りかざし民衆の利益を損なうような行為はいつの時代でも世間から厳しい批判を浴びせられることになる。

民の患いを去するは腹心の疾を除くが如し。

——『貧困脱却・指導幹部の基本的な知識と技能——人民大衆との関係を密接に』などの文中で引用

解読

人間本位というわが党の執政理念をいかに実行に移すか、民生至上という価値観への追求をいかに実のある行動に移すか、といった課題に関しては、人民大衆の実際問題の解決に励むことが最も重要なことの一つである。まさにそこに習近平氏が蘇轍《そてつ》（人名）のこの名言を引用した本当の望みがこめられている。残念なことに、現実社会ではなかなか望み通りにならない現象が見られている。貧困者への支援となると、袋詰めの米を担ぎ、大詰めの食用油を下げて貧困家庭へ訪問するだけで済ませ、いわゆる、もったいぶったり、良いように見繕ったりする。また、末端部や現場への視察では、派手な宣伝の下で田舎や農村部を訪れ、席もまだ暖まらないうちにさっさと去り、テレビで報道され、新聞に記事さえ載れば、ラジオに放送さえされれば、目的が達成されたとする。人民の本当の苦しみ、実際の困難に対しては、無視したり、聞き流したりする。こうして、実際問題の解決に至らないままでは、形式主義そのものであり、表裏不一致、言行不一致で、口先だけのものにほかならない。人民の実際の困難の解決、人民の悩みの解消に至らないままでは、人民のための執政は語れないであろう。ゆえに、習近平氏は「人民の身になって物事を考えなければならない」ともたびたび強調し、民生に関わる実際問題の解決に励み、人民の苦しみを、「腹心の災」と見なし、厳密に着目し、断固として取り除くように努めなければならないと各階級の指導幹部に呼びかけているのである。

▒出典

陛下、誠によく奉公疾悪の臣を択びてこれを行なわしむ。陛下は励精してこれを察し、民の患いを去するは腹心の疾を除くが如し。則ちそれ私罪を以て某に至り、贓罪の正入已に若干に至る者は、また過誤にてたまたま深文に陥る者に非らざるなり。

——北宋・蘇轍「皇帝に上る書」

▒解釈

北宋熙寧二年（1069）二月、王安石は参知政事に任じられ、新法を推し進め始めた。政治的見解の相違から、蘇轍は同年三月に神宗皇帝へ書状を奏上し、新法に対する意見を述べた。「皇帝に上る書」で陳述された観点の多くは問題の急所を突いて、重要な指摘である。

「民の患いを去するは腹心の疾を除くが如し」という一文は警句とされる。「腹心」とは腹部の内臓と心臓のこと、人体の重要な部分であることから、物事の要所または中心部を喩える。文章全体の意味としては、民衆の心配事を取り払うことは自分の深刻な病を取り除くことと同等に重要視されるべきだという。

蘇轍の学問は儒学が中心で、特に孟子の影響を深く受けている。上記「腹心の疾を除く」の一文は孟子の民本思想の影響下に書かれたものと見られる。孟子の説には、君主が民衆の苦楽を自らの苦楽とすべきだと提唱するものがある。蘇轍が神宗皇帝に進言した意図は、わが身に置き換えて考えること、即ち民衆の身になってその悩み苦しみを理解して解決してくれることを皇帝に望むことにある。民衆の悩み苦しみを「腹心の疾」と同列に取り上げていることは「民の患いを去する」ことの待ったなしを強調するためである。

安んぞ得ん、広廈の千万間、大いに天下の寒士を庇ひて、倶に歓顔せん。

――『着実に実践し、先頭を歩む・祝日時の市場供給及び物価状況を視察した際における談話』などの文中で引用

■解読

習近平氏が度々強調しているように、民生の改善事業には終点がなく、絶えず新たなスタートラインが生まれてくる。人民大衆は我々の全ての仕事の出発点と帰結点であり、だからこそ、誠心誠意人民のことを心にかける。そして、人民の利益のために奉仕すると銘じることができなければ、発展を進めることに何の価値があるのか、改革を促すことにまたどんな意味があるのだろうか。

まさに、「民生は民意の現れであり、民意は国の運命に関わる」のである。公共サービス均等化の推進とか、生態環境保護の強化とか、さらに揺るぎなく公平な社会環境の確立を推し進めるなどといった、習近平氏の一連の論述からは、わが国では人間社会の全体的発展に着目した「マクロ的民生観」が形成しつつあることが窺える。

杜甫のこの詩句が詠っている文学的情緒は、まさに習近平氏の度量の大きさとやさしい心遣いを映したものである。そのやさしい心遣いこそが、中国共産党の90年余りの長い間を通して求め続けてきた生きがいなのではないだろうか。

「国政運営に長けた者ほど人民を大切にするものであり、子を愛する親のように人民を愛し、弟を可愛がる兄のように人民を可愛がり、人民が飢えに苦しんでい

るのを耳にして心が痛み、人民が苦労しているのを目にして心を痛ませるのである」という言葉があるように、指導幹部は人民の「公僕」そのものであり、つねに人民の苦楽を心にかけなければならないのである。

▒出典

八月、秋高く風怒号し、我が屋上の三重の茅を巻く。茅は飛んで江を渡り、江郊に灑ぎ、高き者は長林の梢に挂罥し、下き者は飄転して塘坳に沈む。……布衾多年冷きこと鉄に似たり、驕児悪臥して裏を踏んで裂く。床床屋漏りて乾処無く、雨脚麻の如く未だ断絶せず。喪乱を経て自り睡眠少なく、長夜霑湿して何に由りてか徹せん。安んぞ得ん、広廈の千万間、大いに天下の寒士を庇ひて、倶に歓顔せん。風雨にも動かず安きこと山の如し。嗚呼、何れの時にか眼前に突兀として此の屋を見ん。吾が盧独り破れて凍えを受けて死ぬとも亦た足れり。

——唐・杜甫「茅屋秋風の破る所と為る歌」

▒解釈

杜甫のこの歌行体古詩は唐の粛宗上元二年（761）の秋八月に作られたもの。「安史の乱」を受けて、杜甫は家族を引き連れて、長い間の漂泊生活の末に、成都に辿り着いた。西郊の浣花渓のほとりに草堂を築き、しばし安住する場所を得た。図らずも八月の暴風雨に見舞われ、草堂の茅葺きの屋根が壊れ、ひどい雨漏りで寝ることもままならなかった。窮地に立たされた老詩人が感慨にふけり、詠みあげたのはこの不朽の名編である。

全詩中、最も心に響く一句は「安んぞ得ん、広廈の千万間、大いに天下の寒士を庇ひて、倶に歓顔せん。」詩人の優しい性格と広い胸襟を窺うことができる。なお、この一句によって、美しい理想と残酷な現実の間の距離もありありと表わされている。部屋中に濡れていないところがなく、眠れぬ夜長をしのいでいる詩人は自らの悲運を嘆くだけで終わるのではなく、自分の身を他人に置き換え、「天下の寒士」が住処のない困苦から免れる願いも詠みこむ。さらには、世の中の読書人には皆よい暮らしができるなら、詩人自身が苦しんでもかまわないという利他的精神も読み取れるのである。

民を利する事は、糸髪といえども必ず興す。民を厲する事は、毫末といえども必ず去らしむ。

――『党の大衆路線教育実践活動第一段階総括会議及び第二段階業務配置会議における演説』などの文中で引用

解読

人民大衆の利益に関わる仕事には小さなことはない。人民大衆に奉仕し、人民大衆と密接な関係を保つには、一つ一つのいわゆる「小事」への対応ほど疎かにしてはならない。井岡山革命時代には、「人民大衆からは、針一本、糸一本、芋一個も取るべからず」をはじめとする「三大紀律八項注意」を提唱し堅持することで、わが党が人民大衆からの支持、擁護を得た。

人民大衆からの信頼、支持はどこから生まれるものなのだろうか。ほかでもなく、人民大衆のための一つ一つの小さなことに着実に取り組むところから生まれ、人民大衆の困難の解決につながる一つ一つの地道な努力によるものである。中国の改革は船舶が深い水域を航海しているごとく、「深水区」に入っていて、深化が進められている今日に至っては、より一層こうした優良伝統を堅持し、発揚しなければならないのである。この度の教育実践活動において、「実践活動は自分にとっては遠くのものだ」と思い込んだり、懐中電灯を手にして他人にばかり光を当て自分に当てようとしなかったり、人の問題に目をつけてばかりいて、自分の身にある問題に気づかず、偉ぶったり、消極的態度を取ったり、参与意識に欠けたりする党員が現れてきたことを憂い、習近平氏は次のように強調している。指導幹部たちの思想認識のレベルを高め、指導幹部への評価基準をより一層厳しくしなければならない。

なぜなら、大小を問わず人民大衆の利益に関わる全ての仕事に対しては、細い髪一本たりとも、一寸一分たりとも見逃さないほど細かいところまで行き届かなければならない。言わば、顕微鏡でものを観察するかのように、民衆の苦しみを察し、「四つの風潮」という難病を治さなければならない。

こうしてはじめて、今まではっきりしていないことが明らかにされるようになり、今まで軽視してきた問題が重視されるようになり、さらにそれによってよりよく民衆のために奉仕することができ、民衆に害をもたらすことを取り除くことができるのである。

▒出典

聖人の天下を治むるは、民を利する事は、糸髪といえども必ず興す。民を厲する事は、毫末といえども必ず去らしむ。関市の賦は、民を厲すること甚だなる者なり。周公の礼を制するは、それあえて書に筆して以て法とせんや。昔、文王の岐を治むるは、関市、譏して征せず。武王の天下を有するは、奉行して変わらず。……賦及び関市をして、なんぞ横斂たらしめざらんや。吾、これを以て知る、『周官』は周公の作る所に非ざることを。決かなり。

——清・万斯大『周官辨非・天官』

▒解釈

清代の経学者万斯大（1633－1683）の『周官辨非』は『周礼』の偽作性を証明しようとした著書である。『周官』は『周礼』とも称され、戦国末期に成立した行政法律規範の総集である。作者未詳。『周礼』の偽作性を証明するために、万斯大は「聖人の天下を治むるは、民を利する事は、糸髪といえども必ず興す。民を厲する事は、毫末といえども必ず去らしむ」という論点を提起した。聖人が天下を治めるにあたって、民を利する事なら、どんなに些細でも励行するが、民を害する事なら、どんなに些細でも廃除しなければならないという。ところで、『周礼・天官』に現れた「関市の賦」は最も民を害する制度である。これによって、『周礼』が周公の著でないことは裏付けられる。一方、民を利するか否かを政権運営の価値基準としているところに、万斯大の民本思想が現れているといえよう。

万斯大が師と仰いだ明末清初の思想家黄宗羲には、己一人の利益を以て利益とせず、天下の人々が利益を受けるようにすべく、己一人の損失を損失とせず、天下の人々の損失をなくすべきだという主張がある。また、清代後期の銭泳は、民衆の利益になることを推し進め、民衆の不利になることを取り除くべきだとも主張している。万斯大の「利民」思想は、こうして中国の伝統的な民本思想に根差しており、さらに後世にも受け継がれているのである。

執政篇

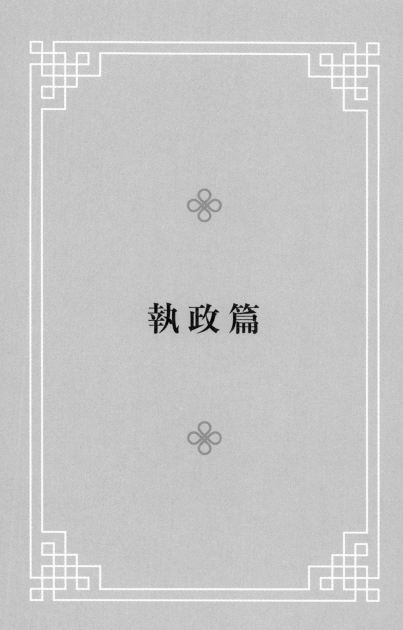

国家の執政者としては、多くの事が絡み合い、糸口がつかめない国政の運営において、どのようなガバナンス能力が求められているのであろうか。また、複雑かつ至難の事業である改革の深化においては、どのように心構えをすべきであろうか。国家の執政者としては、「林の中で一番秀でている樹木ほどより強い風にあてられる」ごとく、相当の自信を持つべきであると同時に、より多くの試練に耐えなければならないという覚悟も持たなければならない。

国家の執政者としては、また、「必ず絶頂を極めて衆山を見おろす」ごとく、意気軒昂な志を抱くべきであると同時に、「九仞の功を一簣に虧く」ごとき事がないかと常にプレッシャーがかけられるであろう。

今日の中国は、避けようとしても避けられない、逃れようとしても逃れられない、いわゆる「危険な飛躍」、つまり大きいリスクを伴う飛躍的改革の実行に追い立てられていると感慨する声もあがっている。

確かに、「四つの危険」に臨み、「四大試煉」に立ち向かっている中では、国家の執政者としては、更なる執政能力及び執政レベルの向上が求められている。

改革の全面的深化は、新たな「受験」と見なされている。国政運営の方法方式、戦略技術に関して習近平氏は全体的に把握し、踏み込んだ考慮をしている。中央と地方、国内と国外、当面のものと長期的なものとをそれぞれ統一的に計画按配する戦略的思考から、「衝突への対応を回避することなく、問題の発生を覆い隠すことなく、何事に対しても万一に備えて行動をとっていく」というボトムライン的思考まで、「着実な実践の推進にしっかりとフォーカスし、十分に関心を寄せ、すべての力を振り絞る」という意志が貫ぬかれている。さらにこの戦略的思考は、「果敢に重任を担い、積極的かつ効率的に改革の深化という難関攻略戦に臨む」という改革への意気込みに至るまで、いずれも最高指導者である習近平氏の執政理念が具現化されている。

また、認識論に沿った分析が実行されており、方法論に従う考慮が取り入られている。そして、実践活動に基づいた成果が挙げられており、それによって改革の深化及び国政運営の改善を推進する事業に、基本方法と根本理念を提供しているのである、

習近平氏は古典の有名詩句を引用して、いかに試煉を乗り越えるかを語り、いかに混乱を治めるかを論じ、いかにタイミングをつかむかを述べる。そして、いかに大局を把握するかを話し、根本はどこにあるかを明確にし、重点はどこに置くべきかを捉えようとしている。執政要点への弁証的認識が込められており、大国を治めることに関する踏み込んだ認識が現れているのである。

政は正なり。其の身正しければ、令せずして行わる。其の身正しからざれば、令すと雖も従わず。

――『之江新語・人格的な魅力を生かし自己管理を徹底』などの文中で引用

解読

指導幹部が清廉潔白に仕事をするのはマルクス主義政党の性質と根本理念の基本要請であることを、習近平氏はかねてから提唱している。そして、指導幹部は先頭に立ち、率先垂範すべきことを、執政者の基本素質、基本主張及び基本要請と見なして度々強調しているのである。

「八項規定」を実行し、仕事ぶりや生活態度の養成を推進し、中央指導グループから率先して、上級機関が下級機関に手本を示すことを堅持することによって、清廉潔白の風をもたらしていかなければならないのである。

我が国の歴史を振り返って見れば、自覚と修養を高め、清廉潔白に官僚を務めるというのは、しばしば重要政治主張として多くの思想家に提唱され、官僚を務める上での基準として正直な人柄を持つ多くの士大夫によって厳しく守られてきたのだと分かる。

習近平氏はまたいろいろな機会を利用して、先秦（紀元前221年以前）に生まれた「清廉潔白に政治を行う」という箴言を引用し、指導幹部としては、自らを厳しく修め、公正無私かつ表裏一体といった優れた人柄を持たなければならないと強調している。

大衆の目はごまかせないものである。指導幹部の言論に耳を貸すだけではなく、指導幹部の行動をさらによく見ているのである。名望が高く、影響力が強く、大衆に認められる指導幹部になるには、いかに自らの模範的効果を生かし、人格的魅力を発揚するかというのが、重要な鍵の一つである。

なぜなら、「演台上では大衆にいろいろ言いふらし、陰では大衆にあれこれ言われれる」ようでは、どんな言動をとろうとも何の影響力も、何の結束力も与えられなくなってしまうからである。

■出典

季康子、政を孔子に問う。孔子対えて曰く、政は正なり。子帥いるに正を以てせば、孰れか敢えて正しからざらん。

——春秋・孔子『論語・顔淵』

子曰く、其の身正しければ、令せずして行わる。其の身正しからざれば、令すと雖も従わず。

——春秋・孔子『論語・子路』

■解釈

『論語』に見える孔子の言葉。いずれも為政者が自らの身を正すことの重要さを明らかにする。『論語・顔淵』では、魯の大夫季康子が孔子に政治というものの意味について問う話が記されている。

孔子の答えには「政は正なり。子帥いるに正を以てせば、孰れか敢えて正しからざらん」とある。政治とは何か。孔子は「正」の一字に尽きるものとして、為政者が率先して正しい道を行うのが重要だと説く。

「正」について、『論語・子路』では「其の身正しければ、令せずして行わる。其の身正しからざれば、令すと雖も従わず」とも述べられている。為政者自身の姿勢が正しければ、命令を下さなくても民衆がきちんと行動してくれるが、逆に為政者自身の姿勢が正しくないと、いくら命令を出しても国民は服従しないと説いている。上に立つものが率先して正しい行動をとれば、下のものが自ずと影響されて教化されることになる。

司馬遷『史記・李将軍列伝』では、「飛将軍」の名で知られる前漢の李広の人物評に「其の身正しければ、令せずして行わる」の一句が引かれているほかに、さらに「桃李言わざれども、下自ら蹊を成す」という諺の引用も見える。これも「其の身正しければ、令せずして行わる」と同じ意味であって、また政治の意味についての最適な注釈ともいえよう。

国の為に以て事を生じるべからず。また以て事を畏るるべからず。

――『省部級主要指導者の第十八回三中全会精神の学習、貫徹・全面的に改革を深化させる特別テーマ研究討論クラスにおける談話』などの文中で引用

■解読

「もめごとを起こすべからず」というのは、小さく言えば、「大国を治むるは小鮮を烹《に》るが若くす」であり、朝令暮改などをしてはならないということである。大きく言えば、「根差しが強ければ強いほど枝葉が茂る」であり、制度の安定性を保たなければならないということである。

「ことを畏れるべからず」というのは、我が国の発展路線に対して、批判したり疑問を持ったりしている声が聞こえていることで、しり込みし、そういった論調に流され、今まで堅持してきた理念を変えたりしないということである。

一つの国家がどのようなガバナンス体系を選ぶかというのは、その国の歴史的伝承、文化的伝統、社会・経済の発展水準で決められるものであり、その国の人民大衆全体の共同意志で決定されたものでもある。

根本的問題においては、我々なりの主張を持つべきであり、固い確信も持つべきである。決められた以上は、堂々かつはっきりとした態度で臨み、我々の立場から弁証的に分析を行わなければならない。そして、我々の事情にふさわしい結論を導き出し、我々の判断にしたがって行動をとらなければならないのである。発展路線、政治制度などの根本的問題においては、「青山に深く強く根差し」ていてこそ、「東西南北の風吹こ

うとも倒れない」という境地に辿り着けるのである。

出典

それ国の為に以て事を生ずるべからず。また以て事を畏るるべからず。事を畏るるの弊、事を生ずるに均し。譬えば、病なくして薬を服するも、病有って薬を服せざるも、みな以て人を殺すべきが如し。それ事を生ずるは、病なくして薬を服するなり。事を畏るるは、病有って薬を服せざるなり。さきの阿里骨の請い、人々其の予うべからざるを知るも、而して朝廷これを予えて、以て事無きを求む。然るに事の起るは、乃ち此に至らば、病有って薬を服せざるにいくばくもなし。今また遽かに夏人の使を入れんと欲す。則ち、病未だ除かずして薬を先に止む。其れと幾何ならん。

——北宋・蘇軾「因擒鬼章論西羌夏人事宜札子」

解釈

北宋元祐二年（1087）九月八日、翰林学士の身分で皇帝の侍読を務める蘇軾は西羌、西夏など少数民族について宋の哲宗に上奏文を呈した。

そのうちの一節である。

元祐二年八月、西夏と連携して北宋の国境を犯す西藩の首領鬼章が北宋朝廷の捕虜となって、都の汴京へ移された。大宋の有史以来、初めて敵国の首領を捕捉したとして、朝廷の百官がこぞって皇帝に祝意を奏上した。

一方の蘇軾は事態の穏やかならぬことを見抜いて、「安危の機、まさに今日にあり。勝を以て災いと為すも、また怪しとするに足らず」と指摘する。彼はさらに北宋の国境防衛について対策を講じ、「国の為に以て事を生ずるべからず。また以て事を畏るるべからず」と述べた。国家を管理する上では、軽率にトラブルを起こしてはならないが、一方で起きたトラブルを恐れてもならぬという。病気と服薬の関係に喩えながら、「事を生ずる」も「事を畏るる」も同じく弊害があることを力説する。朝廷の外交上の失策を指摘し、外国と付き合う場合、慎重な態度をとる一方、いざという時にはまた積極的に行動しなければならないことを提案している。

安んずるも危うきを忘れず。存すれども亡ぶるを忘れず。治まるも乱るるを忘れず。

――『中央新疆活動座談会における談話』などの文中で引用

■解読

「何事に対しても、万一に備えて行動を取り、ベストを目指して努めていく」といった「ボトムライン的思考」は、習近平氏が提唱した国政運営における重要方略である。経済活動や新疆工作に言及する際、何度も『周易』に出ているこの名言を引用し、まだ浮かび出ていないがそのうち現れ出る問題に対して、損害を未然に防ぎ、ゆったりと対応できるように憂患意識を高めなければならないと呼びかけている。

「ボトムライン的思考」というのは、常に知恵を生かした政策決定、工夫を凝らした指導方略に具現している。今日の中国は、すでに深層に潜んでいた矛盾が日々浮き彫りになり、不安定、不確実な要素が増えつつある、いわゆる「リスク社会」に入っている。

地方債問題、ネット管理問題、価値問題などといったマクロ的問題にしても、生育政策の調整、食品安全管理、民衆陳情への対処工作の改革などといったミクロ的問題にしても、いずれも扱いが難しく、リスクが大きい問題となりかねないものである。少しでも気を緩めたり油断したりすると、広い範囲の社会的影響をもたらしてしまい、計り知れない系統的リスクを起こしてしまうであろう。社会管理において、予見性を高め、ボトムライン的考慮を保っていってこそ、喜びの中でも憂いを想定し、備えをおこたらず、困難にぶつかっても冷静さを失わず、何事に対しても落ち着きを失うことなく対処できるようになるのである。

出典

子曰く、危うしとする者は、その位を安んずる者なり。亡びんとする者は、その存を保つ者なり。乱れんとする者は、その治を有する者なり。是の故に、君子は安んずるも危うきを忘れず。存すれども亡ぶるを忘れず。治まるも乱るるを忘れず。是を以て、身安くして、国家は保つべきなり。『易』に曰く、其れ亡びん其れ亡びんとて、包桑に繋がる、と。

——周~秦漢『周易・繋辞下』

解釈

『周易』は『易経』とも称され、略して『易』。儒教の重要な経典の一つ。経と伝の二つの部分からなっているが、経の部分は周王朝時代に成立したとされる占術書で、伝の部分は経に対する解説であって、古くは孔子によるものと伝えられる。

「其れ亡びん其れ亡びんとて、包桑に繋がる」と言うのは『易経』否の卦にある九五番の爻辞（占いの文句）である。否の卦は『易経』六十四卦中の第十二卦、天地が交わらず、万物の生育する道が塞がって通じないことを意味する。また、小人が跋扈し、君子が抑圧される暗黒な混乱期を象徴する。このような時に、君子が静かに時機の来るのを待ち、力を蓄えておきながら、条件が整った時の一挙逆転を図るべきだと示唆する。『周易・繋辞』は孔子が易の意味を解釈する文章である。本篇引用の「安んずるも危うきを忘れず。存すれども亡ぶるを忘れず。治まるも乱るるを忘れず」は否の卦の爻辞である。これによって、為政者は常に危機意識を持って、国家の未来を脅かすであろう困難や危険に警戒せよということが強調される。

平和な時代に生きていても、危機感を忘れず安全意識のもとでしっかり政治を行ってこそ、はじめて国民と国家の安全を守ることができよう。

天下の患の最も為すべからざる者は、名は治平無事と為すも而れども其の実は不測の憂有るなり。坐して其の変を観、而して之が所を為さずんば、則ち救ふべからざるに至らむを恐る。

――『新疆考察活動終了時における談話』などの文中で引用

解読

習近平氏は、蘇軾のこの言葉が大好きだと、何度も述べている。歴史上、似た戒めを伝えた物語は数多く挙げられる。例えば、栄えていた唐の改元時代では、玄宗が高慢怠惰になり、享楽に溺れ、更に発展を進める積極性を失ってしまった結果、「安史の乱」を招いてしまった。

また、繁栄を極めていた清の康熙と乾隆時代でも、朝廷から民間に至るまで、文治及び武力の功績に自得を極め、贅沢三昧で堕落していて、各級の役人の監督管理を怠るようになってしまった結果、どんどん下り坂に向かっていったのであった。一つの国家、一つの社会、一つの組織にとって、生存と発展における最大の脅威は、突然発生する大きな災難や災禍ではなく、容易に察知できず、徐々にたまってきた倦怠と油断にほかならない。

ゆえに、習近平氏は絶えず、「英知のある者ほど先まで考えをめぐらす」という言葉で示しているように、深謀遠慮をはかり病を未然に防ぐようにしなければならないと、各級の指導幹部に注意を呼びかけている。先まで考えをめぐらすためにいかに行動すべきかというと、習近平氏が指摘しているようにすでに明らかにされていた問題においては、踏み込んだ検討を行う必要がある。そして、前もって計画を立て、落ち着いて事態に対処しなければならないのである。一方、明らかにされ難い問題においては、注意深く注目し、事前によく準備、対処に柔軟性を持たせるようにしなければならないのである。

出典

天下の患の最も為すべからざる者は、名は治平無事と為すも而れども其の実は不測の憂有るなり。坐して其の変を観、而して之が所を為さずんば、則ち救ふべからざるに至らむを恐る。起ちて強ひて之を為さば、則ち天下治平の安きに狃れて、吾を信ぜず。ただ仁人君子豪傑の士のみ、よく身を出して天下の為に大難を犯して以て大功を成すを求むるを為す。此れ固より期月の間に勉強して而して苟も以て名を求むる者の能くする所に非ざるなり。

——北宋・蘇軾「晁錯論」

解釈

「晁錯論」は蘇軾による晁錯の人物評伝である。前漢初期の政治家晁錯が景帝を補佐し、諸侯王を抑制する目的の「削藩策」を進めたが、かえって諸侯王国の反乱を引き起こし自身も処刑されるという歴史事件に注目し、晁錯を死に至らせた原因を探るものである。

本篇引用の部分は「晁錯論」の冒頭部に当り、真っ先に本文の論点を掲げる。則ち、国を管理する上で、最も解決の困難な問題は社会が安定しているように見えても、実は予測できない危機を抱えているという場合である。

これは前漢景帝の治下、表面的には安定した社会が築かれたが、実際は諸侯王国の勢力拡張に伴う反乱の危機を孕んでいたことを暗に指す。それから、著者は問題への対応を二つ違う態度から説き進める。一つは事態の発展を座視して対策を考えない態度。これでは、その問題や災難はとうとう収拾のつかなくなるまで広がる。

もう一つは奮起し無理を推してまで問題解決に取り掛かる態度。これまた時機が熟していなければ、天下泰平に慣れすぎた世間から支持が得られない。こうして、晁錯が事の運ぶ時宜に配慮せず、削藩策の推進を急いだせいで、失敗を招いたことが論じられる。

なお、文章では晁錯と「仁人君子豪傑の士」との比較が行なわれ、削藩策を失敗に導いた決定的な原因は、私利私欲を忘れて天下のために大難局に挑む精神が晁錯に欠如していたことに帰するのは蘇軾らしい読みといえる。

国を治むるは、なお樹を栽うるがごとし。本根、揺がざれば枝葉茂栄す。

――『省部級主要指導者の第十八回三中全会精神の学習、貫徹・全面的に改革を深化させる特別テーマ研究討論クラスにおける談話』などの文中で引用

解読

国政運営において、何が根本的なものなのであろうか。習近平氏は、国政運営の根本は中国共産党の指導と社会主義制度にあると回答している。今日、中国が歩んできている発展の道は、歴史的結論であり、人民大衆の選択でもある。世界二位の経済国に躍進しているとか、13億人をカバーする世界最大の社会保障システムを作り上げたとか、そのような実践的成果がその優位性を語る最も明らかな証となっている。

習近平氏がさまざまな場面で度々強調しているように今日の中国は、960万平方キロメートルもある広い大地を踏みしめ、中華民族の長期にわたる奮闘によって蓄積された文化的養分を汲みとり、13億の中国人民大衆が結集した気勢盛んな力を擁している。そして、我々が歩む自らの道は、この上なく広い前途を有し、この上なく深い歴史の底力を保持し、この上なく強大な前進の原動力を備えている。

国政運営において、我々は「道・理論・制度への自信」という「三つの自信」を堅持しなければならない。これこそが根本である。

根本が揺るぎさえしなければ、国家の経済、政治、文化、社会及び生態文明などの各方面にわたる改革がどんどん推し進められ、発展が引続き進められるのである。

出典

貞観九年。太宗、侍臣に謂ひて曰く、往者初めて京師を平げしとき、宮中の美女珍玩、院として満たざるは無し。煬帝は意猶ほ足らずとし、徴求已む無し。兼ねて東西に征討し、兵を窮め武を黷す。百姓、堪へず、遂に滅亡を致せり。此れ皆、朕の目に見る所なり。故に夙夜孜孜として、惟だ清静にして天下をして無事ならしめんと欲す。遂に徭役興らず、年穀豊稔し、百姓安楽なるを得たり。夫れ国を治むるは、猶ほ樹を栽うるが如し。本根、揺がざれば、則ち枝葉茂栄す。君能く清静ならば、百姓なんぞ安楽ならざるを得んや、と。

——唐・呉競『貞観政要・政体第二』

解釈

『貞観政要』は唐の太宗皇帝とその補佐する臣下たちとの政治問答を記録した書で、「貞観の治」という政治的な理想時代をもたらした要諦を内容として、後世の政治に多くの示唆を与えている。

本篇の典拠となった記事では、太宗皇帝が隋王朝滅亡の原因について語っている。それによると、隋王朝が都を平定した当初、宮中に美女や珍宝がいっぱいあったにもかかわらず、煬帝はなお満足せず、あちこちに人を遣わして苛斂誅求（かれんちゅうきゅう：情け容赦なく税金を取り立てること）した。その上、絶えずに戦争を起こし軍隊を維持するために、国民に重い負担をかけた。それらがとうとう隋王朝を滅亡の道へ導いた。

太宗皇帝は隋の滅亡を教訓として、自らの政治思想を語る。

則ち、「国を治むるは、なお樹を栽うるがごとし。本根、揺かざれば枝葉茂栄す」とあるように国家の管理を植樹に喩えて、根本がしっかりしていれば枝葉が生い茂るほどよく成長できるという。また、『老子』にみえる「清浄無為」「修身治国」の説に基づき、太宗皇帝の政治方略には「君能く清静ならば、百姓なんぞ安楽ならざるを得んや」という発想もある。

隋王朝滅亡の教訓を生かし、そして老子の政治学にも親しんだ太宗皇帝は、社会的緊張を緩和させる措置を講じた結果、清明な政局を開き、社会生活が安定し、「貞観の治」と呼ばれる治世を実現させたのである。

実を以てせば則ち治まる。文を以てせば則ち治まらず。

――『鍵は着実な実践にあり』などの文中で引用

■解読

習近平氏が引用した対聯（詩の形式）にこのようなものがあった。上の句が「こちらで会議あちらでも会議どこもかしこも会議」で、下の句が「こちらが発信あちらも発信みんなが発信」で、横書きは「実行無し」であった。着実な実践を怠りがちの時弊を批判し、「政治においては着実な実践が一番大切である」という執政理念を強調するために引用しているのである。

中国の戦国時代には、趙括が机上の空論しかできなかったせいで、40万人もの趙家軍全軍が壊滅する結果を招いてしまい、「空談で務めが廃れ、空論は国を誤る」という歴史的教訓が残されている。空論に反対し、実践を強め、実行を重視するのが、わが党の優れた伝統の一つであり、わが党が革命、建設及び改革の各方面の実践において、絶えず人民をリードし、新段階の勝利を勝ち取る鍵ともなっている。ゆえに、習近平氏は各級の指導幹部に対して、「厳しく」を基準に、「実がある」を根本とし、「三厳三実」を呼びかけている。

一方、「計画を立てるには現実的に、事業を始めるには堅実に、身を処すには誠実に」という方針に従い、権力を用いる際に関わっていく各方面において「実」を求めるようにと強調している。また、実をもって執政に努めることができるか否かが、わが党の執政能力の重要な具現であり、各級の指導幹部の指導能力を評価する重要基準でもある。そのため、指導幹部としては、宗旨の意識や正しい業績観を打ち立て、困難を承知で勇気を持って進み、粘り強さを保ち、奮闘を続ける根気を持ち、真実を求め実務に励み、真に意気込みをもって着実に仕事に取り組む優れた気概を発揚し、口先だけのスローガンとか、印象を残さないような空文をやめなければならないのである。

出典

然るに治不治は有る。実を以てせば則ち治まる。文を以てせば則ち治まらず。若し徒に文を以てするや、之を譬うるに優偶の戯なり。衣冠言貌も、事を陳べ理を辨うるも、度に合わざる無し。而してあに其の実ならんや。

——清・唐甄『潜書・権実』

解釈

『潜書』は清代初期の思想家唐甄（1630－1704）の著。三十年にわたって書き留めて完成させたものであると著者は言う。なお、著述のきっかけについても、著者自ら「世の我を知らざるを憂えず、天下の民その生を遂げざるを憂う。中に鬱結して以て已むべからず。発して言と為す」と明かしている。文体は先秦諸子のものに倣う。初めは天下をはかり知る趣意で『衡書』と命名したが、後に長らく出世の機運に恵まれなかったため、書名を『潜書』に改めた。民間に埋もれていても起用される時機を待つという用意があろう。

唐甄は傑出した思想家であると同時に、成功した実践家でもある。彼は山西省のある県知事を勤める際、治下の民衆に養蚕を勧告するために、家ごとに訪問して回っただけでなく、自ら率先して蚕を飼い、手本を示した。

彼の努力が功を奏して、その県内に一か月足らずで桑の木が80万本植えられた。

唐甄の政治管理学によると、「政を為すに貴きは行いにあり」といい、文書告知などには備忘の働きしかなくて、あまり頼ってはいけないという。だから、彼は「実を以てせば則ち治まる。文を以てせば則ち治まらず」と書き残すのである。即ち、政治を行う上で、着実に行動することが大事で、行動すれば国家社会の安定が図れる。逆に行動がなければ、安定した社会もあり得ない。

このような見方は、当時の役所に公文書だけが溢れるほど出されて、政令がほとんど実施されない現実から生まれたのだが、一概に公文書の役割を否定するものではない。

役所が法令を出しっぱなしで、その実施の状況を問わない弊害への批判が行なわれている。空文化した公文書がいくら貼り出されても、「百職修めず、庶事挙がらず、奸敝日ごとに盛んなり、禁例日ごとに繁き」結果にしかならないのである。

大小を審べて之を図り、緩急を酌りて之を布く。上下を連ねて之を通じ、内外を衡りて之を施す。

――『貧困脱却・為政雑談』などの文中で引用

解読

改革が深化していくほど、度重なる困難にぶつかり、様々な試練に耐えなければならなくなる。そんな中で、いかに困難を乗り越え、果敢に前進して行けば良いのか。この質問に関して、「果敢に対策を打ち立てると同時に、柔軟性を持って応対に努め、素早くかつ着実に進まなければならない」と習近平氏は繰り返し強調している。

これが改革の全面的深化を推進する際に堅持しなければならない方法論的思考でもある。

物事の軽重・緩急をはかりにかけてこそ、主従関係を明らかにさせることができるのであり、上意下達をはかり、内外の区別を行ってこそ、秩序立って少しの乱れも生じない。

改革の全面的深化は系統的プロジェクトであり、いかなる分野の改革もその他の分野の改革と密接に繋がっており、一つ一つの小さなことでも全局面に影響が出てしまい、碁石一つで棋局全般の流れが変わるようになっているのだから、単独で敵中に深く入り込むように、各分野の改革がセットとならず孤立的に進められたりすると、彼方立てれば此方が立たぬようになる始末となる。

ゆえに、果敢に突き進み、困難に立ち向かう勇気が必要であると同時に、情勢への判断能力、深みのある止水（心が落ち着いて雑念がない）並みの底力や度量も持たなければならない。

前もって試行を進めるべき事業ならあっさりと見逃すことなく、踏み込んで検討すべき事業なら焦ることなく、法律的権限の獲得を必要とする事業なら軽々しく早めに推し進めることなく、それぞれ仕事に取り組まなければならない。さもなくば筋道が乱れてしまい、リズムが狂ってしまう。さらには大きな騒動が起こってしまう。重要さによって改革事業を進める順序をしっかりと把握し、基礎的改革事業を優先的に推し進めなければならない。そして、一定の規律に基づいて政務内容を決め、一定の秩序に沿って政務管理を進めてこそ、素早くかつ着実に事業を推し進めることができるのである。

出典

穆公曰く、誠に先生の言の如くせば、遂に以て天下に覇たるべきや。蹇叔對えて曰く、未だなり。それ天下に覇たる者に三戒有り。貪るなかれ、忿るなかれ、急ぐなかれ。貪らば則ち失多し。忿らば則ち難多し。急がば則ち蹶多し。それ大小を審べて之を図れば、なんぞ貪るを用いんや。彼己を衡りて之を施せば、なんぞ忿るを用いんや。緩急を酌りて之を布けば、なんぞ急ぐを用いんや。君よくこの三者を戒めば、覇にまた近かれり。

――明・馮夢龍『東周列国志・第二十六回』

解釈

『東周列国志』は明末の馮夢龍によって改編された長編歴史小説である。春秋時代の覇権争いに勝ち抜いた「春秋の五覇」（斉の桓公、宋の襄公、晋の文公、秦の穆公、楚の荘王）と戦国時代の七大諸侯国「戦国の七雄」に焦点を当てて、西周滅亡の直前から秦の始皇帝が全国を統一するまでの東周時代の諸侯国の興亡を描くものである。

同書第二十六回では、秦の穆公と大臣蹇叔との問答が記される。どうすれば天下の覇者になれるかという穆公の問いに対して、蹇叔は貪り、怒り、急ぎの三つを止めるようにしなければならないと答えた。

貪れば逆に多くの損失を蒙る。怒れば予期せぬ災難を招く。性急なやり方は挫折しやすい。だから、覇権を確立する正しい方法として、蹇叔の提案するところは、「大小を審べて之を図る」、「彼己を衡りて之を施す」、「緩急を酌りて之を布く」ものである。自らの目標の大小、互いの力関係、また事実情況の緊急性をよく見定めて行動すれば、覇者になるのは時間の問題だという。

この典拠は今日の政府の行政管理にとっても示唆深いものがある。役所内部に様々な事務が多くある中、問題内容の軽重緩急をきちんとわきまえておく必要がある。事務処理の優先順位を決めて、上下内外の意思疎通を図って問題解決に当たっていけば、仕事の効率が確実に上がるはずである。

之を未だ有らざるに為め、之を未だ乱れざるに治む。

――『党の人民路線教育実践活動総括大会における談話』などの文中で引用

解読

習近平氏がこの言葉を引用するのは、常に冷静さを保ち、憂患意識を高め、安に居て危を忘れず、禍を未然に防ぎ、「先手を取る」技を生かして問題解決に臨まなければならないと強調し呼びかけるためである。

鄧小平氏も改革に踏み出す最初の時期に、発展を遂げた後に面する課題の数は発展が進められる前に面する課題に決して劣らないのであると指摘していた。

今日、改革の全面的深化事業においては、千を超えた帆船が一斉にスタートし、百を超えた大船が先を争いながら進もうとするかのような勢いが感じられる。このような状況下では、まずは思想観念の束縛を突き破り、利益固定化の壁を突破しなければならない。改革の前進には当然、次から次へと危険が生じ、行く手には困難や問題が横たわっており、更なる新たな試練、新たな問題に直面していかなければならない。

ゆえに、問題を芽のうちに解決に導いていけなので あれば、機会が芽生えるか否かのうちにしっかり捉えておかねばならない。「病に罹ってから治療法を考え、乱が発生してから治に踏み出す」のでは、問題を解決、難関を突破し、改革を推進するのに最良のタイミングを逃してしまう羽目になる。そして、悪影響をもたらすばかりでなく、より高い時間的コストがかかることになる。ゆえに、執政のために権力を用い、改革を推し進めるには、問題や矛盾がどんどん発展し、取り返しのつかない事態に至らないように目をこらし、洞察力を高めねばならない。さらに、芽が現れ出ていたり、傾向が見えてきていたりするような問題をしっかりと把握し、早期応対に取り組まなければならないのである。これこそが執政能力の向上における必然的要請であり、ガバナンス能力の現代化の促進における根本的理念でもある。

▩出典

其の安きは持し易く、其の未だ兆さざるは謀り易し。其の脆きはわかれ易く、其の微なるは散じ易し。之を未だ有らざるに為め、之を未だ乱れざるに治む。

——春秋・老子『老子・第六十四章』

▩解釈

引用されたのは「之を未だ有らざるに為め、之を未だ乱れざるに治む」という文章。問題の兆しがないうちに予防措置をとっておき、トラブルを未然に防ぐことの重要性を指摘する一文である。

原典『老子・第六十四章』は、小さい兆しが重大な結果に繋がる因果関係を見出し、よって危険が迫る前にそれを防ぎ、問題が起きる前にそれに対処すべきことを説く。人々は事の仕上がる段階に来て失敗することが多いことから、『老子』ではまた「終りを慎しむこと始めの如くなれ」とも主張し、何事をするにも完成間近の時こそ慎重に臨まなければならないことを諭す。

中国人の民族性に憂患意識があるのか、似たような格言が古くから多く伝わっている。「人に遠慮なければ、必ず近憂あり」、「禍は常に忽せにする所の中より発し、乱は常に疑うに足らぬ事に起こる」などがそうである。

したがって、問題が発生して慌てて対処するよりは、問題を未然に防ぐほうが賢明だと昔から思われてきたのである。

政は農功の如し。日夜之を思ふ。

――『之江新語・執政者には学習と思考が必要』などの文中で引用

こんな幹部なら、いてもいないのと同じではないだろうか。

「いかなる職業についていても、愛着を持つべきである」とよく言われるように指導幹部としては、あるべき姿をとり広大な志を持ち、果敢に責任を負い着実に実務に励まなければならない。これはまた政治を治めるのに必要かつ基本的なモラル的要請でもある。

というのは断固として「明日は明日の風が吹く」というような発想をやめて、役職につくことを義務が与えられることとみなし、実務に励むことを使命を果たすことと考える。そして、ひたすら全力を尽くして仕事に努め、薄氷を踏むがごとく問題解決に励み、「在職一分、奮闘60秒」とも言われるようにならなければならない。

解読

習近平氏は農業、農村、農民という「三農」問題に高い関心を寄せ、かなりの親しみも持っているのである。農村や田園風景を描いている詩句の引用や、農作業関連の諺への詳しさ、国政運営を農作業に喩えた論説など、いずれを通しても、政治と農業とは互いに融合しているということについての深い理解が窺える。

幹部というのは「幹事（事務を担当する者）」そのものであり、気風で認めてもらい、実務に励むことで業績をあげなければならない。それに対して事務のことを頭にも入れず、心にもかけず手にも取らないでいると、何の責任も取らないで済むようだが何の役にも立たない。

らない。役職につく以上はそれなりに役割を果たし、それなりに責任を取り、それなりに全力を尽くさなければならないという要請である。

また、やみくもに行うのではなく、頭を使って切り抜けなければならない。事務をやる意欲や勇気さえあればいいとはならず、問題解決に導く知恵と能力がより求められている。

いわば、まじめさのみでは、仕事の終了にしかつながらないが、もっと頭を動かせば、効果が増すであろう。焦らずにさらに踏み込んで思考を凝らし、やみくもに行うことなくより頭を動かしてこそ、細かさでことを図り、根気強さでことを成功させられるのである。

出典

子産曰く、政は農功の如し。日夜之を思ひ、其の始めを思ひて其の終りを成し、朝夕にして之を行ひ、行ひ思ひを越ゆること無し。農の畔あるが如くならば、其の過ち鮮し、と。

——春秋・左丘明『左伝・襄公二十五年』

解釈

「政は農功の如し。日夜之を思ひ、其の始めを思ひて其の終りを成す」というのは春秋時代の鄭国の卿を務めた政治家子産の言葉である。政治を行うことは農民の畑仕事に喩えられている。種まきの後は、どんな天候でも日夜畑の様子を気にかけ、耕作に勤しんで始めて豊作が見られる。

政治もまた然り。「朝夕にして之を行ひ、行ひ思ひを越ゆること無し」というのもまた、農事においてじっくり考えてから時間をかけて取り組むことが大事だが、政治を行う時も同じだと説く。

したがって、農事においても政治においても勤勉に働くことは大きな収穫につながる。そして、考えることはいい仕事をこなす重要な一環である。

農業に従事する場合、種まき・田んぼ管理・刈入れなどの全過程において、作物が成長する規則を把握するように考えなければならない。そうすれば、季節の移り変わりに違わず農業をうまく成し遂げていける。

状況をしっかり把握してタイミングを逃さずして公務に勤しむことは、政治家にとって大事な心得である。

本篇の出典記事は古代中国が農業国だったことを物語っている。農業経済の発展を重視し、農業を国家政治の根本とする発想から政治を農業に喩えて論じることになったのであろう。

政令時なれば、則ち百姓一に、賢良服す。

――『省部級主要指導者の第十八回三中全会精神の学習、貫徹・全面的に改革を深化させる特別テーマ研究討論クラスにおける談話』などの文中で引用

解読

ここで言う「時」というのは、「天の時」「地の利」のみならず、「人の和」がより求められている。習近平氏は『荀子』中のこの言葉の引用を通して、わが党が自主独立的な道の選択を堅持しており、それが人民大衆から支持され擁護されることでもあると確信する自信を持つべきである、と説明しようとしているのであろう。「中国の道」は、億万の人民によって切り開かれた道であり、「中国の奇跡」も、億万の人民によって築き上げられた奇跡である。我々は制度構築においても、道の選択においても、このように民心を十分反映させるということを固く土台としているのである。根本的な問題に対しては、わが党では旗印を鮮明に示せれば、民衆では歩むべき道を明白に捉えられるようになり、歪んだ思想もよりどころを失うであろう。が、その一方でわが党が旗印をぼんやりとさせていれば、民衆は引率者のいない烏合の衆のごとく、行く先がはっきり見えなくなってしまうであろう。

国家レベルの根本制度の構築にしても、地方レベルの発展方向の確立にしても、思考を明白にさせ、意志をはっきり伝達し、「天の時・地の利・人の和」をかねたタイミングを作り上げてこそ、精神の真の貫徹、政策の真の実行が図れるのである。

出典

君なる者は善く群せしむるものなり。群道當れば、則ち萬物皆其の宜しきを得、六畜皆其の長を得、群生皆其の命を得。故に養長時なれば、則ち六畜育し、殺生時なれば、則ち草木殖し、政令時なれば、則ち百姓一に、賢良服す。

——戦国・荀子『荀子・王制』

解釈

『荀子・王制』は君主が国家を運営する際の規則制度を記録したもの。上記の出典では、人間同士の、人間と社会との、そして人間と自然との関係をいかに扱えば、バランスよく調和させることができるかが語られている。

荀子は「君なる者は、善く群せしむるものなり」という。

君主というのは、人々を組織して自分の周りに集めるリーダーシップのある人だと定義され、さらには「民心を得ている」名君をも指す。「群せしむ」をもって「君」を解釈することは、訓詁学では音訓と称され、語彙と語彙の間の同源性を示唆する方法である。

「群道當れば」、つまりうまく組織できれば、すべての物事が合理的に運営され、すべての動物もよく繁殖生息し、すべての生き物も寿命一杯に生きることが可能である。

では、どんな状況を「うまく組織できた」と言えるだろうか。荀子は具体的に三点を挙げて説明する。即ち家畜を飼うタイミングがよければ家畜がよく繁殖して数が増えること、伐採のタイミングがよければ草木が順調に成長して生い茂ること、政令を発布するタイミングがよければ国民がうまく統制でき、才能のある人々がこぞってしたがってくることである。要するに、人間・社会・自然の相互関係を扱う中で、タイミングが合っているかどうかはまず見定めておくべきことである。

天下の目を以て視れば、則ち見ざるなきなり。天下の耳を以て聴けば、則ち聞かざるなきなり。天下の心を以て慮れば、則ち知らざるなきなり。

――『中国人民政治協商会議成立65周年祝賀大会における談話』などの文中で引用

解読

「共に苦しみ、共に暮らし、共に働き」は、習近平氏が国の執政者と人民大衆との関係のあるべき姿を総括したものである。一つの国としては、社会におけるさまざまな矛盾・対立をうまく消去し、各事業を滞りなく発展させるためには、民主集中制的方法を取り入れ、共に考えを凝らし、共に実務に努めるように民衆を結集しなければならない。この古語の引用から、「広く提言の道を開き、広く民衆の声を受け入れよう」という、習近平氏の提唱している民主協商的方針が十分窺える。

確かに、我々によって出される政策や我々によって進められる仕事は、いずれも一つ一つの家庭の発展につながり、一人一人の利益に深く関わっているのである。ゆえに、自らの切実な利益に深く関わっている問題に関して、人民大衆には自己意志の表明を求める権利を行使する意欲もあれば、能力もあるのである。仕事する際の広範な調査とか、すでに慣習となった公聴会とか、プロジェクトを推し進める際の意思疎通などといった、さまざまな手段により、各階級、各方面において民衆との共同協議が実現されているのが、着実に仕事に励み、功績をあげる上での根本的保障となっているのである。「心が一つになれば、泰山も移る」と、「愚公移山」の話しで語られているように、心を一つにし、弛みなく頑張り続けていけば、乗り越えられない

「山」はなく、解けない難問もなくなるのである。

■出典

目は明を貴び、耳は聡を貴び、心は智を貴ぶ。天下の目を以て視れば、則ち見ざるなきなり。天下の耳を以て聴けば、則ち聞かざるなきなり。天下の心を以て慮れば、則ち知らざるなきなり。輻輳して並び進めば、則ち明塞がらず。

——春秋・管子『管子・九守・主明』

■解釈

「目は明を貴び、耳は聡を貴び、心は智を貴ぶ」とは耳目頭脳の働きを明かす言葉。目の働きは物をはっきり見ることにあり、耳の働きは鋭く音を聞くことにあり、頭脳の働きは考えを早く切り替えることにあるという。

一国の君主は国民の立場に立って国情を視察すれば見えないものはないし、国民の立場に立って耳を傾ければ聞こえないものはない。さらに国民の立場に立って考慮すれば無理解ということもなくなる。

一人だけの力には限りがある。民主の力には大いなるエネルギーがある。為政者は民衆の力に支えられてこそ、政治を長く続けることができる。独断専行の独り善がりは、国家政治の失敗を招きかねない。

ほかに、「二人心を同じうすれば、其の利きこと金を断つ」(『易伝』)、「万人弓を操り共に其の一招を射ば、招中らざる無し」(『呂氏春秋』)などの言葉もある。いずれも一致団結の重要さを指摘する名言である。

審らかに時宜を度り、慮定まりて動く。天下為すべからざる事なからん。

――『省部級主要指導者の第十八回三中全会精神の学習、貫徹・全面的に改革を深化させる特別テーマ研究討論クラスにおける談話』などの文中で引用

解読

習近平氏は改革事業に言及するたびに、「胸中に方策があり、行動に筋道を通し、時代にそぐわない固定観念の壁を突き破らなければならない」と強調している。固定観念の形成には人々の立場、地位、利益による要素も考えられれば、それぞれの仕事が持つ構造、権限、メカニズムによる要素も考えられる。習近平氏は、また、情勢がどんどん変わっている中では、新たな要請に応えられるように仕事に努めなければならないとも強調している。

というのは、古い方法を新しい問題の解決に用いようとすれば、壁にぶつかってしまうのは無理もないであろう。情勢が変わりつつあり、試練もバージョンアップしていく中で、相変わらず今までの固定化した考えで物事に当たろうとすれば、改革を進める必要性が認められなかったり、改革の推進が消極的に扱われたりして、取り返しのつかない損失をもたらしてしまうであろう。「思想観念の束縛」を突き破るというのも、改革の深化の妨げとなっている固定観念の壁を突破しなければならないということを伝えようとしているのである。

習近平氏がまた度々強調しているように、思想の解放は「マスタースイッチ」そのものであり、思想解放という思想路線を貫き通していってこそ、利益固定化

の原因のありかを探し当てることができ、難関突破の鍵を見つけ出すことができる。それによって改革の持続可能な深化を推進することができるようになるのである。

出典

黄酋の書、昨、鑑川公また曾て抄して本兵に寄す。此の酋、貪縦にして寡謀なり。終に當に吾が羈絏に帰せらるべし。其の書の詞を観れば、已に昔時の倔強に非ず。其の幾を用いて之を制すべし。……ただ願わくば審らかに時宜を度り、慮定まりて動けくことを。天下為すべからざる事なからん。況や今の時則ち易わりて然れり。

——明・張居正「答宣大巡撫呉環洲策黄酋」

解釈

典拠は明の張居正が宣大巡撫の長官呉環洲へ宛てた手紙である。宣大巡撫とは、明王朝の北疆地方宣府・大同の軍務を司掌する官職であって、全称「巡撫宣府大同地方賛理軍務」。手紙で言及した黄酋は、当時蒙古族の長であるアルタンハンの子ホンタイジのこと。手紙の内容は明王朝の北疆の防衛に触れるもので、読み手に対して時の状況をよく見定めて、熟慮の上で行動するよう忠告する張居正の態度が明白である。

何事をするにしても十分な準備が必要であるということについて、張居正には深い認識がある。彼の奏上した「六事を陳べる疏」には「天下の事、之を慮るには詳らかなるを貴び、之を行うには力を貴ぶ」ともある。

計画を立てる段階は、なるべく細かく討議して考慮し、実施する段階は全力を投じるべきだという。また、その「中丞孫槐渓に答ふる書」には、「鋭く始むる者は必ずその終わりを図り、成功する者はまず始めに計る」と見える。

何かを始める際は、必ずその有終の美を考えなければならず、よいスタートは終わりの成功を決めるという。これらの言行からは、張居正が「万暦の新政」の局面を切り開いたのも単なる偶然ではないことが知られよう。

大事に臨めども乱れず、利害の際に臨んで故の常を失わず。

――『貧困脱却・為政雑談』などの文中で引用

解読

「戦略的確信」は習近平氏が提唱した国政運営の重要理念である。指導幹部の一人一人に、仕事や生活における「心を乱されない力」が求められているのではないだろうか。政策を打ち出したり、号令を公布したりする際には、「事前に方略を決めておきさえすれば後で戸惑わずに済む」と言われるように、一旦決議をした以上は、疑う声にも揺らぐことなく、批判の声にも戸惑いを覚えることなく、ブームに釣られることなく、トレンドに乗ることもなく、とことんまで堅持しなければならない。

信念を固くしていれば、策略の的確さを確保しておけば、問題が次第に解決されるにしたがい、疑いや批判の議論も次第に下火になるのである。

これに関して、毛沢東主席もかつて、「塀の上のアシよ、重い頭に軽い足で、基礎ができていない／山の中の竹よ、尖った口に厚い皮で、中身ができていない」という対聯を引用し、指摘したことがある。指導幹部としては、「大事に臨んでも慌てずにいる」という姿勢がとれなければ、大事な時期に限って、足元がふらつくようになり、立場も揺らぐようになってしまう。改革の深化は進めようにも進めようがないであろう。90年代に発表したこの文章において、習近平氏は青年幹部が育つ中でよく見られる誤った認識を踏み込んで分析し、「朝令暮改を戒めなければならない」をはじめ、「成功への焦りを戒めなければならない」、「独りよがりを戒めなければならない」及び「自信過剰を戒めなければならない」という「四つの戒め」を提唱してきたのである。

実を言うと、この「四つの戒め」には、いずれもが確信を堅持、冷静さを維持し、落ち着きを保たなければならないといった共通的指向を持っている。

『老子』に述べてあるように、「人に勝てる者は能力のある者と言え、自らに勝てる者こそ本当の強者と言えよう」

出典

それ寛深不測の量は、古人大事に臨みて乱れず、以て世俗の躁を鎮むる有る所以にして、蓋し以て上下の情を隔絶し、尊を養うて自ら安んずるに非ざるなり。

——北宋・蘇軾「策略四」

陳侗に勅していわく、士の利害の際に臨みて故の常を失わざる者、鮮し。

——北宋・蘇軾「陳侗知陜州制」

解釈

「大事に臨みて乱れず」との一文は蘇軾が仁宗朝の嘉祐五年（1060）に科挙試験を受けた際の解答作文「策略」に由来する。時に蘇軾は24歳の弱冠。「利害の際に臨みて故の常を失わず」との言葉は翰林学士を務めた時、皇帝の宣旨を代筆した「陳侗知陜州制」に拠るものである。

「策略」では、為政者としては誠心誠意が大事で、古代の聖賢のように深く広い胸襟があって初めていざという時でも取り乱さず、正しい決断ができるということが論じられている。

後に出された観点、「利害の際に臨みて故の常を失わず」というのは、緊急時にこそ普段と同じ平常心を保つべきことを述べている。

引用された二つの言葉は、いずれも非常事態に遭遇した時に冷静さを失わず、落ち着きを保つ態度の推奨である。緊急事態が発生した時こそ、慌てず狼狽えず、むしろ冷静沈着に打開策を考えるべきである。

一方、利害関係が絡んでいる場合は、平常心を保って一喜一憂しないことが大事である。蘇軾のこれらの文章では、その個人的度胸と気骨、才能のほかに、さらには公務に当たる経験と無私の精神まで読み取ることができる。

蘇軾の思想はその父親蘇洵の影響を受けたものと言える。蘇洵「権書・心術」では「将を為す道は、当にまず心を治むべし。泰山前に崩るれども色変わらず。麋鹿左に起れども目瞬かず。然る後に以て利害を制すべく、以て敵を待つべし」と述べている。蘇軾の文章はまさにその父親の見方を祖述した（受け継いで述べた）ものである。

政を為すに徳を以てするは、譬えば北辰のその所に居て衆星のこれに共するが如し。

——『之江新語・読書により執政者としての道徳を樹立』などの文中で引用

解読

徳というのは、身を修める上での基本であるのみならず、国を治める上での根本でもある。徳をもって身を修めることを重んじ、徳をもって国を治めることも重んじなければならない。これは我が国の伝統文化の精髄であり、我が国の政治的思想の特徴の一つでもある。わが党は優れた歴史的文化遺産を継承し、古代からの「徳をもって国を治める」という思想を現実に基づき敷衍を行い、その上で、幹部組織の建設を推し進めているのである。

「徳をもって政を為す」というのは、まずは執政者としては徳をもって政治を行い、民衆を大切にしてこそ人民大衆から擁護されるようになるのだと語っている。同時に、自らの道徳的素養や行為をもって、人民大衆を導き、感化を与えなければならないとも要請している。

「政治というのは、正直に為されるべきものであり、指導者としては、先頭に立ち、率先していれば、下の者も自然にその正道に導かれ、逆らう者はないのである」と言われるように、真の「正」に達するためには自らを省み、自らを修め、自らを戒め、私欲を抑えることによって自らの道徳的素養を高めなければならない。「政を為すにはもっといろいろな声に耳を傾けなければならない」と言われるように道徳情操をみがき、執政上の道徳レベルを高めるのにもっとも良い道は勉学に励むことである。読書学習によってモラルを向上させ、考えと行いを一致させ、着実に実践に励まなければならない。

広範な指導幹部には、より多く本を読み、より良い本を読む習慣が身につくように要請し、読書学習を、思想を改め、素養を高めるための重要ルート、魂を清め、気高い節操をはぐくむための有効手段と見なすように促さなければならない。

出典

子曰く、政を為すに徳を以てするは、譬えば北辰のその所に居て衆星のこれに共するが如し、と。

——春秋・孔子『論語・為政』

解釈

原典は孔子の「徳政」の思想を表わすものである。「政を為すに徳を以てす」とは、為政者が徳政を実施すべきことをいう。北辰は北極星のこと。共は「拱」に同じで、ここでは「めぐる」の意。引用したところの意味は、為政者が仁徳を以て国家の政治を行なえば、北極星がその場所に居て全天の星が秩序よくそれを囲んで動くように、国政が安定するという。

孔子は西周初期の周公が提唱した「明徳慎罰」の思想を受け継いで、為政者の「徳政」を主張する。春秋時代の諸国による戦乱は、「礼楽崩壊し、天下道無」くなった結果だと孔子は指摘する。

天下の「道なき」状況を「道ある」ものへと変えるべく、孔子は徳政実行、苛政反対を唱えながら列国を周遊する。孔子の説は、徳の政治的意味を大きく捉え、徳の有無が明君と暴君を区別する基準ともなっている。孔子は君主に徳政を勧める。

その説によれば、為政者が徳政を行うと、民衆もその「聖徳」に感化されて定められた法律を遵守していくから、天下泰平が実現することになる。

立徳篇

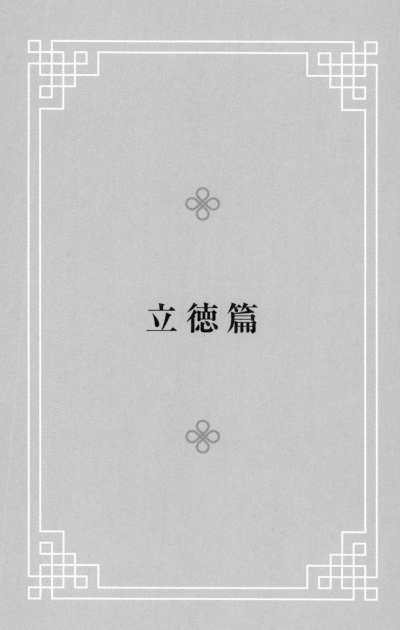

習近平氏はかねてから、党員幹部の「徳」を、十分に重視している。２００４年浙江省委員会書記に就任する際、習近平氏は『求是』に、『権力の行使には道徳が求められ、付き合いには規則が伴う』という文章を発表し、指導幹部は「法に基づいて権力を用い、徳をもって権力を用いるのであり、要は、権力の行使には道徳が求められているのである」と強調している。

一連の重要談話においても、習近平氏は重ねて執政上の道徳問題を強調し、党を修め、国を治める上では、思想道徳と党紀国法の二つの防御線を築き上げる所に重点が置かれているのだと指摘している。

新しい時期の指導幹部にとって、何が「徳」とされるべきであろうか。

２０１１年12月、全国組織部長会議において、習近平氏は指導幹部としては思想認識・政治的素養を高めるには、「是と非、公と私、真と偽、実と虚」という四つの関係をしっかりと判別し、適切に対処しなければならないと指摘した。

更に新しい時期の指導幹部の持つべき「徳」の基準として、「理論的素養、政治的素養、道徳的素養、規律的素養、作風的素養」といった五つの素養にまとめている。これらの重要論述は、「執政上の道徳」の内包と外延を明確にし、広範な指導幹部に思考の基準、行動の綱領を提供している。「考えを正し、身を修めてこそ、民衆に利益をもたらす政治を為すことができるのである」「清廉な人ほど貧乏を恐れず、勤勉な人ほど労苦をいとわず」習近平氏が引用したこれらの名言は、指導幹部の持つべき道徳に関して多く論述したものである。これらの名言は簡潔かつ明白で、しかも意味深遠である。そして、異なった面から「指導幹部が持つべき道徳とは何か」「どうして道徳を持つべきか」、「どうやって道徳を高めるか」などといった質問に解答を与えている。

官に当たるの法は惟三事有り、曰く清、曰く慎、曰く勤。

——『着実に実践し、先頭を歩む·浙江省の党委員会第十一期第四回全会業務報告をする際におけるコメント』などの文中で引用

解読

「清」というのは清廉のことを言い、私欲がなく公正で清廉に公務に務めなければならないということを指す。「慎」というのは慎重のことを言い、綿密に考慮をめぐらし、言葉や行いを慎み深くしなければならないということを指す。また、「勤」というのは勤勉のことを言い、怠らずに勉強に励み、骨身を惜しまずに向上を図らなければならないということを指す。

指導幹部としては、権力を正確に用いるには貧しさを恐れず、寂しさに耐えられ、精神状態の安定を保つ。また、試練に耐えられるように努め、党の規律と国の法律を遵守しなければならないのである。同時に私欲をはかることなく自覚的に人民のために権力を用い、私腹を肥やすことなく規則や制度に基づいて権力を行使し、汚職をすることなく清廉に権力を用いなければならない。さらに、進んで仕事に臨み、進んで仕事を受け入れ、仕事に能力を生かし、仕事を成功裏に遂行できるように、仕事に強い熱意と責任感を持たねばならない。誠心誠意党の建設事業と人民大衆の利益のために全力を尽くし、忠実に職責を果たし、我を忘れて身を捧げなければならない。

「清廉潔白に仕事できるかどうかは、全ての指導幹部がしばしば直面しなければならない重大な試練である」と言われるように、これは党のイメージ、民心の向背、

党と国家の死活存亡にかかわるものである。

指導幹部としては、本当の意味の「清・慎・勤」を実行に移すため、根本的には素養の向上を強め、モラルのレベルアップを求め、信仰の意識と公僕の意識、自省の意識と畏敬の意識、そして、法治の意識、民主の意識という「六つの意識」の育成と樹立を促さなければならないのである。

出典

官に当たるの法は惟三事有り、曰く清、曰く愼、曰く勤。此の三者を知れば、以て祿位を保つべく、以て恥辱を遠ざくべく、以て上の知を得べく、以て下の援を得べし。

――南宋・呂本中『官箴』

解釈

呂本中（1084―1145）、南宋の詩人。中書舎人、権直学士院などを歴任する。その著『官箴』は凡そ三十三条がある。冒頭を飾ったのは、即ち本篇引用の「官に当たるの法は惟三事有り、曰く清、曰く愼、曰く勤」である。役人になる場合、心得るべき三箇条は清廉、謹慎、勤勉である。

この三つをしっかり守っていれば、官位に長く留まり、辱めを遠ざけ、上司から嘱望され、部下からも尊敬されることになるという。

呂氏の『官箴』について『四庫全書総目提要』の解説では、本書は作者が仕官の経験を踏まえて綴ったもので、巻頭の真っ先に役人の心得るべき方法として清・慎・勤を掲げているが、誠にいつの時代になっても取って代わられることのない金言だと紹介されている。『総目提要』はさらに清の王士禎『古夫于亭雑録』の文章を引いて、清朝の皇帝が呂本中の言う「清・慎・勤」を石碑に刻ませ、文武百官に訓示した話を紹介し、呂氏の言葉が官位に就く者の亀鑑となるべきことを指摘する。

また、清の歴史学者趙翼の『陔餘叢考』によれば、当時の多くの役所の正面入り口には「清・慎・勤」と書いた額が飾られていたように、呂氏『官箴』は清朝の役人世界で広く重宝されていた。近代の学者梁啓超もその著書『新民説』で「清・慎・勤」を取り上げ、近世の最も知られた役人向けの格言だとした。

法を上に取れば、僅か中を為し得るのみ。法を中に取れば、故に其の下を為す。

――『河南省蘭考県の党委員会常任委員会拡大会議における談話』などの文中で引用

解読

「基準」とはいわば鏡そのものである。というのは、基準をより高くより厳しくしておけばおくほど、鏡が解像度をアップさせていくごとく、「隠されていた問題」まで見逃されることなく映し出されるのである。

教育実践活動においても、日常の仕事においても、基準によって質が決められる。つまり、仕事の出来栄えがいかなるものになるかは、決められた基準次第である。

ゆえに、習近平氏も「より高い基準が一種のエネルギーとなり得る」と言を強めている。基準を厳しくしておけば、みんなが自覚的にそういった基準にしたがって自らを修めるようになるのである。一方、基準への取り組みをなおざりにしては、一瀉千里のごとく、結果が期待できなくなってしまうであろう。

習近平氏が引用しているこの名言で言われるように、いかなる基準が決められたかによって効果が違ってくるのである。長年来、作風の改善に関して、打ち出された文書、制度などは少なくないのだが、一部の地方では「四つの風潮」が相変わらず勢いを振るっているのはなぜであろう。

基準が高く決められておらず、実行も厳しくされていないところに原因があるのであろう。ゆえに、教育実践活動においては、「予防に十分注意を払っておいてこそ、病が生じない」のと同じように、基準を高く、要請を厳しくすることを堅持してこそ、問題の発生を未然に防げるようになるのである。

出典

古人に云える有り。之を知ること難きに非ず、ただ之を行うこと易からず、と。之を行うに勉むべけれど、ただ終わること実に難し。これを以て暴乱の君、独り悪路に明るきに非ず、聖哲の主、独り善途に見られるに非ず。よく大道遠ければ遵い難く、邪径近ければ践み易し。小人俯いて其の易きに従い、力めて其の難きを行い得ざれば、故に禍敗これに及ぶ。君子労して其の難きに処し、力めて其の易きに居する能わざれば、故に福慶これに流る。……法を上に取れば、僅か中を為し得るのみ。法を中に取れば、故に其の下を為す。

——唐・李世民『帝範』

解釈

『帝範』は唐の太宗皇帝李世民が自ら撰述した政治書であり、帝王として模範とすべき事項を記し、太子の李治に書き与えたもの。貞観二十二年（648）の成立。書中に太宗が「躬を飭し政を闡く道、みな其の中に在り。朕一旦不諱なれば、更に言う所なし」と述べて、執筆の意図を明らかにする。

実際に太宗は本書において、為政者の持つべき素質教養や臣下の登用統率をはじめ、経済・民生・教育・軍事など多岐にわたる見解を披露している。

引用の文章を直訳すると、上中下のうち、上を基準として行動すれば、中ぐらいの効果しか得られないので、中を基準とするならば下等の低い効果しか期待できない。『四庫全書』の施した本文解釈では、儒者であれば孔子・顔回・孟子を手本に仰ぎ、一国の君主であれば堯・舜・文王に見習うべきだという。南宋の文学批評家厳羽の『滄浪詩話』にも類似した説が見られる。

即ち「其の上を学べば、僅かに其の中を得。其の中を学べば、これ下を為せり」とある。要するに、政治を行うにしても、学問をするにしても、視野を広げて基準を高くしなければならない。さもなければ、予定の目標を達成することはできない。

一心以て邦を喪う可く、一心以て邦を興す可し。ただ公私の間に在るのみ。

――『共産党第十八期中央規律検査委員会第三回全体会議における談話』などの文中で引用

■解読

指導幹部は職場につく最初の日から、公か私かという試練に直面しなければならない。習近平氏は、「党員の素質を評価する基本要素は〝公と私〟の矛盾をいかに取り扱うかにある」と考えている。指導幹部はその手に公の権力を握っており、公共資源を管理しているだけに、公私を混同せずに公のために権力を行使するのは、指導幹部に求められている最も基本的な政治的道徳と政治的情操である。一心に公のために奉仕し、何事も公の利益を思う考えから発してこそ、正しい是非観、利益観、権力観および事業観の形成が期待されるのである。

これに基づいて、習近平氏は指導幹部に対して更なる高い要求を提起し、次のように強調している。指導幹部は公正無私であり、公と私をはっきり分け、「私」より「公」を上に置く。「公」のために「私」を忘れるようにしてこそ、淡々として謹み深く権力を行使することができる。そして、公明正大で正々堂々としていることができるのである。

中国共産党の執政は歴史的選択であり、人民大衆の選択でもあるとしばしば言われているが、歴史も人民もわが党を選んだのは一体なぜであろうか。

理由は、90年余りの苦しい奮闘史を通して、わが党が終始求めているのが党の私利ではなく、一部の指導幹部の特殊利益でもない。

「人民大衆の共通利益を、一人一人の個人的利益の上に置く」というところにある。それは素朴極まりない真理でもある。

新たな歴史情勢において、権力を手に握っている指導幹部が個人的利益や個別グループの利益を図ることに没頭するのでは、党の人民大衆の前での厳かな宣誓をいかに履行することができるだろうか。またいかに人民大衆の擁護と支持を得られるだろうか。そう刻々と反省し、戒めなければならないのである。

出典

仲弓曰く、いずくんぞ賢才を知りて之を挙げんと。子曰く、爾の知る所を挙げなば、爾の知らざる所、人其れこれを舎かんやと。便ち仲弓と聖人との心を用うる大小を見る。此の義を推さば、則ち一心以て邦を喪う可く、一心以て邦を興す可し。ただ公私の間に在るのみ。

——北宋・程顥、程頤『二程集・河南程氏遺書・巻第十一』

解釈

『二程集』は北宋の兄弟思想家、程顥と程頤が生涯に行った語録や著述をまとめた文集である。程氏兄弟は世に「二程子」と呼ばれ、宋学の基礎を作った思想家として知られる。

公私の心の持ち方次第で国家を亡ぼす、或いは興隆させる。原典の文章は二程子が『論語・子路』を解説したもの。『論語』では、魯の大夫である季氏の家臣となった仲弓が政治運営の要諦について孔子に質問した話である。

孔子は部下を仕事に当てる際、それぞれの仕事に適した役人を先に登用して働かせ、小さな過ちを赦して賢才を挙用しなさいと答えた。仲弓はさらに賢才を見つけて起用する方法について質問する。

それに対して孔子は、あなたが知っている賢才を挙げて用いなさい、あなたの知らない賢才がいても、他人が決してその人を捨てて置くことはないと返答した。

この質問のやり取りについて二程子がつけた解釈は即ち上の引用文で、「一心以て邦を喪う可く、一心以て邦を興す可し。ただ公私の間に在るのみ」というものである。

二程子の学は「身心の学」とも「心性の学」とも称されるように、「是の心有れば、斯くして是の形を具えて以て生ず」と主張する。

その言うところは、為政者の公私の心の持ち方次第で国家を亡ぼすこともあれば、興隆させることもある。公の為を思う心があれば、国家が興隆するが、反対にすべてを私利私欲から考えるなら、国家が滅んでしまうというのである。

其の心を修め其の身を治めて、而して後に以て天下に政を為すべし。

――『之江新語・身を処すことと官途につくこと』などの文中で引用

■解読

中国伝統文化の中において、「自分の行いを正し、家庭を整え治めてこそ、国を治め、天下を平和にすることができる」という理念は、道徳の教育及び実践を推進する上での理論体系であり、道徳素養を向上させる上での最高境地及び根本目標でもある。内から外へと進み、一人一人の個人から家庭へ、さらに国家、天下へと進み、個人レベルの道徳が外部化されつつある中で、次第に完全され、充実されていき、最終的に天下という最高境地にたどり着くようになるのを求めている。

つまり、心を修め身を正す基本的道徳を持ってこそ、国を治め天下を安定させる政治的道徳が備わるようになる。

「国の安定より大事なことがないのと同様に、国の重責をになう人材になるには、高尚な道徳を備えるより大切なことはない」と言われる。このように、一つの政党としては、人民大衆から心から感服され、擁護され、つきしたがってもらえるには、強い真理的力のみならず、強い人格的パワーも求められる。同時に、一人の指導幹部としては徳を樹立し、修め、実践に移すようにしなければ、人民のために奉仕し、着実に実務に励み、清廉潔白に仕事に努められるようになれず、公明正大、正々堂々とするようになれないのである。

ゆえに指導幹部は身を修め道徳素養を高め、自覚的に道徳的情操をみがき、「幹部に務める」ことと「身を処す」ことを統一させなければならない。「言説を立てる」ことと「行動を律する」こととを一致させるようにしてこそ、身を処すにおいても仕事を行うにおいても、強い人格的魅力が備わり、さらに道徳的感化力が生まれるようになるのだと、習近平氏は一貫して強調している。

出典

五行は、天の万物に命ずる所以の者なり。故に「初め一に曰く五行」と。五事は、人の天道を継いで性を成す所以の者なり。故に「つぎ二に曰く敬用五事」と。五事は、人君の其の心を修め、其の身を治むる所以の者なり。其の心を修め其の身を治めて、而して後に以て天下に政を為すべし。故に「つぎ三に曰く農用八政」と。

――北宋・王安石『洪範伝』

解釈

『洪範伝』は北宋の政治家で文学者の王安石による哲学書である。『尚書・洪範』に注釈を施す形で、王安石は自然界と人間社会とにはそれぞれの法則があるから、災異などを恐れるべきではないことを述べる。

政治のあり方に関しては、君主たるものがまず自らの行いを正しくして道徳を高めてから、よい政治を行うことができ、治国平天下を果たせると説いている。

中国の伝統的哲学は「修身斉家治国平天下」を、円満な人格を養う経路としている。『礼記・大学』には「古の明徳を天下に明かにせんと欲する者は、先ず其の国を治む。其の国を治めんと欲する者は、先ず其の家を斉う。其の家を斉えんと欲する者は、先ず其の身を修む。其の身を修めんと欲する者は、先ず其の心を正しくす。其の心を正しくせんと欲する者は、先ず其の意を誠にす。其の意を誠にせんと欲する者は、先ず其の知を致す。知を致すは物に格るに在り」とある。

この一文で、修身は格物、致知、誠意、正心の立脚点であると同時に、斉家、治国、平天下の出発点でもあることが明らかにされる。古人の考えでは、いかなる厳密に作られた政治システムでも、最終的には具体的な個人の行いにかかっている。だから、為政者の個人的な素質教養が至極重要であり、国家を治める基礎であると言っても過言ではない。

官を為すに事を避くるは平生の恥なり。

――『全国組織活動会議における談話』などの文中で引用

解読

習近平氏は、「責任を担う」ことには千鈞の重みがあると常に強調している。2010年、中国共産党幹部養成学校学長を務めた際にも、「一人の指導幹部を評定する上では、責任感が強いかどうか、果敢に責任を担う勇気を持っているかどうかが、重要な基準である」と強調した。

また、2013年に行われた全国組織活動会議においても、「果敢に責任を担わなければならない」ことを特に強調し、これを良い指導幹部の重要基準の一つにして、「原則を堅持し、果敢に責任を負うことは党の幹部が備えなければならない基本的資質である」と指摘した。

習近平氏が「官職にある者にとって責任回避は一生の恥である」という言葉を引用したのは、ほかでもなく「指導幹部としては、勤勉で実務に励み、果敢に果敢に責任を担わなければならないのであり、責任を果たさず、功も求めないでいるのは絶対許されない」という戒めを伝えるためである。古くから人民大衆の間で「人民大衆の利益を考えない者には官職は務まらず、イモでも売りに家へ帰るべし」という言葉が伝わっている。品がない口調でありながら、人民大衆の指導幹部に対する切実な願いも伝わってくるものである。まずは指導幹部には果敢に実務に励み、勇敢に責任を担ってほしいということである。担うのは責任であり、優れた幹部は責任は泰山よりも重いという意識を持たなければならない。

党の原則が第一であり、党の事業第一である。そして、人民の利益が第一であることを堅持し、旗幟鮮明に、とことんまで突き詰めて邪悪な勢力に立ち向かう勇気を持ち、仕事に対して苦労をいとわず、全力を尽くし、終始ベストを尽くすのである。

「疾風に勁草を知る、烈火に真金を見る（厳しい試練に遭ってはじめて意志の強さや人の真価がわかる）」であり、党と人民の事業のため、我々の幹部は大胆に考え、勇敢に行わなければならない。そして、勇敢に責任を担い、我々の時代の風に倒れない草、真の黄金にならなければならないのである。

■出典

君子の道、忠誠を以て天下の倡と為すより大いなるなし。世の乱たるや、上も下も亡等の欲を縦にし、奸偽相呑し、変詐相角し、自ら其の安を図るも人に予えて至危を以てす。難を畏れ害を避け、曾て糸粟の力を捐てて以て天下を助けんとせず。忠誠を得る者は起ちて之を矯め、克己して人を愛し、偽を去りて拙を崇ぶ。躬ら諸難を履めども、人を責めて同じ患を以てせず。浩然として生を捐つること、遠遊の郷に還りて顧悸する所無きが如し。是によりて衆人其の為す所に効い、また皆苟に活きるを以て羞じとし、事を避くるを以て恥とす。

――清・曾国藩『治心経・誠心篇』

■解釈

「官を為すに事を避くるは平生の恥なり」は曾国藩『治心経・誠心篇』の文章を踏まえた言葉である。曾氏の文章では、官職に居る政治家はその職位に相当する仕事を積極的にこなすべきである。「事を避ける」というのは仕事や責任を回避することで、役人や政治家にとって恥ずべきことだと述べている。

なお、曾国藩は精神と身体を同時に鍛錬し、言葉と行動による禍を同じく防ぐべきだとする。原典の文章には、「心を治むる道、まず其の毒を去らすべし」、「心を治むるに広大の二字を以て薬とし、身を治むるに不薬の二字を以て薬とす」などとある。

要するに精神を修め養い、行いを正して悟りを開く方法が提示されたのである。

前掲曾国藩の言葉は、彼自らの経歴に基づいて忠義の意義を説くものである。乱世の人々はたいてい危害が及ぶのを畏れて、自身の安全は考えるが、世の中を助けようとする人は少ない。忠義の士こそ、乱世に生まれ合わせてもわが身の安否を顧みず、世の中の秩序を回復するために奮起する。

そのような人たちは一個人の利益を優先して民衆のためには何も努力しないことを恥とするから、大衆の模範になる。曾国藩が認める君子の道は、まさに忠誠を尽くして、天下の正義を助け、社会的責任を担う勇気のある人々のことである。

人の忠たるや、なお魚の淵あるがごとし。

――『中央弁公庁各部門指導グループ及び幹部・職員代表との座談会における談話』などの文中で引用

解読

党に対して忠実であるのは指導幹部としての生命線であり、第一義の政治的資質でもある。習近平氏もたびたび、「党の指導幹部は、第一の身分が共産党員であること、第一の職責は党の事業のために励むことを終始心に銘じなければならない。組織に忠実であり、いかなる時も党の組織と心を一つにし、同じモラルを求めなければならない」と強調している。

革命戦争の時代、「確固たる信念を抱いてさえいれば、首を斬られようとも恐れることなし」が示す無畏、餓えに耐えるのに草などを食べるしかないとしても、飢え死にするしかないとしても、絶対降伏しないという気骨、竹べらで指先を刺されたりして、痛みが骨を貫いても絶対党を裏切るまいという固い節操などは、いずれも「マルクス主義に対する信仰は、中国が革命戦争の勝利を獲得する最大の原動力である」という思想の真諦を物語っている。

党に対して忠実であるというのは口先だけ、会議で検討したりするだけにしてはならず、表裏一体であり、考えと行いを一致させ、終始一貫させなければならない。

そのためには、確固とした理想・信念を堅持しなければならない。もし理想・信念が固いものでなければ、ちょっとした風雨に遭っても揺らいでしまい、いくら高い姿勢で態度を示したとしても、結局はなんの頼りにもならなくなってしまう。

マルクス主義への信仰を固めてこそ、党に対して忠実であるようになり、「千磨万撃にも固く揺るがず、東西南北の風吹こうとも（いかなる試練にも強じんで、いかなる風にも倒れない）」の境地を目指すことができる。

党に対して忠実であるようになるというのは、自然に生じてくるものではなく、素朴な感情を必要とする以上にさらなる理性的自覚と確固とした信念を固めなければならないのである。

出典

人の忠たるや、なお魚の淵あるがごとし。魚、水を失えば則ち死し、人、忠を失えば則ち凶なり。故に良将これを守れば、志立ちて而して名揚る。

——三国蜀漢・諸葛亮『兵要』

解釈

『兵要』は諸葛亮が自らの軍事的実践に基づいてまとめた著書で、法を以て軍隊を統率指揮する要領を十篇に分けて述べたものである。十篇はそれぞれ軍隊の規律、良将の品格、人材の登用、将校の指揮ぶり、戦機重視、不正防止、朋党結成の禁止、戦術教練、防衛所の駐屯と移動、軍紀軍容などをめぐって展開されている。本書は諸葛亮の軍事思想を研究する上で重要な資料となっている。

引用の文章は、人間に忠誠心が具わることがいかに大事かを示すものだが、魚と水との関係に喩えている。魚が水から出れば命の危険があるように、人は忠誠心を捨てたら危ない。だから、良き将校は忠誠心を大切にすべきで、それによって大志が遂げられ名声が広がることになる。

軍人にとって忠誠心は義務付けられた規範であって、軍隊の性格によって価値づけられたものである。服従は軍人の天職で忠誠心の現われとされる。

古代ローマの英雄カエサルは自らの率いる軍団に対して、指揮者の意志命令に忠実であるよう求めていたという。プロイセン王国の軍事学者クラウゼヴィッツも軍人が自分の信念をしっかり持ち、忠誠心をつらぬくべきことを主張し、曲げない忠誠心を「波に何度打たれても動じない海中の岩」に喩えたのである。

位の尊からぬを患えずして、徳の高からぬを患う。

――『之江新語・身を処すことと官途につくこと』などの文中で引用

解読

これは後漢の有名な科学者である張衡の名言であり、政治的道徳は官職につく者にとっては特別な意義を持っているのだと語っている。

人は徳なくして立たず、指導幹部は徳なくして務まらない。指導幹部は能力には高低の差があり、役職には上下の差があるにも関わらず、政治的道徳においては共通の評価基準を設けなければならない。

現実社会において、一部の指導幹部は職務の昇進や役職の上下にばかり目を取られており、徳を修めること、言説を立てること、行動を律することを無視している。

それというのも、上のポストに就いていながら、モラルレベルがそれに釣り合わなかったり、重要なポストに置かれていながらも、何も功績を挙げられなかったりするのでは、公の利益を損う。そして、発展の時機を見逃してしまうばかりか、自己利益にまで悪影響を及ぼすようになってしまう、ということに思い至らないためであろう。特に一般の人々に比べ指導幹部は、そのあらゆる言行が社会に対して重要な先導の働きを持っている。だからこそ指導幹部としては、常に「君子であるほど過ちが付きものであるように思い、常に身を慎む」という謙遜な姿勢で臨み、常に政治的道徳を修め、常に貪欲による害を戒め、常に身を律するように心がけるようにしなければならない。そして、実践において、身を処すことと幹部を務めることとを結合させ、学習と改革を結合させ、「言説を立てる」ことと「行動を律する」こととを一致させ、「身を処す」という過程を、人格を完璧にみがき上げ、執政基盤を固めていく過程と見なし、「官職につき職務を履行する」という過程を、政治的道徳を向上させる。そして、民衆の利益をはかるという宗旨を実行していく過程と見なして、励まなければならない。「徳を持たない者には民衆を動かすことできず」と古くから言われる言葉も、同じ理念を伝えているのである。

出典

之に応じて曰く、是なんぞ同を観て異を見たるや。君子は位の尊からぬを患えず、徳の高からぬを患う。禄の夥しからぬを恥じず、智の博からぬを恥ず。是の故、芸は学ぶべくして行は力むべきなり。天爵高く懸くれども、これを得るは命に在り。或いは速からずして自ら懐う。或いは羨旃して臻らず。之を求むれども益なし。故に智者は価えども思わず。……

——後漢・張衡「応間」

解釈

「間に応ず」は後漢時代の科学者張衡が太史令に復職した時に書いた文章である。「間者」という詰問者による論難と作者の応答という二つの部分からなる。

後漢の安帝の時、張衡は一度太史令に任ぜられ、後にこの職を離れた。順帝が即位して間もなく張衡は再び同職に復帰した。この人事異動をめぐって、一部の「間者」が張衡に非難を浴びせた。回る三輪や飛べる木彫を発明したのだから、自らも機関（からくり）をうまく操縦して栄転しないのかという先方の嫌味ある詰問に対して、張衡は「間に応ず」を執筆して応戦した。「君子は位の尊からぬを患えず、徳の高からぬを患う。禄の夥しからぬを恥じず、智の博からぬを恥ず」というのがその回答である。君子たる者の心配するところは、官位や俸禄の多少ではなく、道徳と才智の高下にあるという。この堂々とした態度には、名利のためではなく、科学のために人生を捧げるという張衡の信念がうかがわれよう。

廉たるは貧を言わず、勤たるは苦を道わず。

――『貧困脱却・指導幹部の基本的な知識と技能――人民大衆との関係を密接に』などの文中で引用

■解読

「清廉」を第一義に「勤勉」を第一位に置くのは、指導幹部が身を処しことに当たる際に守らなければならない基本ラインである。ゆえに習近平氏は厳しく身を修め、厳しく権力を用い、厳しく自らを律し、また計画を立てるには現実的に、事業を始めるには堅実に、身を処すには誠実でなければならないといった「三厳三実」作風の樹立を重ねて強調している。

清廉かつ勤勉に政治を行うことは基本的な要請とされるべきである。ゆえに指導幹部としては清廉潔白であると同時に、勤勉着実に職務に努める幹部にならなければならない。つまり、清廉かつ勤勉に政治を行わなければならないのである。中国の歴史を振り返ってみれば、清廉かつ勤勉な官吏も少なくない。例えば、「死ぬまで止めることなく、全力を尽くして奉仕する」という諸葛亮は、「内には織物一端たりとも多く持たず、外では財物一銭たりとも儲けようとしない」ように堅持していた。

それから、「昼夜を問わず、人民大衆の利益のためになる実務に励む」司馬光は、生涯を通じて粗末な食事をとり、質素な生活を貫いた。封建時代にある官吏でさえここまでやれるのだから、我々共産党員にできないわけがない。指導幹部として政治を行う際に清廉潔白でいられなければ、利益的誘惑に惑わされ、金銭的誘惑に揺るがされてしまい、いわゆる行いはでたらめになってしまう。モラル的最低ラインが破られ、束縛を忘れ、法律法規にまで違反してしまうようになり、結局悪影響しかもたらさないのである。

一方、政治を行う際に勤勉にできなければ、政治を怠り、腐敗が生じ、何の功績もあげられない。仮に汚職・腐敗が見ることができ、触れることができる犯罪行為であるとすれば、政治を怠るような精神的怠慢は、より隠蔽的かつより発見しにくいものである。そのため、ぬる湯で蛙を煮るのと同様、長期的に考えればその危害は軽視できない。

清廉さに欠けることも、勤勉さに欠けることも、民衆の利益のために執政するという趣旨に背くことである。民衆から信頼されたり擁護されたりすることが望めなくなってしまうであろう。では、指導幹部としてはいかに清廉に政治を行うことができるのであろうか、またいかに勤勉に政治を行うことを実践に移せるのであろうか。習近平氏の引用したこの名言が正にその答えとなる。貧乏を恐れずに清廉に政治を行い、苦労をいとわずに勤勉に政治を行うには、根本的にはモラルを向上させ、党員の素養を高めなければならないのである。

出典

廉たるは貧を言わず、勤たるは苦を言わず。其の聞くところを尊び、其の知るところを行う。

——古代河南省内郷県官庁の対聯

解釈

出典は昔、河南省内郷県の官庁帳場に飾られた対聯の内容である。上の聯には「廉たるは貧を言わず、勤たるは苦を言わず」とある。下の聯には「其の聞くところを尊び、其の知るところを行う」とある。引用文は上の聯に拠っている。

内郷県官庁は元の大徳八年（１３０４）に建てられ、明と清の両代を経て何度も修築拡張が行なわれた結果、広い敷地を持つ官衙式古典建築群となっている。我が国ではこれまで保存状態が最もよい古代官衙である。

この建築群の部屋に飾られている多くの対聯の言葉は分かりやすいが、意味は深い。多くは古代中国の官僚が持つべき道徳と施政理念を反映させたものである。

原典の対聯の場合、上半分の意味は清廉潔白な人は自分の貧しさを口にしないし、本当に政務を頑張っている人は自分の苦労話をしない。下半分の意味は真の君子は人から聞いた善言を大事にし、また自分の考えを実行に移すために努力をするという。

廉潔奉公で政務に勤しむことは儒教が提唱した官僚のあるべき品格である。貧しくても苦労をしても文句を言わず、ただひたすらに地道に努力し行動することは官僚としての正しい道だというのである。

慧者は心に辯じて繁説せず、多力にして功に伐らず。此を以て名誉は天下に揚る。

――『貧困脱却・為政雑談』などの文中で引用

■解読

素直な人ほど損をするとは本当だろうか。習近平氏は断固否定している。「実事求是」はマルクス主義の基本的観点であり、実生活においては正直なことを言い、着実に事に当たり、素直な人を為すというところに具現している。これに関して習近平氏は次のように述べている。素直かつ着実に規律に基づいて仕事に当たらない場合は、一時の便宜がはかれるかもしれないが、結局は必ず壁にぶつかり損をすることになる。それに対して、すべて実際から出発し、事実に基づき科学を尊重し、上の命令に盲従することなく、書類に書いてあるものを盲目的に信じることなく、実践の中で検証されたものにしか頼らないでいてこそ、人民大衆から信頼され、社会に認められるようになる。事に当たり事業を起こす際には口数を減らし、あるいは全然口に出さず、ひたすら実務に励んでいれば、いわゆる「文句の言えない損をする」などと心配することはないということを伝えている。

なぜなら、大衆の目はごまかせないものである。どれくらい力を尽くしてきたか、また何をやってくれたかは、ちゃんと見ていて覚えているからだ。

こんな「正直さ」こそが、指導幹部として備えなければならない素養の一つである。さらに、『為政雑談』において、習近平氏は次のように指摘している。

指導幹部には党員の先進性観念、相当の度量、高い気節、かなりの度胸が求められている。またこれらの素養は実践活動を通してしか積み上げ、昇華されないものである。そして、実践活動の必然的な結果でもある。

出典

慧者は心に辯じて繁説せず、多力にして功に伐らず。此を以て名誉は天下に揚る。言は多きを為すを務むること無く、智を為すを務めよ。文を為すを務むること無く、察を為すを務めよ。故に彼の智無く察無きは、身に在って惰り、其の路に反する者なり。

——春秋戦国時代・墨子『墨子・修身』

解釈

出典は『墨子・修身』にある。先秦時代の儒家のみならず、墨家の思想においても修身説が重要な構成要素である。墨家の学者は修身を立身処世の根本としただけでなく、さらには実践や反省、環境などの修身に及ぶ影響も重視している。墨家の修身説は中国の伝統的な修身思想に重要な影響を与えている。

墨家の修身説の主旨は根本を固めることを優先して末節を次にすることである。先に根本を固めるとは、主要問題の要点を摑んで急所を突いて効率的に問題を解決できることである。もし、枝葉末節に拘って物事の根本を看過し、形式的なことに流されると、修身の目標からずれてしまう。それゆえ、墨子は、大きな知恵のある人は、はっきりと分かっていてもあまり口に出さず、懸命に働いても威張ったりしないが、世間にその名が知られるのだという。また、「言は多きを為すを務むること無く、智を為すを務めよ。文を為すを務むること無く、察を為すを務めよ」とあるように、話をする時は言葉の数よりも智慧に富んだ内容が大事で、いろいろ話を飾ったりするよりも言いたいことをはっきりとさせたほうがよいという。

智慧がなければ物事を正確に観察することもできず、加えて怠りがちな性格であれば、ますます成功から遠のいてしまうことになる。

静かにしてのち能く安し。安くしてのち能く慮る。慮りてのち能く得。

――『之江新語・何事に対しても焦らず苛立たないように戒めるべき』などの文中で引用

解読

「静かさ」の反対は「焦慮」であり、「安らかさ」の反対は「苛立ち」である。古くからよく言われるように、「心が静まらないでいると苛立ちがちとなり、苛立ってばかりいると精神が集中できなくなる」

　指導幹部に見られる焦りは、一見いらいらしていて落ち着かない状態にみえるが、実際には官職につき政治を行う際の不良気風である。大規模な建物の解体・建築工事に没頭したり、イメージづくりプロジェクトに夢中になったり、大騒ぎしてテープカット式典を挙行したのに、中途半端な未完成ビルしか残されなかったりするというのが、その具体例であろう。

「焦慮」は国を誤り民衆の利益を損ない、その危害には計り知れないものがあり、難病のごとき「焦慮」を戒めなければならないのである。つきつめて言えば焦ったり苛立ったり、焦って目先の利益を求めたり、損得に拘泥したりするようになる背景には、権力観、地位観および利益観を正していないなどの原因が挙げられる。

　昇格昇進を一途に求め、人民大衆の利益を顧みようとしないでいると、落ち着いて長期的計画の立てようがないのではないだろうか。

　ゆえに習近平氏は、いろいろな場を利用して、「世界観、人生観、価値観というマスタースイッチをきつく捻ることを確実に解決し、身を持す上の情操および政治を行う上の道徳をしっかりと鍛えみがいてこそ、冷静に思考し、落ち着いて事に当たり、意志を強靱にすることができるのである」と強調している。

出典

大学の道は、明徳を明かにするに在り。民に親しむに在り。至善に止まるに在り。止まるを知りてのち定まる有り。定まりてのち能く静かなり。静かにしてのち能く安し。安くしてのち能く慮る。慮りてのち能く得。

——春秋〜秦漢『礼記・大学』

解釈

『大学』はもと『礼記』の第四十二篇であったが、北宋の程顥・程頤兄弟がそれを抜き出して章句として編纂した。後に朱熹によって『中庸』『論語』『孟子』と合わせて注解され、「四書」と呼ばれるようになった。そして儒家の経典と見なされてきた。

出典は『大学』の首章にある言葉。これによって止まる・定まる・静かにする・安くする・慮る・得るという、思考の始めから終わりまでの過程が提示されるのである。

「止まるを知りてのち定まる有り」とあるが、目標の所在がはっきり分かっていれば、揺るぎなく志すところに向かって邁進できるという。

止まるとは目標のこと。朱熹『大学章句』では、「止とは、当に止まるべき所の地なり。即ち至善の所在なり」と注釈されている。

次に「定まりてのち能く静かなり」とあるが、目標が定まったら落ち着いて努力することができるという。

次に「静かにしてのち能く安し」とあるが、冷静沈着になれば焦らず安心できるという。さらに「安くしてのち能く慮る」とあって、心がゆったりできれば、考えがいろいろなことに行き届くだろうという。

最後に「慮りてのち能く得」とある。行き届いた思慮の末に、はじめて収穫があるというのである。得については、朱熹が「其の止まるところを得」と注釈したように、目標達成を意味する言葉であろう。

国に四維有り。礼義廉恥なり。四維張らざれば、国乃ち滅亡す。

――『青年は社会主義の中核的価値観を自覚的に実践すべき――北京大学教師・学生座談会における談話』などの文中で引用

解読

北京大学訪問や民族小学校訪問、中央政治局グループ学習会、上海視察のいずれにおいても、習近平氏は度々、社会主義の中核的価値観の育成・実践問題を取り上げている。「国は徳なくして興らず、人は徳なくして立たない」と言われるように、身を処すには私徳が求められ、政治を行うには政治的道徳が求められているが、さらに国を治めるには、人々の精神的追求に内化させ、人々の自覚的行動に外化させることのできる中核的価値観が求められているのである。

それぞれの時代にはそれぞれの時代の価値観がある。我々が打ち出したこの社会主義の中核的価値観には、

一つの民族、一つの国家の精神的追求が託されており、一つの社会が理非曲直を判定する基準をも具現している。習近平氏が引用している『管子』のこの言葉は、中核的価値観に関する中国の先人の認識であった。

今日、我々は国家、社会、公民という三つの面にわたり、「富強・民主・文明・調和を唱導し、自由・平等・公正・法治を唱導し、愛国・勤勉・誠実・友好を唱導する」という「三つの唱導」を打ち出して、一つの国の中核的価値観、一つの社会の共通理想、億万国民の精神世界をも築き上げ、改革・発展のために価値基準を確立しているということは、当代中国の国を興すための礼儀廉恥という「四本の綱」そのものであり、

億万国民が共に認める価値観を反映した「最大公約数」でもある。

出典

国に四維有り。一維絶ゆれば、則ち傾き、二維絶ゆれば、則ち危く、三維絶ゆれば、則ち覆り、四維絶ゆれば、則ち滅ぶ。傾は正すべきなり、危は安ずべきなり、覆は起すべきなり、滅は復た錯くべからざるなり。何をか四維と謂う。一に曰く礼、二に曰く義、三に曰く廉、四に曰く恥。

——春秋・管子『管子・牧民・四維』

凡そ地を有ち民を牧う者は、務め四時に在り、守り倉廩に在り。……四維張らざれば、国乃ち滅亡す。

——春秋・管子『管子・牧民・国頌』

解釈

「四維」の説は『管子』に由来する。『管子・牧民・四維』には「一に曰く礼、二に曰く義、三に曰く廉、四に曰く恥」とある。また『管子・牧民・国頌』で「四維張らざれば、国乃ち滅亡す」とも述べられている。

北宋の欧陽修は『新五代史・馮道伝』では「礼義廉恥、国の四維。四維張らざれば、国乃ち滅亡す」とまとめてある。その意味するところは、礼義廉恥は国家を維持するために必要な道徳規範であり、これらの規範が守られなくなったら、国が滅びてしまうというのである。

国の四維のうち、一維が欠ければ、国が傾く。二維が欠ければ、国が危険に陥る。三維が欠けたら、国家が覆ってしまう。四維が欠けたら、国家が滅亡する。四維とは何か。それは礼義廉恥のことである。礼とは上下に節度あること。礼あれば、僭越など節度を無視するようなことが起らない。義とは適宜適切な行動基準である。義あれば、むやみやたらに突進したりはしない。廉とは廉潔方正でいること。廉あれば、悪行を隠蔽したりすることはない。恥とは恥を知る心。恥を知れば、悪人に同調して悪いことをしないで済む。だから、国を治める者としてこの四維をきちんとおさえていれば、君主の位が安定し、民衆の間に不正が起らず、国家を守り民衆を従えることができるのである。

修身篇

身を持すのは官職が務まるか否かを判定する前提であり、一人の指導幹部の行いは、本人の素養に影響される。習近平氏は指導幹部の道徳的素養を高度に重視し、「賢を見てはそれに斉しくなろうと思い、不賢を見ては内に自らを省みる」と強調している。習近平氏は「三厳三実」を、指導幹部としての生活態度改善への基本的要請とし、さらにその中で「厳しく身を修める」ことを第一に置き、党の先進性を保ち、理想・信念を固め、道徳的素養を向上させる。そして、高尚な情操を磨き上げるといった四つの面にわたる内包を包括し、指導幹部に、徳を修め、言葉を立て、行いを律するための価値基準を確立している。

それと同時に習近平氏は、また身を修め、素養を高める具体的なやり方をも明確に述べている。「吾日に三たび吾が身を省みる」というのは、自己反省し、自己批判を展開することを強調している。「常に心に畏敬の念を抱き、自分を戒める」というのは、法規法律を遵守し、レッドラインを突破してはならないことを強調している。

一方、「権力の使用を慎み、人が見ていようがいまいが身を慎み、微細な事にまで行き届くように慎み、友人選びや友人との付き合いを慎む」というのは、些細なところにまで行き届き、災いを芽のうちに摘み取らなければならないことを強調している。

「最も大きな災いは足るを知らないところから出て、最も大きな過ちは欲の深さによる」というのは、指導幹部は私欲を抑えなければならないということを強調しているのである。言わば、習近平氏が引用している数々の名言典故は、各級の指導幹部のために、徳を崇め身を修める上での認識論と方法論体系の形成に生き生きとした注記を提供している。

人に与するは備るを求めず、身を検するは及ばざるが若くす。

——『全国組織活動会議における談話』などの文中で引用

解読

習近平氏はかねてから信仰の意識、公僕の意識、自省の意識、畏敬の意識、法治の意識、民主の意識という「六つの意識」の育成と樹立を提起している。自省の意識とは、「まだどこかに足りないところがあるはずだと、常に自らを省みる」もので、常に自らを律し、常に自らを省みなければならないことを言う。

中華民族は自らを厳しく律し、身を厳しく修めることを高度に重視する民族であり、習近平氏に度々引用されている「吾日に三たび吾が身を省みる」、「賢を見てはそれに斉しくなろうと思い、不賢を見ては内に自らを省みる」などといったものは、いずれも我々の先祖が残してくれた貴い思想的遺産である。

『尚書』によるこの言葉は、自らを律する際のモラル的要請と他人と接する際のモラル的要請とを対照的に取り上げているもので、「自分を厳しく律し、人に対しては寛大に接する」戒めを伝えたものでもある。

仕事においても日常生活においても、人を責めてばかりいたり、何もかも人のせいにしてばかりいたりしてはならず、自らの身において足りないところを見つけたり、自らの問題に目を向けたりしなければならない。

そうしてこそ、より団結を強め、過ちを正すことができるのであり、さらに人に空間を与え自らを向上させるようになれるのである。

「秋風のごとく厳しく自らを律し、春風のごとくやさしく事に当たる」、「人を厳しく責めるごとく自らを厳しく責め、自分を容易く許すごとく人の過ちを大目に見る」などといったものも、言わば、道徳的理念に見られる、自己と他人との関係における弁証法的対処法である。

出典

嗚呼！先王肇めて人紀を修む。諫めに従って咈わず、先民時れ若えり。上に居りては克く明らかに、下と為りては克く忠なり。人に与するは備るを求めず、身を検するは及ばざるが若くす。以て萬邦を有つに至る、茲れ惟れ艱いかな！

——上古『尚書・商書・伊尹』

解釈

『尚書・伊訓』に出典を持つ言葉。殷商を開いた君主成湯の死後、その嫡孫の太甲が右大臣伊尹の擁護によって帝位を践祚した。「伊訓」は伊尹が太甲の教育のために作ったものである。引用文は史書の記録係が記した伊尹の言葉と考えられる。

伊尹は太甲に「上に居りては克く明らかに、下と為りては克く忠なり」と教える。つまり、上位者が下々の状況をよく知り、理解していれば、下位者も上に対して忠誠を尽くすようになる。また、「人に与するは備るを求めず、身を検するは及ばざるが若くす」と示し、他人に対して万事完璧になることを求めず、自分自身のことを厳しく律すべきだという。

人には寛容で、己には厳しくするというのは中華民族の伝統的美徳とされる。古くから一個人の立派な道徳教養を示す重要な指標とも思われてきた。対人と対自の態度の違いについて、同じことが唐代の文学者韓愈の「原毀」や清初の思想家唐甄の「潜書」にも述べられているが、伊尹の言がその嚆矢と見なされる。

禍は足るを知らざるより大なるは莫く、咎は得んと欲するより大なるは莫し。

――『指導幹部は、真面目に学習に励み、正直に身を修め、清廉潔白に仕事に努めなければならない』などの文中で引用

解読

習近平氏は度々指導幹部に、「貪欲」による被害を防ぐように呼びかけている。どんな場合にも自らを抑え、身を正しく持し、清廉潔白に身を律するように励み、「一度過ちを犯すと、一生悔いを残す」ような愚かなことをしでかしたりしてはならず、党の規律や法律法規の最低ラインを破ったりするのは更に許されないと強調している。

それを果たすには常に自らに問いかけ、自らを自重し、自らを省み、自らを戒め、自ら励まなければならないのである。また、絶えず是と非を見分ける能力、誘惑に対する自己制御の能力を高め、「慎んで権力を用い、慎んで自らを律し、慎んで微細な事にまで行き届き、慎んで友人選びや付き合いに当たる」上での自覚性を強めなければならないのである。『老子』では、「足るを知るべきところをわきまえればこそ、常に満足でいられる」と言われているように、足るを知らないでいると欲という火花を生じてしまい、最終的には広野を焼く大火のごとく、堤防を決壊させる洪水のごとく、大きな災いをもたらしてしまうのである。

『論語』では、「不当な手段による富も地位も、我には浮き雲のごとし」と言われているように、手に公的権力を握っていながら、不当な利益を貪ることにばかり熱中しているのでは、身を清く持し、行いを正しく保

つことは語れようもなくなるであろう。役職につく指導幹部は、金稼ぎ目当ての商売人とはそもそも違う道を歩むものである、と習近平氏がたびたび強調しているとおり、指導幹部としては、「権力も握りたければ財も握りたい」ような考えは断固として許されない。私欲を膨張させ、権力を利用して私利をはかっては絶対にいけない。でなければ自らを滅ぼし、家族にまで害を及ぼすだけでなく、党の事業にも破滅的な損害をもたらしかねないのである。

出典

天下に道有れば、走馬を却けて以て糞う。天下に道無なければ、戎馬郊に生ず。禍は足るを知らざるより大なるは莫く、咎は得んと欲するより大なるは莫し。故に足るを知って之足れば、常に足る。

——春秋時代・老子『老子・第四十六章』

解釈

『老子』第四十六章は老子の反戦思想を示す内容である。春秋時代、諸侯争覇の戦争が年々相次いで起こり、人々の生産活動や日常生活が深刻な戦災に脅かされていた。老子はそれを「天下に道なければ、戎馬郊に生ず」と言って、妊娠中の雌馬まで戦場に送られる無道の時代と見做す。戦争の起因についてはさらに「禍は足るを知らざるより大なるは莫く、咎は得んと欲するより大なるは莫し」として、統治者階層の貪欲にあることを指摘した。

足るを知らないこと、際限なく欲張ることは最も大きな災禍だと老子は言う。また欲張りな統治者階層に警告と抗議をするために、反対意見として「知足常楽」の観点を提起した。

老子は「知足」を強く推奨する。その言葉には、「足るを知れば辱められず、止まるを知ればあやうからず。以て長久なるべし」というのがある。さらには「足るを知る者は富む」とまで語る。

司馬遷『史記』には「欲せども止まるを知らざれば、其の以て欲する所を失い、有れども足るを知らざれば、其の以て有る所を失う」とあり、反対の方向から強欲を戒める。古代から今に至って、欲張りのため金銭問

題で躓いたり身の破滅を招いたりする人々はどれほど

いたことだろう。足るを知らず止まるを知らないから、

とうとう犯罪の深淵に身を沈めてしまったのである。

善に従うは登るが如く、悪に従うは崩るるが如し。

――『各界の優れた青年の代表との座談会における談話』などの文中で引用

解読

難と易との対立は、「身を修める」問題において、最も浮き彫りになっている。習近平氏がかつて引用していた「倹約から贅沢に入るは易し、贅沢から倹約に入るは難し」にしても、「善小を以って為さざること勿れ、悪小を以て為すこと勿れ」にしても、同じ道理を伝えているものである。

確かに善的道徳や行いにしても、節制、奉献、堅持が求められるものがほとんどであり、より強い意志品格、より高いモラルレベルが求められるようになるのだから、より難しく感じられるのである。

一方、悪的道徳にしても、行いにしても、人に一時的快感や享受を与えられるものがほとんどなのだから、人を惑わしたり自分を見失わせたりするのである。

孔子が二千年ほど前に嘆いていた「色事におぼれるほどに道徳を崇める人を見たことがない」というのも、同じことを伝えている。善を為すのが難ければ難いほど、悪を為すのが容易くなるのだから、指導幹部としてはより一層心を整え身を律することを強めなければならない。

雪崩を起こしたのは、ただ一ひらの雪花かもしれぬごとく、また「千里の堤もアリの穴から崩れる」ともいわれるように、防御ラインが一旦破れると、一瀉千里になってしまう。ゆえに一般公民としても、社会主義の中核的価値観を自覚的に樹立し、自覚的に実践しなければならないのである。また、積極的な人生態度、優れた道徳素養、健康的生活情趣を終始堅持しなければならない。

一方、指導幹部は更なる確固たる意志を抱き、慎んで自らを律し慎んで初心を保ち、慎んで微細な事にまで行き届き、精神世界における浄土を固く守らなければならないのである。

出典

衛の彪傒、周に適きて之を聞き、単穆公に見えて曰く、……諺に曰く、善に従うは登るが如く、悪に従うは崩るるが如し、と。昔、孔甲夏を乱し、四世にして隕つ。玄王商を勤め、十有四世にして興る。帝甲之を乱して、七世にして隕つ。后稷周を勤め、十有五世にして興る。幽王之を乱して、十有四世なり。府を守るを之多しと謂う。なんぞ興すべけんや。それ周は高山広川大藪なり。故によくこの良材を生ず。而るを幽王蕩りて以て魁陵糞土溝瀆と為せり。其れ悛むこと有らんや、と。——春秋時代・左丘明『国語・周語下』

解釈

「善に従うこと登るが如く、悪に従うこと崩るるが如し」は『国語』に収録された諺の一つ。善に従うことは山を登るように困難で、少しずつしか自分を高めることができない。悪に従うことは簡単で、山が崩れるように一瞬で自分をダメにしてしまうという意味。

東周の末期、王子の朝が反乱を起こし、周の敬王が放逐される身となり、成周まで逃亡した。亡命先で随行の大臣たちが城を建てて都を作ろうと提案したが、衛国の大夫彪傒は反対し阻止した。その際、前の王朝の教訓を示して、諺「善に従うこと登るが如く、悪に従うこと崩るるが如し」を引いたのである。

古代の先賢が言い出したこの古い諺は、後世の政治家から重宝されてきた処世訓である。『南史・宋文帝紀』の記事によると、宋文帝劉義隆は新政を唱え、廃退した官僚の世界を整頓するために、「従善如登、従悪如崩」を群臣に諭して戒めた。そのお蔭で、劉宋王朝は六朝期の最も国力の強い時期となり、「元嘉の治」を実現させたのである。

善を見ては及ばざるが如くし、不善を見ては湯を探るが如くす。

――『共産党第十八期中央規律検査委員会第三回全体会議における談話』などの文中で引用

■解読

身を修め、モラルを向上させるために最も重要なのは、より一層善を為し、より一層悪を避けようとすることである。「善を見ればただちに学びとる」というのは、政治的道徳を絶えずみがくことを言い、「一日に三度、自分の行いを反省する」を堅持し、「ほこりがたまらないようによく仏像を拭く」ごとく身を清め行いを律することを堅持し、終始先進的人物を手本に、模範的人物を目標に立て、自らの欠点を見つける。そして、自らの短所を認識し、日々心の中の雑草を取り除き、常にモラルレベルを鍛え上げなければならないと要請している。一方、「過失があればただちに改める」というのは、常に畏敬の意を抱き、ほんのわずかな利益のために見識を浅くしてはならない。栄誉の光輪を勝ち取るために功を焦ってはならない。そして、自ら「ファイアウォール」を築き上げ、自ら孫悟空の「金環」を頭に戴き、自ら「高圧線」を設け、終始「政治活動においては党の指導に従い、経済活動においては不当な手を伸ばさず、生活活動においては恥を掻かない」ことを堅持し、着実に金剛力士のように身を固くしなければならない。「善を見ればただちに学びとる」と「過失があればただちに改める」とは互いに補い合う関係にあり、善を求めると自然に過ちがなくなり、過ちをなくすと自然に善に遷るようになる。

前者は目指すべきモラル的最高境地であり、後者は守りきらなければならないモラル的最低ラインである。より高いモラル的境地への追求をもたなければ、身を修め徳をみがく内在的原動力を得ることができなくなるのであり、モラル的最低ラインへの防御意識にかけていると、外在的束縛を突き破ってしまい、誤った道を歩き続けてしまうのである。

■出典

子曰く、善を見ては及ばざるが如くし、不善を見ては湯を探るが如くす。吾其の人を見る。吾其の語を聞けり。隠居して以て其の志を求め、義を行いて以て其の道に達す。吾其の語を聞く。未だ其の人を見ざるなり。

——春秋時代・孔子『論語・季氏』

■解釈

「善を見ては及ばざるが如くし、不善を見ては湯を探るが如くす」は『論語』からの引用。善を見れば自分はまだまだ及んでいないと謙虚に学び、不善を見れば熱湯に手を入れた時のようにすぐ避けるべきだという。「湯を探る」という動作の描写で、悪事を見た時の我々の取るべき態度を喩える。この語は後世では為政者に対して、常に政治道徳を修め、強欲の害を自省し、畏敬の念を抱くように警告し注意するものとされてきた。

ほかに、『韓詩外伝』に「高きに比べて以て徳を広むる所なり、下きに比べて行いを狭むる所なり」とある。常に上を意識してそれと比較することによって自らも進歩するが、自分より劣っている人と比べることは努力のハードルを下げることになり、自らの徳行の衰退を招きかねないという。『増広賢文』にも「善に従うこと流るるが如く、悪を嫉むこと仇の如し」とある。

いずれも孔子が言う「善を見ては及ばざるが如く、不善を見ては湯を探るが如くす」と通じる意味を持っており、古人の道徳判断における一貫性を見せてくれる。

吾日に吾が身を三省す。

——『中央弁公庁各部門指導グループ及び幹部・職員代表との座談会における談話』などの文中で引用

■解読

党の大衆路線教育実践活動において習近平氏は重ねて、「批判と自己批判という武器を適切に用い、より〝辛み〟を効かさなければならない」と強調している。相互批判は特定の場合でしか行われないのに対して、自らを省みる自己批判はいつでもどこでも行うことができ、最も頃合いがはかれ、最も効き目のある思想的武器と言える。

「割れ目のない卵にはハエが止まらぬ」と俗にいわれているように、制度約束がいくら厳しくされていようと、外在的監督がいくら厳しく行われていようと、内在的に自律心が失われてしまうと、「法令は厳しくされる一方だが、盗賊がかえって多くなる」ことが生じうる。

党内民主生活での新常態にしても、組織規律への新要請にしても、本当に一人一人の党員幹部が心から認め認識してこそ、正しい軌道に沿って行われることができ、持続可能な発展が期待できるのである。

でなければ、腐敗撲滅や生活態度改善といった大規模活動が終わったとたん、今までの悪習や不良な生活態度の一切が勢いを盛り返してしまうのである。ゆえに指導幹部としては、党員の先進性を保ち道徳素養を向上させる上で、「力強くたたかれなくても、気高くいい響きを聞かせる質のいい太鼓」のごとき自覚性を身につけなければならない。つまり、自らを重んじ自らを省み、自らを戒め自ら励むことを通して、慎んで自らを律し、慎んで微細な事にまで行き届かせる。そして、慎んで初心を忘れず最終効果を確保し、常に自らを戒めるとともに、絶えず自らを省み厳しく自らを律してこそ、思想的垣根を設け、党員としての素養を高められる。ここではじめてあらゆる害毒に強い身を鍛えることができるのである。

出典

曾子曰く、吾日に吾が身を三省す。人の為に謀りて忠ならざるか。朋友と交わりて信ならざるか。伝えしを習わざるか。

——春秋時代・孔子『論語・学而』

解釈

「吾日に吾が身を三省す」は『論語』に記録された曾子の言葉。曾子は春秋末期魯の国の人で、16歳から孔子の弟子となり、内省して躬行に努め、儒家思想伝道派の第一人者。孔子の教えを受けて学派を形成し、その系統がさらに子思、孟子らに受け継がれて、儒学発展史ないし中国文化史の上で重要な位置を占める思想家である。

引用文の意味は「私は一日に何度も自分の行為を反省する」という。三省については、「三度」「三点」「数度」など、いくつか違う解釈が見られるが、古典漢語における数字の用法を考えてここでは回数の多いことと捉えよう。三度、三回に限定する必要はあるまい。

曾子の自省する内容は次の三点にまとめられる。つまり、人からの相談ごとに誠心誠意に応対したかどうか、友人と交際して誠実にいられたかどうか、師匠から伝授されたものをよく復習したかどうか、である。

前漢の辞賦作者である揚雄の「逐貧賦」には「吾が身を三省して、予に愆無しと謂う」とある。毎日何度も自省すれば、過ちを避けることができるといい、曾子の語の延長線上にある表現である。

賢を見ては斉からんことを思い、不賢を見ては内に自ら省るなり。

――『早期から社会主義の中核的価値観を育成し実践――北京市海淀区民族小学校座談会を主宰した際の談話』などの文中で引用

■解読

２０１４年国際児童節に際して、習近平氏は北京民族小学校で開かれた座談会において、手本を心に銘記し、英雄、先進的人物、素晴らしい事物から学び、その中から良好な思想や品格への追求を養成するように励ました。

『論語』のこの言葉が説明しているのは、生活の中で人を鏡にして、素晴らしいところを学び、さらに発揚していく。そして、よくないところを戒め、糾さなければならないということである。

毛沢東主席もかつて指摘していた「模範そのものに政治的パワーが潜んでいる」も同じことを語っている。いわゆる「正しく大きな道理」はいつも空高く浮かんでいるかのような空論に感じられがちなので、大衆に着実に分かってもらうには、言葉で伝えるより身を以て教えることを重視し、抽象的な話より具体的な事例を重んじなければならない。

まさに「手本一人が書類上の二十余りの説諭に勝る」のである。宇宙飛行の英雄、オリンピックの金メダリスト、科学の大家、模範労働者、青年ボランティアなどにしても、喜んで人を助ける人、勇気を持って正しい行いをする人、信義・誠実を重んじる人、仕事に全力を捧げる人、お年寄りや家族を大切にする人たちも、我々にとって学ぶべき精神的手本である。

モラル的目標になり得る存在であり、我々に格差の存在と不足のありか、歩むべき道を示してくれていて、「賢を見てはそれに斉しくなろうと思う」という効果をもたらしてくれるのである。

■出典

子曰く、賢を見ては斉からんことを思い、不賢を見ては内に自ら省るなり。

——春秋時代・孔子『論語・里仁』

■解釈

引用文は『論語』によるもので、道徳教養を議論する文言である。孔子のこの語は後世の儒者が己の道徳を修める時の座右の銘となっている。他人の長所を見て自らの短所を補い改める一方、他人の過失を見て自らの教訓としてその二の舞を踏むまいとするという意味。

「賢を見ては斉からんことを思う」との一文は模範者の教育的意義を明らかにするものだが、「不賢を見ては内に自ら省る」は反面教材による警告作用を示す言葉である。

「自ら省る」は自省することで、その目的は朱子『四書集注』で述べられる通りである。つまり「日に其の身を省みて、あれば則ち之を改め、なければ即ちますます勉む」という。なお、『論語・述而』には「三人行けば、必ずわが師あり。その善き者を択びて之に従い、その善からぬ者之を改む」ともある。

善き者を択んで従っていく、善くない者なら改めるというのは引用文の「見賢思斉」などと同じ趣旨にあることは明らかである。

明鏡に観れば、則ち疵瑕軀に滞らず。直言に聴けば、則ち過行身を累わさず。

――『河北省の党委員会指導者グループ特別テーマ民主生活会に参加した際における談話』などの文中で引用

解読

冷や汗をかいたり、顔を赤らめたりしてこそ、たまっていた泥や毒を消去することができ、さらにそれによって体を丈夫にすることができる。汗をかいたり、顔を赤くしたりするには、何をすればいいだろうか。それはほかでもなく、わが党が身を守り病を治す上で今まで活用してきた「批判と自己批判」という武器を使わなければならない。

教育実践活動を展開し始めた当初から、習近平氏は「批判と自己批判を展開する上でしっかりと工夫をするべきである」と強調している。利益関係や人間関係がますます複雑になってきている現在においては、我々が批判と自己批判を展開する上での勇気と党員の性質がなおさら問われるようになった。

公正な心から発し、実事求是《ぐぜ》の態度で臨み、適切な方法を練り上げていてこそ、批判にしても自己批判にしても良薬そのものとなり、同僚にとっても個人にとっても本当の意味での愛護となり得る。

習近平氏が引用したこの言葉も、正しくこれを語っており、いわば、「忠言は耳に逆らい、良薬は口に苦し」である。批判と自己批判を行う際には、偏見を持ってはならず、恐れを持つべきではなく、自己に対しても同僚に対しても、指導グループに対しても、わが党に対しても、十分な責任感を抱きながら、「批判と自己批判」という武器を大胆に使い、常に使い続けなければならない。更に使いこなしていくに従って、効果がましていくように推し進めなければならないのである。

出典

臣聞く、明鏡に観れば、則ち疵瑕軀に滞らず。直言に聴けば、則ち過行身を累わさず、と。

——後漢・王粲『倣連珠』

解釈

王粲（177－217年）、漢末の文学者で、「建安七子」の一人。その政治思想の基本は儒家にあるが、法家の刑名学も一部融合させている。『倣連珠』の文中、王粲は自らを管仲に擬して、時の統治者に諫言を呈する。

「明鏡に見れば」云々の一文では、常に鏡で自分自身を映してみれば、自らの欠点などが分かり、すぐに克服できる、率直な批評に耳を傾けるなら、自らの過ちも早いうちに改められるという。

連珠とは漢代に現れた一種の独特な文体である。南朝の沈約によると、「連珠は蓋し辞句の連続を謂い、互いに相発明すること珠の結排の如きなり」という。連珠の作品は形態が短く、対句を多用する韻文で、美辞麗句や比喩表現などで婉曲に作者の主旨を伝えることを特徴としている。

劉勰『文心雕龍』は漢代揚雄の作品を最古の連珠と見ている。後には演連珠、擬連珠、暢連珠、広連珠など一連の模作が作られた。王粲の「倣連珠」もそうした類いの一つである。

淡泊に非ざれば以て志を明かにすること無く、寧静に非ざれば以て遠きを致すこと無し。

――『之江新語・何事に対しても焦るべからず』などの文中で引用

■解読

インドの有名な詩人タゴールの名言に、「鳥は、翼を黄金に縛られたら、二度と飛ぶことはできない」というのがある。この言葉は、いかに身を持すべきか、いかに官職につくかに対して深刻な啓示を与えている。

欲望が強過ぎる者は、さまざまな誘惑を前に初心を見失ってしまう。功を焦ってばかりいる者は、必ず長期的に見る目に欠けたり、粘り強さや根気強さに欠けたりするようになってしまう。

老子が指摘した「色が華やかで入り乱れていると、かえって目がくらんでしまう。音がざわざわして乱れていると、かえってはっきり聞き取れなくなってしまう。食物が盛んで豊富すぎると、かえって美味しさが味わえなくなってしまう」、「軽率は重厚を根本とし、苛立ちは落ち着きを支配者とする（軽はずみな行為をしたり財産など身以外の物を求めたりする裏には重厚な道徳的土台が求められており、苛立ちを静めるためには落ち着きが求められている）」などは、いずれもこの哲理を伝えている。

特に指導幹部は、行いを左右する心の持ち方をしっかりと捉えることがより大事である。恬淡として落ち着いた心理状態が持てなければ、市場という波によってもたらされてきた消費主義に面して、あるいは経済繁栄によってもたらされてきた物質的誘惑に面して、公的権力を利用して私利をはかろうとする衝動が生じやすい。胸の中に清らかな泉を常に湛えているかのように高尚な情操を保っていてこそ、どんな誘惑を前にしても毒されることなく身を持することができる。そして、どんな強い欲望に面しても揺るがされることなく心を持つことができるであろう。焦りや苛立ちを戒めるには、身を処す上で根本的な情操を高め、政治を行う上で基本的な道徳素養を向上させていくことを堅持し、正しい世界観、人生観、価値観を樹立し、正しい権力観、地位観、利益観を確立できる。名利や地位に的確に対応し、昇進、退職、転勤などの問題を正しく取り扱わなければならない。

　さらに恬淡として事に当たり、心を静めて物事を思考し、固い意志を磨き、強い信念を築く。そして、寂しさに耐えられ、貧しさを恐れずにいられるようにしなければならないのである。言わば、「静かにしてのち能く安し。安くしてのち能く慮る。慮りてのち能く得」である。

出典

　人主の居や、日月の明の如し。天下の同じく目を側てて視、耳を側てて聴き、頸を延ばし踵を挙げて望むところなり。是ゆえに、澹泊に非ざれば以て徳を明かにすることなく、寧静に非ざれば以て遠きを致すことなく、寛大に非ざれば以て兼ね覆うことなく、慈厚に非ざれば以て衆を懐くることなく、平正に非ざれば以て制断することなし。

——前漢・劉安『淮南子・主術訓』

解釈

「淡泊に非ざれば以て志を明かにすること無く、寧静に非ざれば以て遠きを致すこと無し」との一文は諸葛孔明の名言として広く知られているが、もともとは前漢の淮南王劉安のもとで編纂された『淮南子』にあった言葉である。『淮南子』では「淡泊」を「澹泊」と著わす。

　引用されたこの文は、言葉が分かりやすく、哲理に富んでいる。論理学でいう「二重否定」を生かして、「淡泊」「寧静」でいることの重要性を説く。大意は、目先の名利ばかりに拘っていては本当の志を見失ってしまい、心を落ち着けて学習に集中しなければ大いなる目標の達成が見られないと説く。

長い目で見る夢の実現に向けて、いまは少欲にして静かに努力しなければならない。大志をはっきりと見定めて、黙々と修行に打ち込んでいけば、いつか立派な仕事を成し遂げる時期が来る。

『淮南子』より三百余年が過ぎて、諸葛孔明は息子諸葛瞻に残す遺書「誡子書」にこの言葉を引いて、「それ君子の行いは、静かにして以て身を修め、倹にして以て徳を養う。澹泊に非ざれば以て志を明かにすること無く、寧静に非ざれば以て遠きを致すこと無し」と綴った。

さらに、羅貫中の小説『三国演義』第三十七回は劉備・関羽・張飛が再度孔明の茅屋を訪ねる場面で、三人が孔明宅の中門に「淡泊以て志を明らかにし、寧静にして遠きを致す」との対聯があるのを見たと描写する。小説では元の二重否定文が肯定文の形に変えられ、「淡泊明志、寧静致遠」の考えが一層広まる効果をもたらしたのであろう。

心を同じくして共に済し、終始一の如し。此れ君子の朋なり。

――『連携して中豪共同発展という夢の実現を求め、協力して地域の繁栄と安定の実現を推し進めよう――オーストラリア連邦会議における演説』などの文中で引用

■解読

オーストラリア連邦会議における演説の中で、習近平氏は欧陽脩の『派閥論』によるこの言葉を引用し、外交関係における中国の原則と主張を、「道義に基づき、お互いに助け合い、共に発展をはかるような「君子的付き合い」を築き上げてこそ、友好関係が末長く、しかも子孫代々に引き継がれていくことができる」と述べた。

国と国との付き合いのみならず、人と人との付き合いにおいても、同じことが言える。利益しか求めずに付き合いを始めていたとしても、より多くの利益を得るために争い合い、利益が取れなくなる時点で付き合いを絶ってしまうようなことがありがちである。

いわゆる小集団やあれこれのグループを立ち上げたりする者同士は、常に不当な利益でぐるになっているため、親密そうに見えるが実はお互い二心を抱いたり、駆け引きを競ったりしてばかりいるのであり、これはまた先哲が強く批判している「小人的付き合い」である。

「君子的付き合い」は心を一つにするところから生まれるものであり、共通の理想や夢で結ばれ、偉大な発展事業のために共に努力を尽くしてこそ、心を合わせて助け合い、気持ちを一つにして成功を成し遂げ、頑丈で壊されることのない強固とした集団を結成するこ

とができる。これこそ偉大なる友情であり、本当の意味での付き合いである。我々共産党員にとっては、同じ信仰こそが、我々に共通の言葉であり、終始一貫を保ち、決意を揺るぎなく貫くようにさせてくれる最も強い力である。

▩出典

臣聞く、朋党の説は、古より之れ有り、と。惟だ、人君の其の君子と小人を辨ぜんことを幸うのみ。……故に、臣謂へらく、小人には朋無く、其の暫く朋を為す者は偽りなり、と。君子は則ち然らず。守る所の者は道義、行う所の者は忠義、惜しむ所の者は名節なり。之を以て身を修むれば、則ち道を同じくして相益し、之を以て国に事うれば、則ち心を同じくして共に済し、終始一の如し。此れ君子の朋なり。故に人君為る者は、但だ當に小人の偽朋を退け、君子の真朋を用うべし。則ち天下治まらん。

——北宋・欧陽脩「朋党論」

▩解釈

宋の仁宗朝に、欧陽脩と范仲淹らは宰相呂夷簡による郭皇后の后位剝奪の議案に反対したため、呂から二人が朋党を結成していると密告され、左遷の羽目となった。慶暦三年（１０４３）、范仲淹らは再び仁宗の政治改革に起用された時、また政敵から「朋党」の罪名で攻撃を受けた。

その際、欧陽修は「朋党論」を作って仁宗皇帝に進呈し、説得力のある文章で自らの陣営を防御した。「朋党論」で欧陽脩は、朋党は小人にはなく、君子だからこそ作れるのだという論点を挙げる。なぜなら、小人は利益に走るので、彼らの利益が一致した時だけ、しばしの間朋党ができても、あくまで偽りのものにすぎない。一旦利益がなくなれば、兄弟親戚同士とはいえ互いに損害を与えかねないからだ。

一方、君子のあり方は違う。君子の守りたいものは道義で、実行するものは忠信で、大切にするものは名節である。このように道徳を養ってきた人たちだから、同じ志のために互いに助け合って成長し、国家のためにも力を一つにして、終始変わることなく頑張れる。

これこそ君子によって結成される朋党というもので

ある。したがって、君主は小人による偽の朋党を退けて、君子による真の朋党を起用すれば、天下の安定を図ることができるというのである。

隠れたるより見らるるは莫く、微かなるより顕かなるは莫し。故に君子はその独を慎むなり。

――『之江新語・「慎独」という最高境地を目指そう』などの文中で引用

■解読

通常、誰かの監督下にいる場合は、ほとんどの人が道徳に背くことをしないように自分の行いを律することができるのだが、問題は常に人の目の届かないところで生じてしまう。「慎独（人が見ていようがいまいが身を慎むこと）」というのは、先哲が提唱してきた自己規制の一理念である。

例えば、中国清の時代の聖祖である康熙は、「慎独」を「人の見えないところにおいても、正直にことに当たり、人目をはばかることはしない」と総括し、「『大学』にしろ『中庸』にしろ「慎独」を戒めとする」と子孫に戒めていた。

また、清代の政治家である林則徐は、客間の正面中央に、「慎独」という二文字が書かれた目立った掛け軸をかけ、自らを戒め励ました。

それから、清代末期の有名な政治家である曾国藩も、遺書の第一条として、「慎独」を取り上げたのである。

我々共産党員、特に高級指導者は、「慎独」を、達するべきモラル的境地として求めなければならない。

劉少奇元主席も『共産党員の素養について』において、「一人の共産党員としては、独自で仕事に当たり、誰かに監督されることもなく、何か悪事を一番仕出かしそうな場合でさえ、悪事に一切足を踏み入れず、人が見ていようがいまいが自分を律することができるようにしなければならない」と指摘した。

党員幹部、特に指導幹部には、常に一定の権力が与えられており、自ら組織の監督、規則の制限を受けなければならないのである。

のみならず、また人が見ていない場合においても絶えず自らを律することを強めなければならない。つまり、舞台の表においても裏においても同じように振舞い、人の前にいても陰にいても同じような言動をとらなければならない。

特に自分独りの際、人に見られていない場合、微かで細かいところにおいては、更に薄氷を踏むがごとく、深淵に臨むがごとく、終始勝手気ままに振舞うことなく、常軌を逸することなく、制限を越えたりすることもなく仕事に臨まなければならないのである。

出典

天の命ぜる、これを性と謂う。性に率う、これを道と謂う。道を修むる、これを教えと謂う。道なる者は、須臾も離るべからざるなり。離るべきは道に非ざるなり。是の故に君子はその睹えざる所に戒慎し、その聞えざる所に恐懼す。隠れたるより見らるるは莫く、微かなるより顕かなるは莫し。故に君子はその独を慎むなり。

——春秋~秦漢『礼記・中庸』

解釈

『中庸』はもともと『礼記』に収録された一篇で、孔子の孫にあたる子思の著である。南宋の朱熹はそれを抜き出して、『論語』『孟子』『大学』と合わせて「四書」と称した。

『礼記・中庸』は開宗明義のところで「慎独（独を慎む）」に言及する。「隠れたるより見らるるはなく、微かなるより顕かなるはなし。故に君子その独を慎むなり」とあって、君子であれば、他人の見ていない時でもルールを守るように慎み、間違ったことをしないようにきちんとするという。

他人の目に触れないところでも、どんな些細なことでも、決して道徳から外れる振る舞いをしない。だから、君子は独りでいる時でも十分に慎ましく行動しなければならない。

「慎独」について、『礼記・大学』では「これを中に誠なれば、外に形わると謂う。故に君子は必ずその独を慎むなり」と説かれている。やはり、監視の目がなくても、自発的に道徳的規範に則って行動し、人の道を踏み外したりするような背徳を一切しないのが君子だというのである。

これに反して、「小人閑居して不善を為す」、「その不善を覆いてその善を著す」とも見える。つまり、小人は独りでいる時、悪事をしたのにしなかったふりをすることがよくある。これは上辺を繕う偽装にすぎず、すぐばれてしまう。心からそうすると決めてこそ、はじめて立派な振る舞いができるので、慎独というのはそう簡単にできることではないのである。

天下の事、未だ嘗て専に敗り共に成らずんばあらず。

——『貧困脱却・為政雑談』などの文中で引用

■解読

独断専行だと度量が狭くなってしまい、度量が狭いと遠ざけられるようになる。遠ざけられてしまうと困り果てる羽目になる。一方、力を合わせていくと道が広く開かれるようになり、道が広く開かれるようになると滞りなく通じるようになる。そして、滞りなく通じるようになると成功に到達できるようになるのである。習近平氏は、指導幹部は「功なりても自分の手柄としなくてもよい」という広い度量を目指さなければならないと重ねて強調している。

「全局を胸に抱き、大勢を把握し、大事に着眼する」という境地を目指すには、個人の得失にこだわる度量の狭さを突き破らなければならない。ひたすら自説に固執すると、進言の道が閉ざされるようになってしまう。

ひたすら功労者を自任すると、周りから孤立するようになってしまう。人に超えられることを恐れはばかってばかりいると、うわべは親しそうに見えても、内心では離れているというふうになってしまうのも無理はない。

個人的名利ばかり追求していく道の先には、長期的計画が成り立たず、代わりに短期的功績しか取れない。功を焦ってばかりいるため、団結・協力が犠牲にされてしまうのである。例えば、あるところでは、銅鑼や太鼓を高らかに響かせながら大騒ぎにテープカット式典を行っていたにもかかわらず、結局工事が止まってしまい、雑草がはびこる廃ビルしか残されていないということが見られる。短期的功績への衝動は常に「一人の戦い」に異化してしまい、いわば大衆から孤立している者や従者のいない指導者ごとき者には、世間をあっと言わせるような事業を成し遂げることが断固としてできないものである。

一方、新華社でも報道された北方のある県では、十数代もの県の委員会の書記たちが、一人また一人と職務を代々引き継ぎながら気持ちを一つにし、力を合わせて努力してきたことで、砂礫砂漠に再び草や木を青々と茂らせるというこの世の奇跡を生み出したのである。

人がどれほどの成果をあげられるかはその人の才能次第であり、どれだけ才能を生かせるかはその人の度量次第だという。指導幹部にとって、人の成功のために自分を犠牲にしたり、土台になったりするというのは、名利という手綱や鎖による束縛から解放されることである。一地方の人々に幸福や発展をもたらすという功績を成し遂げることでもある。

出典

天下の事、未だ嘗て専に敗り共に成らずんばあらず。専なれば則ち隘く、隘ければ則ち睽き、睽けば則ち窮ず。共なれば則ち博く、博ければ則ち通じ、通ずれば則ち成る。故に君子身を修め心を治むれば、則ち人とその道を共にす。事を興し業を立つれば、則ち人とその功を共にす。道隆く功著しければ、則ち人とその名を共にす。志得りて欲従にせば、則ち人とその利を共にす。是以て道明らかならざることなく、功ならざることなく、名栄えざることなく、利長さざることなし。小人則ち然らず。己の道を専らにして、善に従い義に服して以て自ら広むること能わざるなり。己の功を専らにして、賢を任じ能に与して以て自ら大ること能わざるなり。己の名を専らにして、日に人の之を勝ることを恐るるなり。己の利を専らにして、人の之の有らんと欲さざるなり。……この二者は、君子小人の大いに分かるるなり。

——北宋・司馬光「張共字大成序」

解釈

「天下の事、未だ嘗て専に敗り共に成らずんばあらず」

とは北宋の嘉祐元年（1056年）司馬光が越州の張推官のために書いた「張共字大成序」から引用された文。大意は、すべてのことは独断のもとでは失敗し、協力し合ってこそ成功するのだというもの。大事業を成し遂げる際、人々の一心団結の重要さ、そして専権独断の有害性を強調する一文である。

司馬光によると、独断専権は勢い偏狭でかつ不公平なやり方を招き、その結果、人心が離反して、窮境に陥ってしまう。反対に、衆人の力を信じて周りの協力を積極的に取り付けていけば、事業も滞りなく進み、成功することになる。

この序文で司馬光は君子・小人の違いについての見解を述べている。その見方によると、君子は常に快く人と「道」を共にし、さらには「功」も「名」も「利」も共にする。そうすれば、道義が明らかになり、功績が挙げられ、名声が広がり、利益が長く続くようになる。

一方、小人の場合は正反対である。いつも自分だけの道に拘泥して、さらに自分の功名利益ばかりを求めるので、ついには道徳、功績、名声、利益の一つも得られず終わってしまうという。

勢を以て交わる者は、勢傾けば則ち絶つ。利を以て交わる者は、利窮すれば則ち散ず。

――『河南省蘭考県の党委員会常任委員会拡大会議における談話』などの文中で引用

解読

指導幹部は、人間関係や義理の付き合い問題にいかに対応すべきであろうか。習近平氏はこの古文を通して、指導幹部として身を処し事にあたる際に従わなければならない原則を規定している。

「お互いの権勢や財力によって結ばれた友情は、長く続くことができない」とあるように、借りようとする権勢にしても、目論んでいる利益にしても、感情や原則を盾に築いたものではなく、結局は「権勢や財力が増してくると顔が変わってくる」、「権勢を失ってしまうと、従っていた者たちも散ってしまう」などというように流されるのである。ゆえに人と付き合う際には、誠実に人に接し、進んで人を助けるべきである。そしてより大事なのは、党員としての性質を保ち、原則を遵守し、党の規律や国の法律、及び政策制度に従って仕事に務めなければならないということである。いわゆる「関係学」や「権力術」を断固として拒絶し、また「義兄弟」や「小集団」にさらに歯止めをかけなければならない。

考えるべき、訴えるべき情実は何か、またそうではない情実は何か、という問題をはっきりさせてこそ、個人的感情が党員の性質や原則に背いた場合や個人的交際関係が人民大衆の利益に差し障る場合などにも、少しのためらいもなく党員の性質に沿った立場に立ち、たとえ「人情がない」、「無能」などと言われても、決してためらったり揺らいだりすることなく、終始人民大衆の利益のために仕事に励むことができるのである。

出典

子曰く、勢を以て交わる者は、勢傾けば則ち絶つ。利を以て交わる者は、利窮すれば則ち散ず、と。

――隋代・王通『中説・礼楽篇』

解釈

『中説』は隋代の思想家王通による哲学書で、王通とその門人の問答を記録したものである。門下の弟子から非公式に「文中子」の諡を送られたので、この書には『文中子説』の別名がある。全書は『論語』の形式に擬えて語録式となっている。文中の「子曰く」とは文中子王通が語ったことを意味する。

引用の一文は『中説』巻六の「礼楽篇」による。大意は、権勢をもとにできた付き合いは、いずれ権勢の衰えるにつれて断絶することになる。利益を前提に生まれた友情は、一旦利益がなくなると、終わってしまうという。

要するに、権勢や利益を中心に作られる人間関係の脆弱さを示しているのである。このことについて、王通より九百余年も早い荘子にはさらに鋭い指摘がある。『荘子・山木』には「君子の交わり淡いこと水の若く、小人の交わり甘いこと醴の若し。君子淡くして以て親しむ。小人甘くして以て絶つ。彼故なく以て合する者は、則ち故なく以て離る」とある。

つまり、君子の友情は水のようにあっさりしているが、その淡泊さゆえにかえって親しみやすい。

小人の友情は甘酒のように濃厚だが、利益がいったんなくなれば友情も消えてしまう。およそ、いわれもなく近寄ってくる人は、やはりいわれもなく離れていくのだという。それは小人のいわゆる友情には利害関係が絡んでいて混じり気があるからだ。互いを利用するために作られた友情は、見た目では甘くて濃厚なようだが、そのうち自分の利益欲求が満たされない場合、絶交が簡単に起きる。それゆえ、他人と付き合う心得としては、君子に親しみ小人から遠ざかることが大事である。

篤行篇

成功は実行に由来し、災禍は空談に始まる。実行精神はわが党の優秀な伝統であり、実行を重視することは共産党人の本来の政治的姿である。習近平総書記は就任初期、全党に「空談は国を誤らせ、実行は国を振興させる」と厳かに表明した。

群衆路線教育実践活動で「形式主義」を「四風」（訳注：形式主義、官僚主義、享楽主義、贅沢主義の四つの風紀）の先頭にし、上っ調子なやり方を根絶することに始まり、「実行の強化を改革推進の重点事項にする」と強調。改革を全面的に深めその青写真の実現に尽力するというに至るまで、実行重視は一貫して習近平総書記が国を治めるにあたっての鮮明な品格である。「やらない。マルクス主義が少しもない」。機会は瞬く間に過ぎ去り、改革は進まず後退する。何によって全面的な小康社会の青写真を具体化するか。何によって13億人の「中国の夢」を実現するか。

新たな歴史的起点に立って、わが党は「どんな精神状態をもって」奮闘を続けるか。空想や空論は発展を誤らせるだけである。着実かつ懸命に事を行ってこそ夢を実現できる。

果たすべき責任を果たし、堅実に奮闘してこそ、人民の期待と時代の責任に恥じない人となる。

功の崇きは志を惟てなり、業の広きは勤を惟てなり。

――『共産党第十二期全国人民代表大会第一回会議における談話』などの文中で引用

解読

国家の振興を実現するにせよ、個人の事業を実現するにせよ、二つの条件が必要とされている。一つは立志で、もう一つは勤勉である。立志は前提で、勤勉は保障である。志なしで遠くへは行けず、勤なしで成功はできない。

習近平氏は様々な場面において、この意味深長な言葉を引用し、立志と勤勉の相互補完の関係を表現している。

私たちは「二つの百年」と民族復興の「中国の夢」という二つの壮大な目標を抱えていると同時に、発展の難航期と改革の深化期という複雑な発展環境にも面している。

まさにこのために、我々は懸命に努力し、実務的なやり方と地道な態度で、「山があれば道を開き、川があれば橋を架け」のように一歩一歩前へ邁進しなくてはならない。

この過程において、個人にしてもきっと人生の舞台を発見でき、素晴らしいチャンスに巡り合えるだろう。志を方向に、勤を動力に、国家民族と共に前進しよう。

出典

王曰く、「嗚呼！凡そ我が有官の君子よ、乃の司る攸を欽み、乃の出令を慎まば、令出でて惟ち行はれ、反くもの惟らざらん。公を以て私を滅せば、民其れ允懐せん。古を学びて官に入り、事を議して以て制せば、政乃ち迷はざらん。……爾卿士を戒む。功の崇きは志を惟てなり。業の広きは勤を惟てなり。惟れ克く果断なれば、乃ち後艱罔し。

——〔上古時代〕『尚書・周書・周官』

解釈

『尚書』は中国古代の重要な経学の文献である。『周書』はその一部であり、周代の歴史を記載する本と伝えられている。この句の背景には、周の成王が淮夷を滅ぼした後王都の豊邑に帰り、群臣と一緒に王業を成し遂げた経験をまとめ、また彼らに官職を設置して人材を起用する法則を説明した、ということがある。成王は「官位を有する君子」（大夫以上で職務のある者）に、職務に忠実を尽くしたり政務に精を出したりするよう戒めた時、こう言った。「なんじたちは自分のつかさどるところを敬いなさい。職務を怠ってはいけない。『功崇惟志、業広惟勤（功の崇きは志を惟てなり。業の広きは勤を惟てなり）』を知らなければならない」

ここにある二つの「惟」は「にある」という意味である。すなわち、功績の高いのは志操が強く正しいことにあり、業績が広くなるのも精励して公に奉仕することにあるという。

一つ勤めれば天下難事無し。

——『全国労働模範代表座談会における重要談話』などの文中で引用

解読

「空言を話せば国事を誤り、実務をこなせば国事を起こす」と言われている。では、地道にやることはどういうことか？まずは着実に働くことである。中国長年の発展は習近平氏の引用したこの言葉を証明している。30数年の目覚ましい発展の「中国伝説」においても、13億中国人の生活改善の「中国ストーリー」においても、労働者の働く姿が見られないことはない。

宇宙の夢、オリンピックの夢、万博の夢、どの夢においても、労働者の汗が滲んでいる。習近平氏の言うとおり、人類の美しい夢は誠実な労働を通じて実現できるのであり、進行中の難関も誠実な労働を通じて突破できる。

人生すべての成功が、誠実な労働を通じて実現できるのである。現在の中国は改革の全面的進化の時代に向かっている。任務はさらに重く、挑戦もさらに厳しい。

こうした状況であるからこそ、人類進歩を推進する労働という根本的な力量に依存しなければならない。勤勉、誠実且つ創造性のある労働を通してこそ、改革の全面進化に更なる情熱と持久力を提供でき、発展を新たな境地に、夢を新たな高みに推進することができる。

出典

人と為りて世に在るは懶を嗜むは莫し。懶を嗜む人才智短し。百事懶に由れば倣して為さず、老に臨みて臍を噬みて悲しみ已に晩し。士として懶くれば、終身布衣換ふこと能はず。農として懶くれば、食腸を充たさずに衣暖かならず。工として懶くれば、萬貫を積聚して星に成りて散る。……士として勤しめば、万里の青雲身に致すべし。農として勤めれば、盈盈たる倉廩紅陳と成る。工として勤めれば、巧手群を超えて能く人を動かす。商として勤めれば、腰の中常に千万金を纏ふ。噫嘻噫嘻復た噫嘻、只だ勤やと懶やに在る。丈夫志気天地を掀げて、百尺の竿頭に上がりて立てんことを擬る。百尺の竿頭に立つことは難しからず、一つ勤めれば天下難事無し。

――〔清〕銭徳蒼『解人頤・勤懶歌』

■解釈

『解人頤』は二十四集からなり、清の銭徳蒼が改めて集録したものである。作者が乾隆二十六年（1761年）に書いた序によれば、これは民間で流布していた『解人頤』初集・二集、及び『新訂解人頤』という三部書によって、「復為去陳集新、又従而広益之（復た為して陳を去りて新を集む、又た従ひて広く之を益す）」、すなわち改めて出版されたものである。

『解人頤』に収録されたこの『勤懶歌』は、古代の「四民」――士・農・工・商への勧勤戒懶（勤勉を勧め懶惰を戒めること）である。結語の「百尺竿頭立不難、一勤天下無難事（百尺の竿頭に立つことは難しからず、一つ勤めれば天下難事無し）」は、勤勉に仕事をすれば、世の中に難しいことはなく、百尺の竿頭であっても昂然として立っているという意味である。佛教では「百尺竿頭」が修行の高い境地の譬えであり、「百丈竿頭」ともされる。

勤勉に関して、古人は多くの論述を残した。例えば、「書山有路勤為経、学海無涯苦作舟（書の山に路有り勤を経と為し、学の海は涯無く苦を舟と作す）」「業精於勤而荒於嬉、行成於思而毀於随（業は勤むるに精しくて嬉しむるに荒み、行いは思うに成りて随がうに毀る）」などが挙げられる。『勤懶歌』は勤勉と努力の重要性をさらに強調している。

合抱の木も毫末より生じ、九層の台も累土より起こる。

——『全国宣伝思想工作会議における重要談話』などの文中で引用

解読

インドネシアの講演において、習近平氏はこの言葉を引用して、国家間の親睦、「双方の関係の社会的土壌を突き固める必要性」を表している。

フランスでの講演において、習近平氏はこの言葉を引用して、中仏の友情は、「両国人民が懸命に度食した結果」と表現し、宣伝思想工作会議において、この言葉を引用して、基層工作の革新が宣伝思想工作に対する重要性を説明した。

習近平氏が度々この言葉を引用するのは、中に大と小、多と少、成と始の弁証法的思考が含まれているからである。この言葉は、事物の発展及び変化の規則を解明すると同時に、どのようなことをするにせよ、強靭な気力が必要であり、どれほど小さい事をやるにせよ、コツコツやってこそ、大事業をやり遂げる事ができると我々に教えている。「愚公山を移す」の諺のように、土を一かご一かご運び、子々孫々尽きることなく続ければ、いつかきっと目標に到達できる。

出典

合抱の木も毫末より生じ、九層の台も累土より起こり、千里の行も足下より始まる。為す者はこれを敗り、執る者はこれを失う。これを以って聖人は、為すこと無し、故に敗ることも無し。執ること無し、故に失うことも無し。民の事に従うは、常に幾んど成るに於いてこれを敗る。終りを慎しむこと始めの如くなれば、則ち事を敗ること無し。

――〔春秋〕老子『老子・第六十四章』

解釈

老子は春秋時代の道家学派の創始者であり、事物発展の規律によって「終りを慎しむこと始めの如く」を主張した。「合抱の木も毫末より生じ、九層の台も累土より起こり、千里の行も足下より始まる」。「合抱」は両手で囲む意味であり、大木の太さを形容する。「毫末」は幼い苗を意味し、細小を比喩する。すなわち、一抱えもある大木も幼い苗から生長し、九層の台もひと盛の土から建ち始め、千里の長い道のりも足もとの第一歩から始まる。物事はすべて、一つひとつの小さな積み重ねから成り立つという教えが如実に論述されている。

老子の「大生於小（大は小より生じる）」という思想は、戦国時代の代表的な儒学者荀子に影響を与えた。『荀子・勧学』では、荀子は「積土成山（土を積めば山と成る）」「積水成淵（水を積めば淵を成す）」「不積蹞歩、無以至千里。不積小流、無以成江海（蹞歩を積まざれば、以て千里に至ること無く、小流を積まざれば、以て江海を成すこと無し）」などの観点を打ち出すことで、「鍥而不捨、金石可鏤（鍥んで捨てざれば、金石も鏤む可し）」のような積極的な主張を述べる。老子のいう自然に順応する「無為」「無執」の思想とは大いに異なる。同じ前提であっても違う結論を導いたことは、儒教と道教が影響しあいながら対立することを反映している。

大廈の成り、一本の材に非ざるなり。大海の潤い、一流れの帰りに非ざるなり。

――『中国人民政治協商会議創設65周年慶祝大会における重要談話』などの文中で引用

解読

万丈のビルも新地からと言われるように、どれほど雄大な高層ビルも、煉瓦一つから積み上げられてきたものであり、どんなに広い海も、小川が流れ集まってできたものである。

現在の中国を見ると、改革の全面的な深化においても、国民の生活水準の改善においても、法的国家の建設においても、順序に従って一歩一歩漸進すべきで、ただ待つことも、焦ることもしてはいけない。千里の道も一歩からと言われるように、寸刻を争うやる気、及び成功を待つ良い根気が備わらなければならない。

ひたすら発展を図り、成功に向かって邁進する。様々な試練に立ち向かうには、やる気と忍耐強さが最も必要である。成功を焦らず、問題を一つ一つ解決し、目標に向かって一歩一歩前進して、地道にやれば新しい境地に至ることができる。「千里の道も一歩から」であるように、日々の積み重ねが大事である。

出典

桓公と管夷吾三日三夜連なりて語り、字字投機して、全く倦むことを知らず。桓公大悦して、乃ち三日斎戒を復して、太廟に告げて、管夷吾を拝して相と為さんことを欲す。夷吾辞って受けず。桓公曰く、「吾、子の伯策を納む。吾の志を成さんことを欲して、故に子を拝して相と為す。何為に受けず」と。対へて曰く、「臣聞く、大廈の成り、一本の材に非ざるなり。大海の潤い、一流れの帰りに非ざるなり。君必ず其の大志を為さんと欲すれば、則ち五傑を用ゐる」と。

――〔明〕馮夢龍『東周列国志・第十六回』

▒解釈

「大廈之成、非一木之材也。大海之潤、非一流之帰也（大廈の成り、一本の材に非ざるなり。大海の潤い、一流れの帰りに非ざるなり）」は、『東周列国志』によれば斉国の宰相管仲が斉桓公に人材を広く求め覇業を完成させることを勧めた時使った比喩である。

すなわち、高楼は一本の木だけで造られるのではなく、大海の潤いは一筋の川だけで完成されるのではない。習近平氏の講話では、「大海之潤」を「大海之闊」に転化した。

「大廈」と似ている言葉であるが、西漢の王褒は『四子講徳論』で「大廈之材、非一丘之木（大廈の材は、一丘の木にあらず）」といい、「一木之材」を「一丘之木」と意味を広めた。

また、北宋の蘇軾は『謝兼侍読表』で「一木」の重要性を強調して、「大廈既構、尚求一木之支（大廈既に構え、なお一本の支えを求む）」と言った。「大海」と類似する言葉であるが、『荀子・勧学』にまた「不積小流、無以成江海（小流を積まず、以って江海にならず）」といった。

高楼の完成には数多くの木材が、大海の潤いには数百本の川が必要である。大志や学問を成したいのであれば、衆人の知恵を集め百家の説を受け入れなければならない。ゆえに、北宋の慧南禅師は「聖賢之学、非造次可成、須在積塁（聖賢の学、造次に成す可きに非らず、須らく積塁に在るべし）」と言った。学問の蓄積を身につけてこそ、成功することができる。

難きを其の易きに図り、大を其の細に為す。天下の難事は必ず易きより作り、天下の大事は必ず細より作る。

――『中国共産党第十八期中央委員会第三回全体会議第二回会議における重要談話』などの文中で引用

解読

難と易の選択、大と小の均衡には弁証法的な考え方が含まれている。どんな大志にせよ、どんな夢にせよ、具体的に実行することが大事で、空談してはいけない。細かなことから、地道に努力することは習近平氏の治国理念である。群衆路線教育実践の中で、「細かなことでも重視すべき」と強調し、社会主義核心価値観を養成する中でも、「地道にやることが大事」と提唱、反腐敗運動の中では「トラもハエもたたく」と指導している。

また、「聖人は工夫する庸人であり、庸人は工夫しない聖人である」と習近平氏は引用し、雨だれ石を打つように、地道に一歩一歩確実に前へ進むことが大事であると我々に教えようとしている。

出典

無為を為し、無事を事とし、無味を味わい、小を大とし少なきを多しとし、怨みに報いるに徳を以てす。難きを其の易きに図り、大を其の細に為す。天下の難事は必ず易きより作り、天下の大事は必ず細より作る。是を以て聖人は終に大を為さず、故に能く其の大を成す。夫れ軽諾は必ず信寡く、易きこと多ければ必ず難きこと多し。是を以て聖人猶之を難しとす。故に終に難きこと無し。

――〔春秋〕老子『老子・第六十三章』

▩解釈

「図難於其易、為大於其細。天下難事、必作於易。天下大事、必作於細（難きを其の易きに図り、大を其の細に為す。天下の難事は必ず易きより作り、天下の大事は必ず細より作る）」。すなわち、難題を解決するには、易しいところから処理し、大事を成就するには、細かいところから始める。

天下のすべての難事は簡単なところから、天下のあらゆる大事は些細なところから着手すべきである。

老子の主な思想は「無為」である。これはまったく何もしないという事ではなく、規律に従うべきことを唱える。

「図難於其易、為大於其細（難きを其の易きに図り、大を其の細に為す）」。聖人は「終不為大（終に大を為さず）」、ゆえに「能成其大（能く其の大を成す）」。つまり、「無為」によって「無不為」を求めるのである。

易を慎んで以て難を避け、細を敬んで以て大に遠ざかる者なり。

――『中央弁公庁各部門員及び幹部職員代表座談会における重要談話』などの文中で引用

解読

仕事は、「上には千本の糸があり、下に一本の針があり」と例えられる。しかし、どれほど複雑でも、任務を分解することができる。習近平氏は〝大鵬之動、非一羽之軽也；騏驥之速、非一足之力也〟を引用し、どのような仕事にせよ、上からの指示にせよ、真剣にやらなければならない。

細かいところに精神の在り様が見え、細かなことからレベルの違いが出てくる。西洋の〝ローマは一日にして成らず〟ということわざと同じである。

高層ビルも煉瓦一つ、鉄筋一本から築かれ、部屋の明かりも蠟燭一本一本により照らされている。人間として生きていくにも、仕事をするにも、起業するにも、こういった些細な努力が必要とされている。

物事の軽重と緩急に気を配らないと、ペースが乱され、現実的な問題を解決できなくなる。従って、幹部たちは深い淵に臨む如く、薄い氷の上を歩く如くの姿勢で最低限を守り、あらゆる可能性を極めてこそ、物事を完璧にこなせるのである。

出典

有形の類、大は必ず小より起り、行久の物、族は必ず小より起る。故に曰く、「天下の難事は、必ず易より作り、天下の大事は、かならず細より作る」と。是を以て物を制せんと欲する者は、其の細に於てするなり。故に曰く、「難を其の易に図り、大を其の細に為すなり」と。千丈の堤も、螻蟻の穴を以て潰え、百尺の室も、突隙の熛を以て焚かる。故に白圭の堤を行るや、其の穴を塞ぎ、丈人の火を慎むや、其の隙を塗る。是を以て白圭に水難無く、丈人に火患無し。此れ皆易を慎んで以て難を避け、細を敬んで以て大に遠ざかる者なり。

——〔戦国〕韓非子《韓非子・喩老》

■解釈

『韓非子』は先秦の法家の学説を大成する代表作である。中の『喩老』篇は、歴史物語と民間説話で老子の思想を述べたものである。韓非子は本篇で現実における政治闘争の具体的な体験を、哲学的な高さにまで高め、普遍的な意義を持たせた。

　上文において、韓非子は「図難於其易也、為大于其細也（難を其の易に図り、大を其の細に為すなり）」を解釈するために、反例を挙げて論じた。

「千丈之堤、以螻蟻之穴潰。百尺之室、以突隙之熛焚（千丈の堤も、螻蟻の穴を以て潰え、百尺の室も、突隙（煙突の割れ目）の熛（火が飛ぶ）を以て焚かる。故に白圭の堤を行るや、其の穴を塞ぎ、丈人の火を慎むや、其の隙を塗る）」と。

　すなわち、高さ千丈もの大きな堤も、小さな螻蛄や蟻の穴から漏れ水が本で崩れるし、高さ百尺もの大きな家も、わずかな煙突のすきまからの飛び火が本で焼けてしまう。些細な事にこだわらず、小さな害を重んぜず、細かいところに隠れる災いを取り除かないと、大きな禍を招くことになってしまう。

　これはことわざ「千丈之堤、潰於蟻穴（「千丈の堤も螻蟻の穴を以て潰いゆ）」」の由来である。韓非子はそこから「慎易以避難、敬細以遠大者也（易を慎んで以て難を避け、細を敬んで以て大に遠ざかる者なり）」と結論を下した。

　すなわち、やさしいうちに用心をして難事から遠ざかり、小さなうちに用心をして大事から免れることである。成功と失敗は細部にかかっている。細かいところに拘ってこそ、成功や輝しい成果を収めることができる。

物に甘苦有り、之を嘗むる者識す。道に夷険有り、之を履く者知る。

――『省部級主要指導者の第十八回三中全会精神の学習、貫徹・全面的に改革を深化させる特別テーマ研究討論クラスにおける談話』などの文中で引用

解読

我々の歩む道と、我が国の制度に対して、習近平氏は絶えず「自信を持て」と強調している。確かに中国は世界第二の経済体となり、13億人の社会福祉を保障している。こうした経済社会発展の達成は、国際的にも評価され、国家管理システム及び管理能力も多くの人々に評価されるようになってきた。

しかし、「中国脅威論」「中国崩壊論」などの声も絶えない。「靴が足に合うか否か、自分で履いてみたらわかる」ように、我が国の国家管理システムも管理能力も一つ一つの試行錯誤から模索してきたもので、中国に適切かどうかよくわかっているつもりである。

30年余り、社会経済の発展を推進することにおいても、突然襲ってきた自然災害や様々な国際経済危機においても、中国はすべて乗り越えてきただけでなく、更なる発展も遂げている。

これは我が国の管理システム、管理能力が独特な優勢を持ち、我が国の情勢及び発展要求に十分適している証である。したがって、我々はさらに胸を張り、自信を持つべきである。

出典

蓋し聞く、物に甘苦有り、之を嘗むる者識す。道に夷険有り、之を履く者知る。是を以て宴安の日久しく

戎兵を詰めて、而して聴く者忽忽たり。老成人を喪ひて典形を語り、聞く者嗤嗤たり。

——〔明〕劉基『擬連珠』

解釈

『擬連珠』は明朝開国の功臣劉基が連珠（注：漢文の文体の名。真珠を連ねたような美文）を真似て作成したものであり、六十八首からなる。劉基の思想は孔子、孟子、荀子、墨子、及び易学、名学、法学、兵家、老荘道家などに起源する。ゆえに、彼は「会通百家、兼容儒道（百家に通じ、儒道二道を兼ねる）」の「一代文宗」と褒められたのである。

明末竟陵派の創始者である鐘惺は、「居身渉世之理、用賢治人之道、与夫陰陽禍福、盛衰治乱無不具備於六十八首、寝食其中、有無窮受用処、公真教敷一時、澤被千古者也（身を居きて世を渉る理、賢を用ひて人を治むる道、と夫の陰陽禍福、盛衰治乱は、六十八首に具備せざるは無し。其の中寝食し、無窮なる受用する処り。公の真なる教は一時敷きて、千古の者に澤さるなり）」と評した。

『擬連珠』の「無窮受用所」は、すなわち実学や実効を重視し、実践的工夫を強調することである。「名実之辯」の問題に関して、劉基は「形」及び「実」によって「声」及び「名」を証明することを主張する。

彼の主な観点は、「観形於声、未必見形。求実於名、未必得実（声より形を観れば、未だ必ず形を見ず。名より実を求むれば、未だ必ず実を得ず）」ということである。

「声」及び「名」など一般的な描写言語と理論に反対し、「形」及び「実」から事物の本質を認識することを主張する。そのため、彼は「物有甘苦、嘗之者識。道有夷険、履之者知（物に甘苦有り、之を嘗むる者識す。道に夷険有り、之を履く者知る）」を持ち出す。すなわち、どのような事にも甘いところと苦しいところがあり、試してみないと分からない。

世の中の道には平坦なものと凸凹のものとがあり、自分で歩いてみないと分からない。これは毛沢東が言った「梨の実の味が知りたいのなら、自分で食べてみなければならない」と同じく、「実践出真知（実践から真の知識が生まれる）」という道理を述べている。

耳これを聞くは、目これを見るに如かず。

――『全国組織工作会議における重要談話』などの文中で引用

解読

いかにして良き幹部になれるか。自分の教養を高め、勉強に励む以外、実践を強化すべきと習近平氏は指摘している。知識と経験はワシの両翼のようであり、様々なことを経験してこそ、より高く、遠く飛翔できる。

周囲の環境が厳しく、難関が多い場所ほど、鍛えられる。幹部らは基層に入り、実際に入り、群衆に入ってこそ、改革開放の主戦場で、第一線の安定を維持し、自己の本領を高め、自己の価値を実現できるのである。

重任に堪える幹部は、困難で複雑な第一線ほど、鍛えられる。様々な環境で鍛え、絶えず勉強し、自分を充実させ、能力も見識も高まった時、本当の幹部になったといえる。この第一線で鍛えられた幹部こそ、真に信頼できるのである。

出典

魏の文侯、西門豹をして往いて鄴を治めしめ、これに告げて曰く、必ず功を全うし名を成し義を布けと。豹曰く、敢えて問ふ、功を全うし名を成し義を布かんには、これをなさんこと奈何と。文侯曰く、子往け。これ邑として賢豪辯博の者あらずといふこと無く、邑として好んで人の悪を揚げて人の善を蔽ふ者あらざるは無し。それ耳これを聞くは、目これを見るに如かず、目これを見るは、足これを践むに如かず、足これを践むは、手これを弁ふるに如かず。人始めて官に入るは、晦室に入るがごとし、久しうして愈々明なり。明なれば乃ち治り、治れば乃行はると。

——〔西漢〕劉向『説苑・政理』

解釈

前漢の経学家劉向が撰した『説苑』は元来二十巻からなるが、その後だいぶ散逸し、五巻しか残らなかった。後に北宋曾鞏の網羅によって、再び二十巻が揃った。「政理」はその第七巻となる。

『説苑・政理』は古代賢人の為政の道理を述べたものである。上述の物語では、魏の文侯は西門豹を長官として鄴の邑に行かせ統治させようとし、出発する前に彼に「全功、成名、布義（功を全うし名を成し義を布け）」と告げた。西門豹は、功を全うし名を成し義をしくには、どのようにしたらよろしいでしょうか、と尋ねた。

文侯は答えて、「夫耳聞之不如目見之、目見之不如足践之、足践之不如手辯之（それ耳これを聞くは、目これを見るに如かず、目これを見るは、足これを践むに如かず、足これを践むは、手これを弁ふるに如かず）」といった。すなわち、耳で聞くよりは、目で見る方が確実であり、目で見るよりは、自分の足でその場に行って確かめる方が確実である。足でその場に行くよりは、手でこれを弁別する方がより確実であると。

『史記・滑稽列伝』によれば、西門豹は鄴の邑に到着した後、即座に調査研究に取り組み、「会長老、問之民所疾苦（長老に会い、民の所の疾苦を之に問い）」、迅速に当地の「河伯娶婦（河伯の嫁取り）」という迷信と習俗を打破した。また民衆を総動員して、十二の「渠（水路）」を掘り開き、「名聞天下、澤流後世（名が天下に聞こえ、澤が後世に流れる）」。

上に在る者、虚言受けず、浮術聴かず、華名採らず、偽事興さず。

――『之江新語・偽の事を興さず実務を興す』などの文中で引用

■解読

政治の世界で、着実に実践することは重要である。昔から今まですべてのことは実において成功し、虚においで失敗している。着実に実践することは世間の一切の夢を実現するための重要な要素である。

戦国時代の趙括氏は机上の空論で、40万の兵士を死なせた。盛唐三朝の宰相である姚崇は、最期に自分の官僚人生を振り返り、「着実に仕事をする」という言葉で自らの一生をまとめた。南北朝時代の南朝の貴族たちは淡泊精神を推奨し、衒学に夢中になり、着実に仕事をやらないことで、南朝は中央を失って、一隅に百年以上に甘んじていた。着実にやることは共産党人政治の基本である。

■出典

「やらないと、マルクス主義にならない」のである。机上の空論、または形式主義のみ追求し、実際にやらなければ、政策方針の意味がなくなる。

習近平氏は以前より「空言を話せば国事を誤り、実務をこなせば国事を起こす」という言葉を高く評価し、八項規定や「反四風」から、自ら身を投じた群集路線教育実践活動に至るまで、その攻撃の矛先はどれも「空言」、「偽の事」に向けられた。「国民のために、私欲がなく、仕事を着実にやる」仕事ぶりを提唱し、「牡丹の花は綺麗だが、鑑賞される以外の価値はない。棗の花は小さいが、実るのである」は政治家の新境地である。

上に在る者、虚言を受けず、浮術を聴かず、華名を採らず、偽事を興さず。言必ず用有り、術必ず典有り、名必ず実有り、事必ず功有る。

——〔東漢〕荀悦『申鑑・俗嫌』

解釈

『申鑑』は東漢末年の思想家荀悦の政治・哲学論著である。『後漢書』本伝によれば、荀悦は漢献帝を補佐することを志していたが、曹操が政権を握ったため、「謀無所用、乃作『申鑑』（謀は用する所無し、乃ち『申鑑』を作る）」。

すなわち、歴史の経験と教訓を重ねて表明し、皇帝がそれらを戒めとして参考にすることができるとした。『申鑑』は『政体』『時事』『俗嫌』『雑言上』『雑言下』の五篇からなる。中の『俗嫌』は、主に世俗に盛んに行われていた卜筮や禁忌、祈請、神仙方術、讖緯などの迷信を批判するものである。

「不受虚言、不聴浮術、不採華名、不興偽事（虚言受けず、浮術聴かず、華名採らず、偽事興さず）」は、「在上者（上にある者）」即ち支配者への忠告である。つまり、虚妄の言論を受け入れず、上っ調子な技芸を信じず、見かけ倒しの名称を採用せず、詐欺的な事業を興さない。

作者は簡潔明瞭な言葉を使い、四つの否定的な副詞と動詞を併用することで整然とした排比（注：修辞法の一つ。構造の似た節・文を並列させて論旨を次第に深める方法）の文を組み合わせ、支配者の取るべき正しい立場をしっかりと説明している。

荀悦はさらに「言必有用、術必有典、名必有実、事必有功（言必ず用有り、術必ず典有り、名必ず実有り、事必ず功有る）」ということに言及する。

すなわち君主が国家を管理する時、話が必ず事実上の効果を発揮し、方法には必ず基準と法則があり、名声は必ず事実と一致し、仕事は必ず結果で証明されなければならない。これをもって、「虚言」や「浮術」「華名」「偽事」を絶つとした。

勧学篇

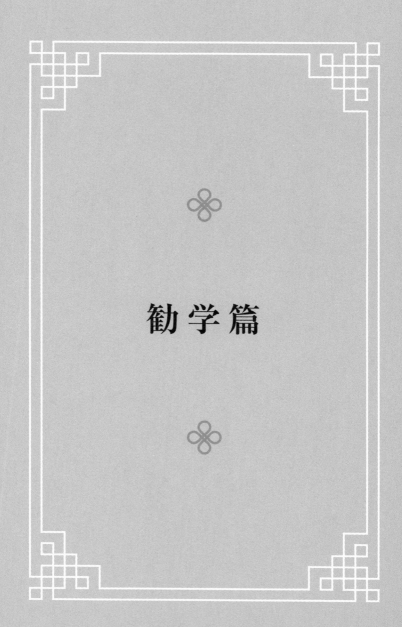

「学習は文明を受け継ぐ道であり、人生を成長させる梯子であり、政党を固める基礎であり、国家を繁栄させる要点である」と、習近平氏は、四つの異なるレベルから学習の重要性を強調し、学習を重視する理由を詳しく説明する。

学習は中国共産党員が困難に打ち勝てる宝物である。延安整風運動の「我々の学習を改革せよ」から、政権を握った当初の「知らない事は学ぶべき」まで、また改革開放後の「学習制度を真剣に打ち立てよう」から、新世紀の「全党的に学習を行おう」まで、重大な転換期ごとに、わが党は新たな形勢・新たな任務を前にして、いつも全党員に学習を強化するよう呼びかけている。毎回のこのような学習ブームは、党と人民の事業を推進しその発展と進歩の実現を可能にしている。

「人類が作り出した全ての富を知ることによって頭を豊かにしてこそ、共産主義者になることができる」。

読書と学習も、指導者が党員としての自覚と修養を強化し、理想と信念を固め、モラルを向上させるための大切な手段である。我が国は、昔から読書して身を修め、政治に従事して徳を立てるということを重んじてきた。

伝統文化の中で、読書・修身・立徳は立身出世の根本であるだけでなく、政治に従事することの基礎でもある。習近平氏は次のように指摘した。現代政治・文明の中で、「指導者の人格の力は、指導者の仕事にとってますます重要となった。人格の力を形成する重要な道は読書と学習である」と。

世情や国情・党情の深刻な変化、及び改革と発展の困難さ・複雑さに直面して、我々にとって学習はさらに重要である。習近平氏はかつて一部の指導者の「能力の危機」を、「新しい方法は使い方が分からず、いつもの方法は役に立たず、強硬な方法は恐くて使えず、柔和な方法は使うに足りない」と描出した。学習を好きになってこそ進歩できる。学習と実践を絶えず繰り返してこそ、「二つの百年」の奮闘目標、及び中華民族の偉大な復興という「中国の夢」を実現することができる。

吾が生や涯有りて、知や涯無し。涯有るを以て涯無きに随へば、殆きのみ。

——『着実に仕事　前列に進む・浙江省の党委員会弁公庁システム総括表彰大会における重要談話』などの文中で引用

■解読

習近平氏は、国連教育科学機関（ユネスコ）のエドガール・フォール氏の「未来の無学の人は文字が分からない人ではなく、どういう風に学習すればいいかを習得していない人である」という予言を引用し、学習の重要性を説明している。膨大な知識を絶えず勉強してこそ、エネルギーを持続的に放つことができる。習近平氏から見れば、学習することは指導者の仕事に堪えることとの必須条件であり、学習型政党及び学習型社会建設を推進することとの差し迫った要請でもある。

それと同時に、習近平氏は人間の能力には限界があると指摘し、幹部らは以下の三つの方面の本を熟読すべきと提唱している。

第一、当代中国マルクス主義理論に関する著作。第二、指導者をよりよく務めるために必要な知識に関する様々な書籍。第三、古今中外の優秀な伝統文化に関する書物。このようにすればこそ、豊富な理論要素や知識の精髄を吸収でき、高尚な人格を作り上げられるのである。

■出典

吾が生や涯有りて、知や涯無し。涯有るを以て涯無きに随へば、殆きのみ。已にして知を為す者は、殆きのみ。善を為すも名に近づく無く、悪を為すも刑に近づく無く、督に縁るを以て経と為せば、以て身を保つ可く、以て生を全うす可く、以て親を養ふ可く、以て年を尽くす可し。

——〔戦国〕荘子『荘子・養生主』

■解釈

「吾生也有涯、而知也無涯（吾が生や涯有りて、知や涯無し）」は『庄子・養生主』の冒頭の一句である。涯は限界の意味である。すなわち、人間の一生は有限であるのに、知るべきことは無限に多い。有限な人生にその無限な知識を追い求めれば、精も魂も尽き果てる。

儒者の孔子がいう「朝聞道、夕死可矣（朝に道を聞かば、夕に死すとも可なり）」のような向上心と比べれば、庄子の思想には確かに消極的な一面もある。これに対して、弁証法的な分析を加える必要がある。

『庄子・養生主』は養生の道を論じる文章である。「養生主」は養生の要領を意味する。庄子の養生論はさておき、「吾生也有涯、而知也無涯」を切り取ってみれば、そこには積極的な意義がみられる。

つまり、人生は有限であるのに、人間の知るべきことは限りなく多い。広漠たる知識の海を前にして、「歳月人を待たず」という緊迫感を持たなければならない。時間を無駄にしないでしっかり勉強し、できるかぎり多くの知識を吸収して自分の人生を充実させるべきである。

腹に詩書有りて気自から華なり。

——『指導者幹部らは読書好きで、良書を読み、読書の要領をわきまえるべき——中国共産党中央学校2009年春学期第二回研修会並びにシンポジウム入学式典における重要談話』などの文中で引用

■解読

中華文明は世界で唯一中断されていない文明であり、そこには人として身を持し、事に当たり、国を治める知恵が含まれている。中華文明の知恵の光は歴史を貫き、思想価値は時空を越え、中華民族が永遠に離れられない精神的な園である。習近平氏は中国の優秀な伝統文化の豊富な哲学思想、人文精神、教化思想、道徳理念等は、世界の認識やその改造、治国、道徳建設などに有益な啓発を提供することができると指摘する。

習氏は「優秀な伝統文化の書籍を読むならば、質の高い書籍読むべき」と度々指摘し、指導者幹部らは優秀な伝統文化の薫陶や洗礼を積極的に受けなければならないと強調している。酒宴の時間を書籍に注ぐべきであり、歴史の書籍を読むことで成敗や是非を学び、文学経典を読むことで情操を陶冶し、哲学経典を読むことで思考能力を鍛え、論理経典を読むことで恥を知り、善悪を弁別できる。

以上のように、優秀な伝統文化典籍を読むことを通じて、教養と精神世界を高める。

■出典

粗き繒大き布生涯を裹ひて、腹に詩書有りて気が自ら華かなり。

老儒に伴ひて瓠葉を烹ることを厭ひて、強ひて挙子

に随ひて槐花を踏む。
囊が空きて辨めず春馬を尋ねて、眼が乱れて行きて択婿車を看る。
得意として猶ほ世俗を誇ることに堪ふるがごとし、詔黄くて新しく湿りて字鴉の如し。
——〔北宋〕蘇軾『和董伝留別』

解釈

『和董伝留別』は蘇軾が鳳翔府を離れる時、新科の進士である董伝に書いた留別詩である。蘇軾は鳳翔府で判官に赴任した時、董伝との個人的交際は大変厚かった。董伝は暮らしは貧しかったが、詩書をたくさん読み豊富な経綸を持っており、その素朴な衣服は彼の積極的精神を覆い隠せなかった。

ゆえに、蘇軾は「腹有詩書気自華（腹に詩書有りて気自から華なり）」と彼を賞賛した。

「腹有詩書気自華」は伝世の名句である。「自」という字は、高雅な風格が読書に由来することを強調する。「気」は、読書がもたらした上品な風格だけではなく、不遇な環境におかれた時に見せた豁達な態度を指す。

読書は、知識を増やすだけでなく、さらに人間の精神的な境地を上げて風格を高めることもできる。曾国藩は息子の曾紀沢にこう言ったことがある。

「人之気質、由於天生、本難改変、惟読書則可能変化気質（人の気質、天生に由りて、本より改めて変はることは難し、惟だ書を読めば則ち能く気質を変化すべし）」と。

一方、北宋の詩人黄庭堅は反対の面から、「人不読書、則塵俗生其間、照鏡則面目可憎、対人則言語無味（人書を読まざれば、則ち塵俗其の間生ず、鏡に照れば則ち面目憎むべき、人に対へれば則ち言語味無し）」と論じた。

そして、イギリスの哲学者フランシス・ベーコンは、読書と人の性格や風格の関係についてこのように述べた。

「歴史は人間を賢明にし、詩は多才あるものにし、数学は鋭敏にし、自然哲学は深遠にし、倫理学は重厚ならしめ、論理学と修辞学は議論に秀でさせる。学んだすべてのものは性格を作り上げる」と。

昨夜西風碧樹を凋す。独り高楼に上り、天涯の路を望み尽くす。衣帯漸く寛きも終に悔いず、伊のため人の憔悴するに消得せん。衆里他を尋ぬること千百度、驀然して頭を回らせれば、那の人は却って燈火の闌珊たる処に。

――『全国宣伝思想工作会議における談話』などの文中で引用

解読

習近平氏は、指導者幹部らは読書も、学習もこのような三種の境界に努めるべきであるとする。まずは、「天涯の道を望む」のような志が高い追求があり、「昨夜の西風は碧樹の葉を落とし」と「ひとり高楼に登る」のような寂しさに耐えなければならない。次に、勤勉に努力し、「衣の帯は日に日に緩くなっていく」としても後悔せず、「憔悴してしまう」ようになっても、喜んで甘んじる。そして、独自に思考することを堅持し、学習と実践において、「百回、千回と彼を探し」、最終的に「ふと振り返ると」、「消えそうな薄明りの灯のそば」で真理を悟る。

この三種の境地は、読書は明確な目標を立てるだけでなく、いつまでも変わらない意志を持ち、学習の効率と質を高めなければならないと我々に啓発している。習近平氏は読書と思考の統一を堅持し、読書と運用を結びつけ、諦めずに頑張り通すという三点の経験談をまとめている。

出典

古今の大なる事業や大なる学問を成就した者は、必ず三種の境地を経過している。「昨夜西風碧樹を凋す。

独り高楼に上り、天涯の路を望み尽くす」、此れは第一の境地である。「衣帯漸く寛きも終に悔いず、伊のため人の憔悴するに消得せん」、此れは第二の境地である。「衆里他を尋ぬること千百度、驀然して頭を回らせれば、那の人は却って燈火の闌珊たる処に」、此れは第三の境地である。

——王国維『人間詞話』

解釈

『人間詞話』は、近代の著名な学者王国維の文学批評の著作である。彼の「人生三境地」説は、歴史上の成功者の経験をまとめたものである。

成功には共通する内的な論理がある。王国維は、この論理は宋代の詞人晏殊、柳永、辛棄疾の詞から体現することができると考える。第一の境地「昨夜西風凋碧樹。独上高楼、望尽天涯路（昨夜西風碧樹を凋す。独り高楼に上り、天涯の路を望み尽くす）」は、晏殊の『鵲踏枝・檻菊愁煙蘭泣露』に拠る。

高みに登って遠くを眺めると、目に入るのは粛殺たる秋景ばかりである。西風に黄葉、山が高く水が長いので、尺牘はどのように届くか。

王国維はこの一句をこう解読する。すなわち、学問を修め大事業を成就する者は、まず執念深い追求を持たなければならない。高みに登って遠くを眺め、上から道を俯瞰して、目標と方向を明らかにする。

第二の境地「衣帯漸寛終不悔、為伊消得人憔悴（衣帯漸く寛きも終に悔いず、伊のため人の憔悴するに消得せん）」は、柳永の『鳳棲梧・佇倚危楼風細細』に拠る。毅然とした性格とものに拘る態度について概括している。数多くの困難に直面しても、執念深く追い求め、我を忘れて奮闘する。

第三の境地「衆里尋他千百度、驀然回首、那人却在燈火闌珊処（衆里に他を尋ぬること千百度、驀然して頭を回らせれば、那の人は却って燈火の闌珊たる処に）」は、辛棄疾の『青玉案・元夕』に拠る。

人は何度かの紆余曲折を経、何年もの間試練を受けた後、日を追って成熟し、豁然として悟り、ついに最後の成功を収めることができる。

学びて思わざれば則ち罔し、思いて学ばざれば則ち殆し。

――『指導者幹部らは読書好きで、良書を読み、読書の要領をわきまえるべき――中国共産党中央学校２００９年春学期第二回研修会並びにシンポジウム入学式典における談話』などの文中で引用

■解読

習近平氏は、学習における思考の役割を非常に重視し、「善読書」の最も重要な表れと見ている。思考は読書の深化であり、認知の必然であり、書籍の内容を生かす鍵でもある。

自分の思考がなく、簡単に書籍をめくるだけで、受動的に読書していては、いくらすばらしい知識だとしても吸収できない。特に指導者幹部たちは深く思考してこそ、散らばっている知識を整理でき、浅い考えを深化させ、知識を改革発展の実勢に応用できるのである。

ここ50年近くの間に人類が創造した知識は過去３０００年より遥かに多い。幾何学的な速度で増加する知識に対して、いかに勉強するのかが切実な問題になっている。学ぶことと考えることが相まってこそ、書籍に記載されている知識と実践を結びつけられ、教条主義と書物主義を防ぐことができるのである。

現実では、学習も思考もせず、自己成長と仕事を両方怠けている現象に対して、習近平氏は「指導者幹部たちは、思考しない学習、学習しない思考という二つの現象を防がなければならない」と指摘している。

■出典

子曰く、学びて思わざれば則ち罔し、思いて学ばざ

れば則ち殆し。

――〔春秋〕孔子『論語・為政』

■解釈

「学而不思則罔、思而不学則殆（学びて思わざれば則ち罔し、思いて学ばざれば則ち殆し）」は、学習と思考の関係を詳しく説明している。罔：罔然。すなわち、学んでも自分で考えなければ、身につくことはなく罔然としている。自分で考えても学ばなければ、何も得られず精神的に疲れてしまう。

孔子はここで学習と思考とを結ぶ勉強法を提唱し、学習と思考を結んでこそ本当の知識を獲得することができると考える。

孔子本人は学習と思考を結びつける模範である。司馬遷『史記・孔子世家』によれば、孔子は十日間休まずに師の襄子に琴を学んだ。

師襄子曰く「新しい曲を奏でるべし」と。孔子曰く「この曲を習っていますが、未だその技術を得られません」と。しばらくして師襄子曰く「すでにその技術を身につけたので、新しい曲を奏でるべし」と。孔子曰く「わたしは未だその心を得ていません」と。しばらくして師襄子が再び勧めて「すでにその心を習ったので、新しい曲を奏でるべし」と。孔子曰く「まだ作者の人柄を得ていません」と。しばらくして孔子の表情は厳粛になり、時に重々しく穆然（静かに考える）とし、思いを巡らし、時に怡然として高望し、深遠なる志意は、新しい境地に達したことを彷彿させるようである。

孔子曰く「彼（作者）が誰か分かりました。皮膚が黒く、背が高く、眼光が明亮遠大にして、四方の諸侯を統治する王者にも似ています。周の文王でなければ誰がこの曲を撰作し得ましょうか」と。

師の襄子は、これを聴いてびっくりした。孔子にお辞儀をして、「そのとおりだ。私の先生もこの曲名が『文王操』だと言った」と。

孔子が琴を稽古する物語は、そのような日々学んだり考えたりして学習と思考を共に重んじるという学問の態度を著され顕わしたとも言える。

之れを知る者は之れを好む者に如かず、之れを好む者は之を楽しむ者に如かず。

――『中国共産党中央学校開校80周年祝賀大会並びに2013年春学期始業式における談話』などの文中で引用

解読

興味は学習の最も良い教師と言われている。「之を知る者は之を好む者に如かず、之を好む者は之を楽しむ者に如かず」というのはこのことである。

指導者幹部らは学習することを一種の追求、愛好、健康的なライフスタイルにし、学習を楽しむべきである。学習に対して濃厚な意欲が湧いてきた場合こそ、「学習させられる」ことを「自ら学習する」ことに、「一時学習する」ことを「一生学習する」に転化できる。

現実では学習したくない、忙しくて学習できない、功利心で深く学習しない人がたくさんいる。

極言すれば、これらは学習意欲の問題である。「陳望道という革命先行者は『共産党宣言』を翻訳するとき、墨汁を黒糖と誤って粽につけて食べ、母親に聞かれても、〝十分に甘い〟と答えたそうである」と習近平氏はかつて陳望道の小話を引用した。この甘さは信仰の味であり、自分自身を知識の世界に放り込み、それを楽しんでいる味でもある。指導者幹部らは勉強する際は、こういった楽しむ精神が必要である。

出典

子曰く、之れを知る者は之れを好む者に如かず。之れを好む者は之を楽しむ者に如かず。

――〔春秋〕孔子『論語・雍也』

■解釈

この文は、知る人より好む人がまさり、好む人より楽しむ人がまさる、ということを述べる。

孔子はここで学習の三つの境地、知る・好む・楽しむを述べている。

「知る」という学習の境地は比較的低い境地であり、「学ばされる」に該当する。「好む」という境地はわりと高い境地であり、「学びたい」に当たる。「楽しむ」は最も高い境地であり、「学ぶことが好きだ」に該当する。

人は、同じ環境においてもその学習効果はそれぞれに皆常に異なっている。それぞれ素質が違うという原因もあげられるが、最も重要なのは学習態度である。

学習に興味を持つならば、受動的に学ぶことを能動的に学ぶことに変え、学習を楽しいことにすることができる。楽しく学べば、学習の効率を上げると同時に、知識への理解も深めることができる。こうして学んだ知識は、心に深く刻みつけて活用することができるだろう。

学習に関して、孔子もまた「敏而好学、不恥下問（敏にして学を好み、下問を恥じず）」と言った。学生が勤勉に勉学を好み、自分より学問や地位が低い人にも喜んで教えを請うことを励ました。こうしてみれば、「学を好むこと」や「学を楽しむこと」は孔子が終始強調した学習の要素であろう。

文変は世情に染まり、興廃は時序に繋ることを知る。

――『文芸活動座談会における談話』などの文中で引用

■解読

学術界には「建安風骨」「盛唐気象」という言い方がある。それは文芸作品がその時代の象徴になっていることを説明している。古今中外、国運の変化を感じる作品、時代の流れについていける作品、時代の先端を行く作品こそ、次世代に伝わっていく。

文芸座談会において習近平氏は、『文心彫龍』のこの言葉で、文芸作品はいかにして国民の声を反映し、時代の前進を引導するかという問題を厳しく提出している。今日の中国は益々「偉大」になっている。そのため文芸工作者に対して美徳を高揚し、時代精神を反映する要望が高まっている。「精神の旗を揚げ、精神の柱を立て、精神の園を建て」、時代精神の「先知者、先行者」となること、それが文芸工作者が担うべき責任と使命である。

更なる道徳心があり、人を温める作品を創作できなければ、この偉大なる時代に、偉大なる民族に恥じることになるのではなかろうか。

■出典

中期の玄を貴びしより、江左は盛なりと称せられ、談の餘気に因り、流れて文体と成る。是を以て、世は迍邅を極めしも

辞意は夷泰なり。詩は必ず柱下の旨帰にして、賦は乃ち漆園の義疏なり。故に文変は世情に染まり、興廃は時序に繋ることを知る。始を原ねて以て終を要むれ

ば、百世と雖も知る可きなり。

――〔南朝・梁〕劉勰『文心雕龍・時序』

解釈

『文心雕龍』は中国古代の文学理論の専著である。前代の文学現象を比較的全面的にまとめ、文学における重要な問題を論述する。その中、文学の発展と時代の変遷の関係について、「文変染乎世情、興廃繫乎時序（文変は世情に染まり、興廃は時序に繫ることを知る）」という著名な論断を下す。

劉勰は文学が政治の盛衰によって移り変わると考えていた。例えば、唐堯の時代に教化が普及したので、百姓は『撃壌歌』を作り、子供たちは『唐衢謡』を歌った。虞舜の時代に、政治が明朗で百姓も平安であったので、舜は『南風』を歌い、群臣も彼とともに『卿雲歌』を歌った。

成湯の聖哲が英明であったからこそ、『詩経・商頌・那』の中の賛辞が出現する。周文王は恩徳の隆盛を極めたので、『周南』のような当時の民謡は、人々が勤勉で恨み言を言わない精神を反映した。しかし、周厲王や周幽王の時期には政治が極めて暗く、『詩経・大雅』の中に『板』『蕩』のような怒りが溢れる詩が現れる。平王が東遷した後、周室は衰微したので、亡国の悲しみを歌う『王風・黍離』が出現する。これはいわゆる「時運交移、質文代変（時運が交移し、質文が代に変わる）」であり、つまり文学作品の風潮こそ政治の生き生きとした表われである。

跬歩を積まざれば、以て千里に至ること無く、小流を積まざれば、以て江海を成すこと無し。

――『指導者幹部らは読書好きで、良書を読み、読書の要領をわきまえるべき――中国共産党中央学校2009年春学期第二回研修会並びにシンポジウム入学式典における談話』などの文中で引用

■解読

粘り強く、根気よく続けることは学びにおいて持つべき態度であり、人として身を持し、事に当たるには必要な資質でもある。読書するのは長期的なことで、苦労しなければならないことである。

浮ついた気持ちで、ちょっと試すだけに止まるのではなく、簡単なものから難しいものへ、順序を追って前進するべきである。ある研究では、毎日三時間読書して、三年後にはその分野の専門家になった事例を習近平氏は引用し、読書を続ける習慣の重要性を強調している。

第一に、時間を作ることであり、細かい時間を上手に利用し、毎日一定の時間を作ることに努力する。第二に、深く研究することである。本を百回読めば、意味が分かるように、深く研究することは非常に重要である。第三に、粘り強く続けることである。学習においても、仕事においても、最も大切なのは生涯続けることである。人生のどんな段階においても、根気よく続けることは成功に通じるのである。

■出典

積土山を成して風雨興り、積水淵を成して蛟龍生じ、積善徳を成さば而ち神明自得し、聖心備はる。故に跬歩を積まざれば、以て千里に至ること無く、小流を積

まざれば、以て江海を成すこと無し。騏驥も一躍にしては十歩なること能はず、駑馬も十駕すれば則ち亦之に及ぶべし、功は舎かざるに在り。鍥みかけて之を舎けば朽木も折れず。鍥みかけて舎かざれば金石も鏤る可し。

——〔戦国〕荀子『荀子・勧学』

解釈

この言葉は比喩表現で論点を導き出している。つまり、「積土成山、風雨興焉。積水成淵、蛟龍生焉。積善成徳、而神明自得、聖心備焉（積土山を成して風雨興り、積水淵を成して蛟龍生じ、積善徳を成さば而ち神明自得し、聖心備はる）」という文で、学習の積み重ねの大切さを説明する。

荀子は「天生聖人」を認めず、努力して学べば、「積善成徳（善が積み重なって立派な徳ができあがる）」、聖人の境地に達することができると考える。彼はさらに「故不積跬歩、無以至千里。不積小流、無以成江海。（故に跬歩を積まざれば、以て千里に至ること無く、小流を積まざれば、以て江海を成すこと無し）」と詳しく述べる。

古代では一跨ぎを跬とし、左右の足で歩いて一歩とする。「跬歩」は短い距離を形容する。すなわち、一歩一歩を積み重ねなければ、千里の道を行くことができず、小さな水の流れをたくさん集めなければ、大きな川や海にはならない。これは反喩表現で積み重ねの大切さを説明するものである。両方の比喩によって、学習の積み重ねの道理が明らかになる。

どれほど長い道でも、一歩ずつ歩いていけば必ず目的地へたどり着く。どれほど短い道でも、一跨ぎもしないのではたどり着けない。

人々は常に事業に成功する人に敬服して羨ましく感じる。しかしどのように彼らのような成果を達成するか。「千里之行、始於足下（千里の行も足下に始まる）」とあるように、手近なところから積み重ねてこそ、量の変化から質の変化へと転化し、自らの目標に達することができる。

少年辛苦して終身事へて、光陰向きて寸功を惰ること莫かれ。

――『年少時から社会主義核心価値観を積極的に育成し実行――北京市海淀区民族小学校座談会における重要談話』などの文中で引用

解読

習近平氏は民族小学校を視察した際、この古詩を引用して、「小さい時から、身近な小さい事から、良い道徳を養っていこう」と子どもたちに指導した。

「寸功」は極めて小さいが、「終身の事」は極めて大きい。しかし、この「極めて大きい」ことは「極めて小さい」ことの日々の積み重ねの結果である。

また、習近平氏は北京大学での座談会において、青年学生に「人生のボタンは最初から正しく掛けなければならない」と励ましている。最初のボダンを掛け間違えれば、残りのすべてボダンが間違えることになる。

「少壮にして努力せずんば、老大にして徒傷悲せん」、

少年児童は成人のように社会に大いに貢献できないが、小さい事から努力はできる。

祖国を愛しているか?集団を愛しているか?勉強に頑張っているか?同級生たちに気を配っているか?先生たちを尊敬しているか?家で親孝行をしているか?社会のマナーをきちんと守っているか?良い人と良いことに敬服しているか?悪い人と悪いことを嫌悪しているか?毎日こういうことを自分に聞くことによって、実践を促すことが期待できる。日々の積み重ねで、良い思想、良い道徳が身につけられるのである。

出典

何事窮みに居て道窮まらず、乱れたる時また静なる時と同じなり。
家の山は干戈の地に在りと雖も、弟姪常に礼楽の風を修む。
窓竹の影は書案の上に揺れて、野泉の声は硯池の中に入る。
少年辛苦して終身事へて、光陰向きて寸功を惰ること莫かれ。

——〔唐〕杜荀鶴『題弟姪住書堂』

▒解釈

この題壁詩は晩唐の詩人杜荀鶴が作成したものである。

「何事居窮道不窮、乱時還与静時同（何事窮みに居て道窮まらず、乱れたる時また静なる時と同じなり）」つまり、激動する時局に面して、切羽詰まった境遇に置かれても、礼道を謹んで守り勤勉に勉強することができる。

二つの「窮」は意味が違っている。「居窮」の「窮」は「困窮」を、「道不窮」の「窮」は「窮める」を意味する。「家山雖在干戈地、弟侄常修礼楽風（家の山は干戈の地に在りと雖も、弟姪常に礼楽の風を修む）」の二句は対比関係にある。「干戈」は戦争のたとえであり、「礼楽」は儒家が遵奉する道徳規範を指す。すなわち、故郷は戦場と化したが、弟侄は学問に精を出しながら、身を修めて徳を養っていた。

「窓竹影揺書案上、野泉声入硯池中（窓竹の影は書案の上に揺れて、野泉の声は硯池の中に入る）」という句は、景色を描くことによって、弟侄が机に向かって本を読んだり文章を書いたりする姿を再現する。「少年辛苦終身事、莫向光陰惰寸功（少年辛苦して終身事へて、光陰向きて寸功を惰ること莫かれ）」は、弟侄への励ましであり、お年寄りが語った人生の教訓でもある。

すなわち、若い頃に努力すれば必ず一生恵まれる。歳月がたつのは速いので、怠けて無駄に過ごしてはならない。

この詩は、深い意味と真摯な感情を順を追って上手に教え導いており、その言葉は懇ろで重みがあり心がこもっている。

独学にして友無ければ、則ち孤陋にして聞くこと寡し。

――『孔子生誕2565周年記念国際学術シンポジウム並びに国際儒学連合会第五回会員大会開幕式における談話』などの文中で引用

解読

古今中外、学問を修めて大人物になったのは、学友とのつながりを大事にする人が多い。宋の時代の文学者範仲淹氏は詩を書く場合、よく名士を招き、蚊帳が灯の煙に真っ黒に染まるほど、ともに新作を吟味した。

孔子も「三人行けば必ずわが師有り。その善なる者を択びてこれに従ひ、その不善なる者はこれを改む」と言い、学習する際、お互いに意見を交流することの重要性を強調している。個人のみならず、国家にとっても、民族にとっても、文化にとっても、同様である。習近平氏は何度もこの古語を引用し、交流と学習の重要性を強調している。例えば、共産党学校において、学生たちは様々な地域、部門、分野から集まり、個人によって知識の累積、経験の構成、個人経歴、政治見識なども異なり、互いに交流学習の良い環境が成り立っている。また、世界文明に言及する際、「文明は交流によって多彩になり、文明は参考によって豊富になる」と指摘している。

ギリシャ文明からエジプト文明、メソポタミア文明まで、アジア文明やアフリカ文明からアメリカ文明まで、中国は学習する態度で、他文明の長所により自分の短所を補い、時空を跨ぎ、国土を超え、魅力に富み、現代価値を持った優秀文化を発揚しなければならない。

出典

発して然る後に禁ずれば、則ち扞格して勝へず。時過ぎて然る後に学べば、則ち勤苦して成り難し。雑へ施して孫はざれば、則ち壊乱して修まらず。独学にして友無ければ、則ち孤陋にして聞くこと寡し。朋に燕るれば其の師に逆らひ、辟に燕るれば其の学を廃す。此の六者は教への由りて廃する所なり。

――〔春秋至秦漢〕『礼記・学記』

解釈

『学記』は中国初の教育や教学活動に関する論著であり、『礼記』の中の一篇である。

この文は「教之所由廃（教への由りて廃する所）」、つまり教学を廃止させる六つの原因を述べるものである。すなわち、問題が現れてからこれを禁止したのでは、教えても拒んではいり込むことができない（格：ぶつかり合い、しっくりいかない）。最適な学習時機を逃したのでは、どんなに学習に励んでも成功はおぼつかない。順を追って一歩一歩進めることなく雑然として教えるのでは、混乱して学業を修めることができない。

独学して切磋する友がいないならば、学識は狭くて見聞も少ない。朋友になれて尊敬しなくなれば、師の教えにたがうことになり、比喩を取り入れた師の説明を侮るならば、学業を廃したことになる（燕：なれて尊敬しなくなる。辟：比喩、つまり比喩を取り入れた教学方法）。

「独学而無友、則孤陋而寡聞（独学にして友無ければ、則ち孤陋にして聞くこと寡し）」。これは勉学の過程での交流による切磋琢磨や互いに恩恵を受け合うことの重要性を強調したものである。

成語「孤陋而寡聞」の起源である。一人で学び、外部との接触がないならば、門を閉ざして車を造るようなもので、外では通用しない。他者に学び、その真摯な忠告を取り入れて初めてより多くの知識を得、自らに足りないものを補うことができる。

学なる者は必ずしも仕ふるが為に非ざるも、而も仕ふる者は必ず学に如いてす。

――『共産党中央学校開校80周年祝賀大会並びに2013年春学期入学式における談話』などの文中で引用

■解読

明清時代の思想家黄宗羲氏は、「学則智、不学則愚：学則治、不学則乱。自古圣賢、盛徳大業、未有不由学而成者也」と指摘している。したがって、官僚になり、地方を治めるために、勉強がどれほど重要なことであるかが窺える。それゆえ、共産党第十八回代表大会において、学習型、服務型、創新型マルクス主義与党を建設するという重大任務が打ち出された。

幹部らにとっては、学習も能力も自分のことであるのみならず、共産党及び国家事業発展にかかわる一大事である。

習近平氏は「盲人が目が見えない馬に乗り、夜半に深い池に臨み」の俗語を引用して、学習しないと、方向を失い、危機に陥る可能性があると説明している。発展は一日千里、工作は日々複雑になり、科学性、予見性、積極性がなければ、良い結論が出せない。

積極的に学習しないことで、知識の欠乏により迷い、知識のないことにより盲目になり、無知により混乱する。積極的に学習しないことで能力不足、能力危機、能力の遅れにもなる。学習、ひたすら絶えず学習することより、仕事において新しい局面を打ち出し、主導権を握ることができるのである。

■出典

君子、進みては則ち能く上の誉れを益して、下の憂ひを損ず。能くせざるに之に居るは誣ふるなり。無益なるに厚く之を受くるは竊むなり。学なる者は必ずしも仕ふるが為に非ざるも、而も仕ふる者は必ず学に如いてす。

——〔戦国〕荀子『荀子・大略』

▩解釈

「学者非必為仕、而仕者必如学（学なる者は必ずしも仕ふるが為に非ざるも、而も仕ふる者は必ず学に如いてす）」は『荀子』の中の名句であり、原文の「如学」は現在「為学」になっている。この句は仕官と学習との関係を述べる。すなわち、読書人は必ずしも仕官のためのものではないが、仕官した以上必ず読書し続けなければならない。

『荀子』はここで三種の人間、君子・学者・官僚に言及する。学者は簡単に役人になれるが、しかし、学者であれ官僚であれ、君子の境地に達するのは決して容易くない。荀子は、君子が仕官すれば、自分の業績で君主の美点をいよいよ発展させて民衆の悩みを払拭することができると考える。

それができもしないのに、その地位を占めているのは欺瞞である。役に立たないのに高給を得ているのは盗んでいるのと同じである。

ゆえに仕官した者は学び続けて自分の能力を高め、国家や民衆のため、学んだことを実践すべきである。荀子はここで学習が仕官の基本であることを強調する。学び続けることは、官僚の「正心誠意（意を誠にして、心を正す）」と「修斉治平（身を修め、家を斉え、国を治め、天下を平らげる）」の修行法であるため、歴代官僚の名言となった。

紙上得来るは終に浅さを覚ゆ、絶えて知る此の事躬ずから行うを要すと。

――『指導者幹部らは読書好きで、良書を読み、読書の要領をわきまえるべき――中国共産党中央学校2009年春学期第二回研修会並びにシンポジウム入学式典における談話』などの文中で引用

解読

毛沢東氏は読書は勉強、実践も勉強、しかもより重要な勉強であると語った。読書学習は客観的には糟粕を取り除き、精華を取り入れる過程であり、実際の状況と結びつかなければならない。

習近平氏は常に実際に役立てるために学び、知っていることとやっていることが合致する重要性を強調している。習近平氏は漢時代の劉向氏の著作『説苑・政理』の「耳之を聞くは目之を見るに如かず、目之を見るは足之を践むに如かず」という言葉を引用し、同様の道理を語っている。

事業を成し遂げようとする者は、勉強と運用の結合を重視すべきであり、ひたすら勉強ばかりしていてはならない。

習近平氏は幹部の水準を判断する際、単純に勉強しているかどうかを見るのではなく、理論及び知識を応用して実際の問題を解決する能力はあるかどうかをより重要視しなければならないとしている。幹部らは知識応用力を高めるために、三つの面において努力すべきである。第一に、積極的に実践して、知識を能力に転化させる。第二に、理論と知識を応用して、客観世界を改造する。第三に、理論と知識を応用して、主観世界を改造することである。

出典

古人の学問力を遺す無く、少壮の工夫老いて始めて成る。

紙上得来るは終に浅きを覚ゆ、絶えて知る此の事躬ずから行うを要すと。

――〔南宋〕陸游『冬夜読書示子聿』

解釈

『冬夜読書示子聿』は、陸游が書いた八首連作の「教子詩（子に教訓を垂れる詩）」である。本詩は最も著名な第三首であり、宋寧宗慶元五年（１１９９年）の末に作成されたものである。子聿は陸游の末っ子である。陸游は詩の中で、息子に早く学問研究をしてたゆまず頑張るよう激励し、本に書いてある知識に満足してはならないと強調する。「要躬行（躬ずから行うを要すと）」、つまり実践の中で知識を学んだり活用したりしてこそ、成果をあげることができるとしている。

詩の冒頭の二句によれば、いにしえの人々は全力を傾けて学問をし、若いころの工夫や努力は、年老いて始めて完成するものである。「無遺力（力を遺す無く）」の三文字は、いにしえの人々のたゆまぬ努力の程度をまとめる。「紙上得来終覚浅、絶知此事要躬行」という最後の二句は詩眼である。紙：書物。絶知：細かく深く理解する。すなわち、書物から得ただけの知識は、それだけでは結局のところ浅薄であることを免れない。

物事を深く認識したければ自ら実践しなければならない。彼は書物知識と社会実践の関係に着眼し、実践の重要性を強調する。詩人が冬の夜本を読んでいるうちに浮かんだこの感想は、一生の最も大切な心得である。

詩人は「書物知識と実践経験を備えた人間こそ、本当の知識人である。読書する時「心到、眼到、口到」ということをするよう努め、一つ一つ日々の生活の中で実践し、知恵として生かさなければならない」と息子に告げたのである。詩人のこの見解は、知識を求める後の者に対しても貴重な経験になるだろう。

博く之を学び、審かに之を問ひ、慎みて之を思ひ、明らかに之を辨じ、篤く之を行ふ。

――『青年は自主的に社会主義核心価値観を実践すべき――北京大学教師及び学生座談会における談話』などの文中で引用

解読

この古語は学習の段階について述べている。

博学から篤行まで、この古語は学習の根拠であり、また学習の効果を実践に応用することも提唱している。習近平氏はこの言葉を引用して、思考、学習及び実践の問題を提出している。習氏はこの三点は相互補完的であり、知識と行動は合致すべきと指摘している。「知」は基礎で前提であり、「行」は重点で要である。「知」と「行」が互いに促し合うことで、合致できるのである。学習した知識を修身すること、実践すること、問題を解決することと結びつけなければ、学習は誤った道に入る可能性が高くなり、学習の真の目的に至らなくなる。毛沢東氏は学習の目的は応用であり、マルクス主義の「矢」で中国革命の「的」を射るべきであると指摘している。

鄧小平氏はマルクス主義・レーニン主義を勉強する際、主要の内容を勉強し、応用を目的とするべきと指摘している。学習型政党は実践型政党であり、学歴型政党、書籍政党ではない。学習するのみならず、学習する成果を仕事中に応用できれば、本当の学習の目的に達成したといえるのである。

出典

博く之を学び、審かに之を問ひ、慎みて之を思ひ、明らかに之を辨じ、篤く之を行ふ。学ばざること有り、之を学びて能くせざれば措かず。問はざること有り、之に問ひて知らざれば措かず。行はざること有り、之を行ひて篤からざれば措かず。人一たび之を能くすれば、己之を百たびす。人十たび之を能くすれば、己之を千たびす。果たして此の道を能くすれば、愚なりと雖も必ず明らかに、柔なりと雖も必ず強なり。

——〔春秋～秦漢〕『礼記・中庸』

▒解釈

「博学之、審問之、慎思之、明辨之、篤行之（博く之を学び、審かに之を問ひ、慎みて之を思ひ、明らかに之を辨じ、篤く之を行ふ）」は、『中庸』第二十章にある学問研究に関する名句である。中の五つの「之」は学問の対象——各種の知識を指す。すなわち、広く各種の知識を学び、師友に詳しく尋ね、慎重に思索し、是非をはっきり区別して、それから確実に実行に移すということである。

この言葉は、学問研究を緊密に繋がる五つの部分、或いは進む五つの段階に分ける。「博学」に関しては、まず広く各種の知識を網羅し、つまり「海納百川、有容乃大（海百川を納る、容るる有りて乃ち大なり）」ということを強調する。「審問」は二番目の段階であり、「審」は詳細で緻密であることを意味する。すなわち、知識を詳しく探求し、根堀り葉堀りさがし求める。その後、慎重に思索することで知識を消化しなければならない。

つまり「慎思」である。「明辨」は四番目の段階であり、学んだ知識を分別し、かすを捨てて粋を取り、偽りを捨てて真を残す。そうでないと、「博学」は玉石混交状態となる恐れがある。「篤行」は最後の段階である。「篤」は着実でひたむきに頑張るという意味である。

実際に役立てるために学び、「知行合一」をしなければならない。『中庸』によれば、こうして順を追って学問研究をすれば、「雖愚必明、雖柔必強（愚なりと雖も必ず明らかに、柔なりと雖も必ず強なり）」となる。

学は弓弩の如き、才は箭鏃の如し。

――『各界の優秀な青年の代表との懇談会における談話』などの文中で引用

じりは流れ星のように飛ばせるのである。学習は累積の過程であり、一挙にして出来上がるのではない。「根気があれば、三更に寝て五更に起きて努力する必要はない。最も無意味なのは、一日だけ努力し十日以上続かないこと」と青年時代の毛沢東氏はこのように自らを励ました。

青年は学習の黄金時期に身を置いているため、学習を一種の責任、一種の精神追求、一種のライフスタイル、主要な任務とすべきである。「夢は学習からスタート、事業は能力で成し遂げる」という観念を樹立し、勤勉に勉強することを青春の原動力にし、能力の伸びを青春のエネルギーにしよう。

■解読

この比喩は、しっかりした見識が導いてこそ、うまく才能を発揮させられるということを表している。学習と才能の弁証関係は青年が思考すべきものである。才能は生まれつきのもので、学習しなくていいと思われる場合もあり、学習すれば才能を高めることができ、実践しなくてもいいと思われる場合もある。これらは「学習」と「才能」の関係を切り離す考え方である。

この古語が言っているように、学識は才能を先導するもので、才能は学識が発揮されたものである。一つは基礎であり、一つは表現である。一つは過程であり、一つは結果である。

学習の大弓が満月のように撓められれば、才能の矢

出典

学は弓弩の如き、才は箭鏃の如し。識を以て之を領むれば、方に能く鵠に中る。善く邯鄲を学びて、故の歩を失ふこと莫かれ。善く仙方を求めて、薬に誤らず。我禅燈有り、獨り照らして獨り知る。取らず亦た取り、師と雖も師ふこと莫かれ。

――〔清〕袁枚『続詩品・尚識』

解釈

『続詩品』は、清朝の詩論家袁枚が晩唐司空図の『二十四詩品』を真似て書いた四言詩であり、詩の創作過程や方法、素養、技巧など具体的な体験、すなわち創作の「苦心」を総括したものである。

袁枚は『続詩品』の序言で自分の執筆した由来を書いた。すなわち、「余愛司空表聖『詩品』、而惜其只標妙境、未写苦心、為若干首続之（余司空表聖の『詩品』を愛し、而るに其のただ妙境を標して、苦心を写さざることを惜しむ。若干の首を為して之に続く）」と。「尚識」は見識を尊ぶことを指す。『続詩品・尚識』は、詩創作における学問や才能、学識、目標の関係をまとめ、一番大事なのが学識であることを指摘する。これを説明するために、袁枚は次の譬えを述べた。「学如弓弩、才如箭鏃。識以領之、方能中鵠（学は弓弩の如き、才は箭鏃の如し。識を以て之を領むれば、方に能く鵠に中る）」と。箭鏃：矢尻。鵠：（弓の）的。すなわち、学問は弓弩のようであり、才能は鏃のようである。鏃は学識に導かれてこそ、的の真ん中に命中することができる。

他人の作品を読むにしても、自分で創作するにしても、学識の深浅は直接に鑑賞レベルや創作効果に影響する。ゆえに、学識や視野を高めてこそ、学問の弓弩をよく使い、才能の鏃を的に命中させることができるだろう。

学は才を益す所以なり、礪は刃を致す所以なり。

――『之江新語・典型に学ぼう』などの文中で引用

■解読

能力は生まれつきのものではない、学習と実践の中から身につくものである。「宝剣は磨けば磨くほど鋭くなり、梅花は寒い時こそ美しく香る」というように、様々な試練に堪えないと、博学な知識を身につけることは難しい。

ましてや知識を深く追求し、実践に応用することはなおさらである。学習を重視することは、習近平氏の鮮明な特徴である。習氏は延安で人民公社の生産隊に入隊した際、学習好きで、常に石油ランプの下で勉強していたそうである。その後、学生時代から政界に入るまで、学習を能力を高める重要な手段としていた。この学習は持続的な動態プロセスであり、上手に勉強すれば、能力の少なさの恐怖を克服でき、時代について行けるのである。

このような学習は実践と結びつくもので、実践に応用できれば、本当に身についたものになる。したがって、習近平氏が強調している学習は、自分を磨くだけでなく、実践に応用するものである。ライフスタイルであるだけでなく、政治責任でもある。言い換えれば、幹部らも、共産党も、我が国も、わが民族も前に進むために、学習する習慣を養成しなければならないのである。

■出典

子思曰く、学は才を益す所以なり。礪は刃を致す所以なり。吾嘗て幽処して深く思ふ、学の速やかなるに若かず。吾嘗て跂てて望む、高きに登るの博く見るに若かず。故に風に順つて呼ぶは、声疾を加へざるも聞く者は衆く、丘に登って招くは、臂長を加へざるも見る者は遠し。故に魚は水に乗じ、鳥は風に乗じ、草木は時に乗ず。

――〔西漢〕劉向『説苑・建本』

解釈

前漢の経学家劉向の編による『説苑』は、春秋・戦国時代から漢時代に至るまでの逸話を記載する。諸子の言行録を主として、毎種の言葉の前に総説、後に評語が書かれる。

『建本』は『説苑』の第三章であり、「建本」は基礎を築き上げるという意味である。『建本』の総説に、劉向は「君子貴建本而重立始（君子は建本を尊び立始を重んじる）」を打ち出す。

上の言葉は子思の学問研究に関する論述である。子思は「学所以益才也。礪所以致刃也（学は才を益す所以なり。礪は刃を致す所以なり）」と言った。礪：磨礪。すなわち、学問はそれによって人間の能力を高める手段であり、砥石はそれによって刃物を切れるようにする手段である。

続いて子思は、一人で深く思索するより他人に学んだほうが効率的であり、つまさき立って遠くを眺めるより、高い所に登って遠くを眺めたほうがよいと指摘する。この言葉は『荀子・勧学』の内容と基本的に一致する。

つまり、「吾嘗終日而思矣、不如須臾之所学也。吾嘗跂而望矣、不如登高之博見也。登高而招、臂非加長也、而見者遠。順風而呼、声非加疾也、而聞者彰（吾れ嘗て終日にして思うに、須臾の学ぶ所に如かざるなり。吾嘗て跂ちて望むに、高きに登るの博く見るにしかざるなり。高きに登りて招くは、臂の長さを加えるに非ざるなり。而して見る者遠し。風に順いて呼ぶは、声の疾きを加えるに非ざるなり。而して聞く者彰らけし）」と。

少にして学を好むは日出の陽の如く、壮にして学を好むは日中の光の如く、老にして学を好むは燭を炳す明の如し。

——『指導者幹部らは読書好きで、良書を読み、読書の要領をわきまえるべき——中国共産党中央学校2009年春学期第二回研修会並びにシンポジウム入学式典における談話』などの文中で引用

解読

習近平氏は学習することを一種のライフスタイルとみなしている。学習することは、思考を活発にし、思想を啓発、正気を養うという三つのメリットがあると指摘している。習近平氏からみれば、若い時は記憶力がよく、吸収する能力も高く、大いに学習すべきである。

彼自身も若い時にマルクス・レーニンの著作を熟読し、様々な書籍に触れ、人民公社の生産隊に入隊した七年間で、一生の知識の基礎を築いたのである。

したがって、様々な場合において、時間を惜しんで、学習に専念するようにと青年達を励ましたのである。

中年になると精力旺盛で、視野も広まり、もっと深く広く学習すべきで、一生の学問の基礎を築くのである。年を取ると時間の余裕もあり、経験と見聞も豊富になり、弛まぬ学習態度で、読書の世界で人生を悟るべきである。

出典

晋の平公が師曠に問うて曰く、「吾年七十、学ばんと欲するもすでに暮れんとするを恐る」と。師曠曰く、「何ぞ燭を炳さざるか」と。平公曰く、「いずくんぞ人臣たりてその君に戯る有らんか」と。師曠曰く、「盲臣、いずくんぞあえてその君に戯れんや。臣これを聞

けり。少にして学を好むは日出の陽の如く、壮にして学を好むは日中の光の如く、老にして学を好むは燭を炳す明の如し。炳燭の明、昧行といずれぞや」と。平公曰く、「善きかな」と。

――〔西漢〕劉向『説苑・建本』

解釈

これは『説苑』の中の物語である。晋の平公が師曠という盲人の楽師にお訊ねになった。「わしは今年で七十歳じゃ。勉強しようかと思うが、もう遅いであろうなあ」と。

師曠が答えて申すには、「どうして灯りをお点けにならないのか」と。平公がむっとされて、「臣下のくせに主君をからかうとはなにごとじゃ」とお叱りになった。

師曠が申す、「めしいの臣下が、どうしてわざわざ御主君をからかいなどしましょうか。やつがれはこのように聞いたことがございましてな。若いうちに進んで勉強するのは、日の出のころの太陽のようなもので、どんどんまわりが明るくなってくる。大人になって進んで勉強するのは、日中の光のようなもので、そのおかげで遠くまではっきりとよく見ることができる。年老いて進んで勉強するのは、ともしびの光のようなもので、自分が行動する範囲だけはよく見ることができる。ともしびの光があるのと、真っ暗闇を歩くのとでは、どちらがよろしゅうございますか」と。

平公はうなずかれて、「なるほど、よくわかったぞ」とおよろこびになった。

師曠は「日出」「日中」「炳燭」という三つの言葉で、勉強の大切さと人生における勉強の三段階を説明し、年を取ってもよく勉強するように人々を励ましている。北斉の文学家顔之推は『顔氏家訓』の中で師曠の比喩を引用し、「幼而学者、如日出之光。老而学者、如炳燭夜行、猶賢乎瞑目而無見者也（幼くして学ぶ者は、日の出の光のごとく、老いて学ぶ者は、燭を秉りて夜行くがごとし。なお瞑目して見ることなき者に賢れり）」と。

老いて学ぶ者は、行燈を頼りに暗闇を行くようなものではあるが、老いて学ばない者は目をつぶって何も見えないようなものである。要するに、年を取っても学ぶということはとても有意義なことである。

古代漢語の中で、「炳燭」と「秉燭」という二つの言い方がある。例えば、「炳燭之明」「秉燭夜行」。現代漢語では、「秉燭」しか使わない。例えば「秉燭待旦」

任賢篇

「治世の要は、人材を用いることに先んずることはない」ように、わが共産党は昔から人材の選抜・任用を重視し、終始人材の選抜・任用を共産党や国民のことにかかわる肝心、根本の問題と見なしている。

「新しく歴史的特色に満ちた偉大な闘争は、わが党の人材にかかっている」すなわち宏大で質の高い幹部チームを育成しなければならないのである。習近平氏のこの重用論断は、この時代の「好幹部」を育成するという重大課題を鮮明に打ち出した。

習近平氏は、「固い信念、国民への服務、着実な仕事、責任感の強さ、清廉潔白」という時代の「好幹部」の群体像を描いている。

「賢者が一人でも任用されれば、多くの賢者が集まってくる。またその賢者に学ぼうという風潮が盛んになる」ように、正確な人材を任用する方向を強調している。

「良い幹部を任用しよう」ということで、人材を選抜・任用する体制を完備することから、「共産党を厳しく管理し、幹部を厳しく管理する」ことまで、習近平氏の「人材観」は人材を識別・推薦・任用・重視・育成するなど、様々な面を包括している。

宰相は必ず州部より起り、猛将は必ず卒伍より発る。

――『蘭考県の党委員会常任委員会指導者グループ特別テーマ民主生活会に参加する際における談話』などの文中で引用

解読

習近平氏は共産党の基層から幹部らを選抜し、養成することを重視している。彼自身の経験も、基層からやってきた幹部は国情もよくわかり、国民の声もよく聞こえることを証明している。

現在の中央政治局の常務委員七人も、基層で勤めた経験がある。悠久の歴史を持つ複雑な中国を管理するには、基層から幹部らを選抜、養成するシステムを完備しなければならない。

優秀な幹部は自然に生まれ出てくるのではない。血生臭い嵐の戦争時代においても、苦労して創業する建設時代においても、優秀な幹部は様々な試練から成長してきたのである。

現在の平和時代においても、多くの共産党員幹部の成長も実践で磨かれてこそ、国民の声が聞こえるのである。基層という改革発展の主戦場、安定を維持する第一線、国民に尽力する最先端で、心を沈め着実に仕事をすることにより初めて経験を積み重ね、能力を高められるのである。そして、重大な時や危急の際に先頭に立って戦うことができるのである。

出典

宰相は必ず州部より起り、猛将は必ず卒伍より発る。夫れ功有る者必ず賞せば、則ち爵祿厚くして愈々勧み、官を遷し級を襲ねば、則ち官職大にして愈々治まらん。夫れ爵禄勧みて官職治まるは、王の道なり。

――〔戦国〕韓非子『韓非子・顕学』

▒解釈

「宰相必起於州部、猛将必発於卒伍（宰相は必ず州部より起り、猛将は必ず卒伍より発る）」

州部は、古代の末端行政区画である。卒伍は古代の下部兵制であり、五人を伍、百人を卒とする。すなわち、宰相は必ず地方の下役人から上ってくるし、猛将は必ず兵卒の隊列の中から現れてくる。

韓非子は、戦国時代の法家思想を集大成した人物である。そして、国家の文臣と武将、特に高級官員と高級将校は、必ず末端組織での実務経験を有すべきことを強調する。下部から上がってくるので、万民の疾苦と戦場の情勢をより一層把握した上で、政務をうまく処理し、部隊を指導して作戦することができる。一方、末端組織での修練が足りないなら、机上の空論を語り国や民を誤らせる恐れがある。

蓋し非常の功有るは、必ず非常の人を待つ。

——『中国科学院第十七回院士大会、中国工程院第十二回院士大会における談話』などの文中で引用

■解読

人は生産力の中で最も活発な要素であり、科学技術創新の中で最も肝心な要素でもある。習近平氏は『詩経・大雅・文王』の中の「済済たる多士、文王以って寧し」を通じて、科学技術の人材を重要視していることを示す。

現在、我が国は世界で最も規模が大きい科学技術のチームを持ち、「天宮」、「神八」のロマンチックな宇宙でのキスから、「玉兎」の月での遊歩まで、我が国の科学技術人材は巨大な創新力を見せている。

しかし、世界級の科学技術の巨匠の欠乏、大家の不足は、我が国の科学技術の創新を制約し、人材資源強国への道を阻んでいる。

したがって、習近平氏は「人材資源の開発を科学技術創新の最優先の位置に置くべき」と何度も強調している。これを実現するために、人材を育成するシステムを改善、完備する必要がある。目前の利益のみを求めることを避けなければならない。また、全社会も創新に挑戦、創新に励む環境を作り、成功を重視すると同時に試行錯誤することを容認しなければならない。

さらに大量の創新型青年を育成し、優れた創新型人材が才能を発揮するために道をつけなければならない。知識は力である。人材は未来である。13億人の知恵を掻き立てれば、きっと更なる中国を創造できる。

■出典

初め刺史部十三州を置く。名臣文武を尽くさんと欲し、詔して曰く、「蓋し非常の功有るは、必ず非常の人を待つ。故に馬或ひは奔り踶んで而して千里を致し、士或ひは俗を負ふの累有りて功名を立つ。夫れ泛駕の馬、跅馳の士、亦た之を御するのみ。其は州郡に異なる茂才を有する吏民を察せしむ等、将相及び絶国に使はす者を為すべし」と。

――〔東漢〕班固『漢書・武帝紀第六』

■解釈

「蓋有非常之功、必待非常之人（蓋し非常の功有るは、必ず非常の人を待つ）」という言葉は、元封五年（紀元前106年）漢武帝が州郡に賢才を推挙させる詔書に拠る。すなわち、非常な功績を立てたいなら、必ず非常な人材に頼らなければならない。

元光年間（紀元前134～前129年）、司馬相如は西南夷について漢武帝に上書した。

中の一言は漢武帝の注意を引いた。「蓋世必有非常之人、然後有非常之事。有非常之事、然後有非常之功。非常者、固常人之所異也（蓋し世に必ず非常之人有りて、然る後に非常の事有り、非常の事有りて、然る後に非常の功有り、非常とは、固より常人に異なる所なり）」と。

漢武帝はこの一言を頗る嘆賞し、二十年後また詔書に「蓋有非常之功、必待非常之人」と要約した。漢武帝は「常人所異」の帝王と自称した。

その一生は主に「非常之人」を起用し、「非常之事」を成し遂げ、「非常之功」を立てた。ゆえに、『漢書』は賛して曰く、「漢之得人、於茲為盛（漢の人を得るは、これより盛んに為った）」と。この一連の「非常」の背後に、さらに大きな時代背景がある。

つまり漢武盛世という「非常之世」である。

邦の興こるは、人を得るに由るなり。邦の亡ぶは、人を失ふに由るなり。其の人を得、其の人を失ふは、一朝一夕の故に非ず。其の由りて来たる所の者は漸なり。

――『河北省の党委員会指導者グループ特別テーマ民主生活会における談話』などの文中で引用

■解読

災いはいつも些細なことから発展してくるものである。人を使う場合もそうである。習近平氏はこの古語を引用して、人を使う際の不正の気風の危害を説明している。その他に、魯迅の雷峰塔に関する論述を引用している。

雷峰塔がどうして倒れたのか。煉瓦を拾う人が多すぎて、今日も拾い、明日も拾い、結局雷峰塔が轟然と倒れたのである。

倒れたのはあっという間のことであるが、プロセスは漸進していたのである。時に、危急のことでないと思われたのに、実際には徐々に滅亡へ進んでいたということもある。

コネを使って官僚になった場合、親しい関係で幹部を選抜した場合は、少数例であっても無視してはいけない。人柄と才能は普通でありながら、チャンスを狙ってうまく立ち回る人が重宝され、着実に仕事をする人が無視されれば、誰も真面目に仕事をやらなくなるだろう。

■出典

臣、前代を観るに、邦の興こるは、人を得るに由るなり。邦の亡ぶは、人を失ふに由るなり。其の人を得、其の人を失ふは、一朝一夕の故に非ず。其の由りて来たる所の者は漸なり。天地頓かには寒暑を為すこと能はず、必ず春秋に漸す。善、積まざれば、勃焉として興ること能はず。悪、積まざれば、忽焉として亡ぶこと能はず。

――〔唐〕白居易『策林・辯興亡之由』

解釈

『策林』は、唐代の詩人白居易が元和元年（806年）、制挙（訳注：中国、唐代以降、天子の制勅により推挙された人材に、天子自ら作成の試験を課して官吏を登用した制度）試験に参加する前に起稿した、七五篇からなる時事論文集である。『策林』は時務的政治をはじめ、主に君主や聖人としての道や、政治を行って民衆を教化する策、賢人を求める方法、地方官の行政体質を正す法、刑罰を省みる術、軍隊を管理する要点など、八つの問題を検討するものである。

上の言葉は『策林』十四「辯興亡之由」に出てくる。すなわち、国が盛んになるのは、人材を得たことに由来する。また国が滅亡するのは、人材を失ったことに由来している。国が人材を得たり、人材を失ったりするのは、一朝一夕に起こることではない。その由来するところは、長い間にだんだんと進行していたものである。

「其所由来者漸矣（其の由りて来たる所の者は漸なり）」の「漸」は量的変化であるが、しかし量的変化は質的変化を引き起こす。白居易は、人選の不正が長く続くと、必ず深刻な結果を招くと警告する。

中国は最も早く人材思想が誕生した国である。『詩経』毛詩序に「君子能長育人材、則天下喜楽之矣（君子よく人材を長育すれば、則ち天下之を喜楽す）」とあり、『詩経』にはまた「濟濟多士、文王以寧（濟濟たる多士、文王以て寧んぜり）」や「四国無政、無用其良（四国政無く其の良を用ゐず）」とある。孟子は、「尊賢（賢を尊ぶ）」を国を治める根本とし、国家が「不用賢則亡（賢を用いざるときは則ち亡ぶ）」、「不信仁賢、則国空虚（仁賢を信ぜざれば則ち国空虚す）」と指摘し、有能な人材を登用するかどうかが国家の存亡にかかわると認識していた。

政を為すの要は、人を用ふるよりも先なるは莫し。

——『全国組織工作会議における談話』などの文中で引用

■解読

全国組織工作会議における談話の中で、習近平氏は「賢を尚ぶは、政事の本なり」、「治世の要は、人材を用いることに先んずることはなく」という二つの言葉を引用して、国家を管理することにおいて、人材を選抜する重要性について語っている。我々の様々な目標を実現する上で、鍵を握っているのは共産党、及び人材である。共産党が鍵を握っているということは、中国特色社会主義が歴史的な発展をする中で、共産党が終始核心になっているということである。人材が鍵を握っているということは、宏大で資質が高い幹部集団を作り上げるということである。人材は風向計であり、共産党幹部らのやり方、共産党の風格を示していると習近平氏は何度も強調している。「賢者が一人でも任用されれば、多くの賢者が集まってくる。またその賢者に学ぼうという風潮が盛んになる」と習近平氏は指摘する。

おしゃべりして、浮わついている幹部らは手抜き工事やコネ関係で重用されれば、地道に着実に努力している幹部らにとっては不公平であろう。着実に努力している人を重用し、口先だけの人を外してこそ、好幹部らの才能が表れる。

幹部らは常に「どんな幹部が良い幹部か、どうやって良い幹部に成長できるのか」について考えなければならない。組織工作者も、「どうやって良い幹部らを選び出せるか、生かせるか」について考えなければならない。

▩出典

臣光曰く、「治を為すの要は、人を用ふるよりも先なるは莫し。而して人を知るの道は、聖賢も難しとする所なり。是の故に、之を毀誉に求むれば、則ち愛憎競ひ進みて、善悪渾殽す。之を功状に考ふれば、則ち功詐横しまに生じて、真偽相冒す。之を要するに、其の本は、至公至明に在るのみ。人の上たる者、至公至明なれば、則ち群下の能否、焯然として目中に形はれ、復た逃るる所無し。苟くも不公不明を為せば、則ち考課の法は、敵曲私欺罔の資と為すに足るなり。……」

――〔北宋〕司馬光『資治通鑑・魏紀五』

▩解釈

『資治通鑑』は北宋の司馬光が編纂した編年体の長篇歴史書であり、その書名は「鑑於往事、有資於治道（往事を鑑みて、治道に資すること有り）」という意味である。為政と人選の問題に関して、司馬光は「為治之要、莫先于用人（治を為すの要は、人を用ふるよりも先なるは莫し）」と主張する。すなわち、国を治める鍵はまず人材を起用することにある。

司馬光は、人材識別の根本は指導者が至公至明（このうえなく公平であること）であるかどうかということに関わると考える。指導者が至公至明であれば、部下が能力を持っているかいないか一目瞭然である。

もし不公不明であるならば、人選システムは必ず私情や偽りの手段となる。

古代漢語の中で、「為政」と「為治」は意味が同じである。例えば、唐太宗は「為政之要、惟在得人（政をなすの要は、ただ人を得るに在り）」と唱え、「人」を「為政」の鍵とする。一方、司馬光は「人」を「為治」の鍵とみなす。

思れ皇いなる多士、此の王国に生まる。王国に克く生まる、維れ周の楨。濟濟たる多士、文王以て寧んず。

――『中国科学院第十七回院士大会、中国工程院第十二回院士大会における談話』などの文中で引用

解読

千年以上も続く事業発展においては、人材は最も大事な要素である。21世紀において最も重宝されている資源は人材であろう。改革発展の事業を推進し、民族復興を実現するために、人材が多ければ多いほどいい。能力が高ければ高いほどいい。千里の馬はよくいるが、伯楽はいつも現れるものではないとよく言われている。我が国は人材資源大国であり、知力資源大国でもある。こうした豊富な人材資源を活用するために、思想において、人材を尊重し、賢明な人材を求めなければならない。

周文王のように人材を尊重する社会の風潮を促し、人材を引き付けるのである。体制においては人材を発見する、育成する、そして集める有効体制を整え、様々な人材が活躍できる舞台を作り上げるのである。桐の木を育てあげることで、鳳凰を引き付けるように、人材に関する仕事を着実にこなしてこそ宏大な規模かつ高い資質の人材チームを育成することが可能となり、事業の発展に有力な支えを提供し、活力を注入するのである。

出典

文王上に在り、於天に昭く。
周は旧邦なりと雖も、其れ命ぜられて維れ新たにす。

有周不いに顕らかなり、帝命不いに時し。
文王陟降し、帝の左右に在り。

世々之に不いに顕らかにして、厥れ猶て翼翼たり。
思れ皇いなる多士、此の王国に生まる。
王国に克く生まる、維れ周の楨。
濟濟たる多士、文王以て寧んず。

——〔西周〕『詩経・大雅・文王』

■解釈

『文王』は『詩経・大雅』に出てくる。周王朝の基礎をつくった文王姫昌の道徳と功績を賛美し、殷に取って代わった周代の「天命」を宣伝する。

朱熹『詩経伝』に「周公追述文王之徳、明周家所以受命而代商者、皆由於此、以戒成王（周公文王の徳を追述す。周家の命を受けて商に代わる所以の者、皆此に由ることを明かして、以て成王を戒む）」とあり、この詩が西周初年に作成され、作者が周公であるということを指摘する。

後世は主にこの説に従う。

「思皇多士、生此王国。王国克生、維周之楨。濟濟多士、文王以寧（思れ皇いなる多士、此の王国に生まる。王国に克く生まる、維れ周の楨。濟濟たる多士、文王以て寧んず）」すなわち、周文王は賢士を礼遇して優れた人材を大勢集めたため、国家を隆盛させた。

漢の高祖劉邦は『大風歌』で「大風起兮雲飛揚、威加海内兮帰故郷、安得猛士兮守四方（大風起こりて、雲飛揚す、威海内に加わりて、故郷に帰る、安にか猛士を得て、四方を守らしめん）」と詠嘆した。劉邦も同じく国を治めて安定させる人材を渇望している。彼は周公と時代が異なる知己と言えるだろう。

千人の諾諾も、一士の諤諤に如かず。

――『河北省の党委員会指導者グループ特別テーマ民主生活会における談話』などの文中で引用

解読

習近平氏は幹部らの責任感を非常に重視している。人材を選抜する際に、責任感はどのような点に表れるだろうか。責任感は真実を語り、また真実を受け止められるということに表れている。確かに真実を話し、真実を受け止めるには、いずれも勇気や共産党員の党派性が必要となる。

特に利益関係と人間関係が複雑になっているこの時代においてはなおさらである。真実を話し、真実を受け止める環境が整っていないからこそ、陰で文句を言う人が多くなっている。そして、「陰で文句を言われていない人はないし、文句を言わない人もない」という現象がある。

幹部らは違法行為の責任を問われた場合、チーム内部の監察が足りないことや、他人に指摘されないことのせいにする。誰かが注意を与えてくれたら、こんなことに至らなかったろうというのである。共産党内の民主生活会議において、私心を挟まないで互いに指摘することや、幹部に関する不正の兆しが現れた時、公正な心を持って指摘することが、個人の共産党員の党派性にかかわるだけでなく、政党の自己更新、自己完備の能力につながる。

細かい問題は誰も指摘してくれず、深刻な問題においても批判してくれなければ、取り返しのつかない間違いを犯すことになる。これこそが「千人の諾諾も、一士の諤諤に如かず」である。

出典

趙良曰く、「千羊の皮も、一狐の掖に如かず。千人の諾諾も、一士の諤諤に如かず。武王は諤諤以て昌え、殷紂は墨墨以て亡べり。君、若し武王を非とせざらんか、則ち僕、終日正言して誅する無きを請わん、可ならんか」

商君曰く、「語に之れ有り、貌言は華なり、至言は実なり、苦言は薬なり、甘言は疾なり、と。夫子、果たして肯て終日正言せば、鞅の薬なり。鞅、将に子に事えんとするに、子又何ぞ辞すか」

――〔西漢〕司馬遷『史記・商君列伝第八』

解釈

「千羊之皮、不如一狐之掖。千人之諾諾、不如一士之愕愕（千羊の皮も、一狐の掖に如かず。千人の諾諾も、一士の諤諤に如かず）」は、戦国の策士趙良による秦の宰相商鞅への諫言である。

掖：「腋」に通ずる。狐の腋の下の毛皮は値段が一番高い。諾諾：文句なしにしたがうこと。諤諤：よしあしをはっきり言うこと。

すなわち、千人の盲従は、一人の志ある人物の直言に及ばない。これは、千匹の羊の皮が一匹の狐の腋の下の皮に及ばないのと同様である。

商鞅は趙良の話を聞いて、感慨深げに言った。「貌言華也、至言実也、苦言薬也、甘言疾也」と。すなわち、貌言は草木の花、至言は草木の実、苦言は薬、甘言は毒のようである。彼はまた趙良に正直に批判してくださいと言った。趙良と商鞅の話から、古の人々は愕愕の言をどれぐらい珍重するかということがわかる。愕愕の言はなぜ貴重であるか。多くの「愕言」は時弊をずばりと突き、問題の本質や仕事中の不足をはっきり認識させるからである。

「良薬苦口利於病、忠言逆耳利於（良薬は口に苦けれど病に利あり、忠言は耳に逆らえども行いに利あり）」と言われるように、官吏の耳に常に「愕言」が入ってしばしば注意されてこそ、警鐘を長く鳴らして災いを未然に防ぐことができる。

人の短を知らずして、人の長を知らず、人の長の中の短を知らずして、人の短の中の長を知らざれば、即ち以て人を用ゐる可からずして、以て人を教ふ可からず。

——『全国組織工作会議における談話』などの文中で引用

■解読

習近平氏は、魏源のこの言葉を引用して、短所、長所、長所中の短所、短所中の長所という人材の能力を知るときの四点を指摘する。そして、人材を知ることの難しさも語る。

「玉を試すには丸三日間焼かなければならず、人材を認識するには七年間が必要である」ように、簡単に「良い」または「だめ」という曖昧な評価で幹部の昇進と左遷を決めるのは極めて無責任なやりかたである。幹部への評価は表面的なものに留まってはいけない。監察や評価のシステムを完備し、様々な面から幹部を評価しなければならない。

習近平氏は近距離で幹部らと触れ合い、幹部の重大問題に対する認識を観察し、その見解や見識を窺う。幹部の国民に対する態度を観察し、幹部の人柄を窺う。幹部の名誉と利益に対する態度を観察し、幹部の価値観を窺う。幹部の複雑な問題を解決する過程と結果を観察すれば、幹部の能力が窺える。基層幹部や国民の中に入ることで、国民の声から「大事」においても、「小事」においても、幹部の徳を了解する。このようにして、幹部の才能に応じて任用することができるのである。

■出典

人の短を知らずして、人の長を知らず、人の長の中の短を知らずして、人の短の中の長を知らざれば、即ち以て人を用ゐる可からずして、以て人を教ふ可からず。人を用ゐるは、人の長を取りて、人の短を辟く。人を教ふは、人の長を成して、人の短を去るなり。惟だ己の短き所を知り尽くさざれば、而して後に能く人の短を去る。惟だ己が長ずる所を恃まざれば、而して後に能く人の長を収む。然らざれば、但だ己明るき所を取るのみ、但だ己近き所を取るのみ。

——〔清〕魏源『黙觚・治篇七』

解釈

『黙觚』は、清末の思想家魏源の哲学著作であり、道光十五年～十九年（1835～1839年）に著された。「黙」は魏源の字の「黙深」を取ったものである。「觚」は古代の書写材料として使われた木簡を指す。本書は『学篇』と『治篇』の二つの部分に分けられる。

魏源は、歴代の人選制度の得失を評価し、清政府の人選制度の弊害を摘発する時、自分の人材思想を持ち出して、「不知人之短、不知人之長、不知人長中之短、不知人短中之長、即不可以用人、不可以教人（人の短を知らずして、人の長を知らず、人の長の中の短を知らず、人の短の中の長を知らざれば、即ち以て人を用ゐる可からずして、以て人を教ふ可からず）」とした。

すなわち、人の短所と長所を知らないと、その人の長所の中の短所および短所の中の長所は発見できない。ゆえに、人を合理的に登用して育てることはできない。このように、魏源は人選・育成の正しい方法を提言した。

「用人者、取人之長、辟人之短。教人者、成人之長、去人之短也（人を用ゐるは、人の長を取りて、人の短を辟く。人を教ふは、人の長を成して、人の短を去るなり）」と。辟は「避」と同様、回避を意味する。

すなわち、人を登用することは、その長所を用い短所を避けることであり、人を育てることは、その長所を為し短所を取り除くことである。魏源の人材思想には弁証法が多くみられ、今でも大きな啓発になる。

我天公に勧む、重ねて抖擻して、一格に拘わらず、人材を降せと。

——『中国科学院第十七回院士大会、中国工程院第十二回院士大会における談話』などの文中で引用

■解読

約百年前、詩人龔自珍が清王朝の衰弱堕落、国家の内憂外患を痛感し、「我れ天公に勧む、重ねて抖擻して、一格に拘わらず、人材を降せと」と呼びかけ、人々を感心させた。

習近平氏はこの詩句を引用して、いかに人材を選抜すればいいかということを提起している。「政治路線を確定したら、幹部は決定要素になっている」どうすれば活力に溢れ、才能が十分発揮できる局面を作れるか。これについて習近平氏は、良い幹部を選抜するには科学的有効な人材の選抜体制を整えなければならない。

そして、肝心なことは「一格に拘わらず、人材を降せ」であり、国民が上を恐れて口をつぐんでしまうことを防がなければならないと指摘している。

多くの地域や組織において、口がうまい人は着実に仕事をやる人より、人間関係に力を入れている人は仕事に力を入れている人より、それぞれ評価されている。

これは人材の「逆淘汰」現象を招き、優秀な幹部の才能が現れるのを妨げている。

人材移動制度の壁や年功序列制度を打ち破ってこそ、真に人材を信じ大切にし、生かせることができるのである。人材資源が第一資源だという観念、開放的な人材移動制度をしっかり樹立してこそ、人材が重用され、「賢者が一人でも任用されれば、多くの賢者が集まって

くる」という正確な方向に導けるのである。

■出典

九州の生気、風雷を恃み、万馬斉しく、瘖りに哀れむ可し。

我天公に勧む、重ねて抖擻して、一格に拘わらず、人材を降せと。

――〔清〕龔自珍『己亥雑詩』

■解釈

『己亥雑詩』は、清代中後期の著名な思想家・詩人の龔自珍が書いた組詩である。己亥つまり道光十九年（1839年）、当時48歳の詩人は仕途を嫌ったため、官職を辞め南に帰り、その後また北上して家族を迎えた。南北を往復する途中、全315首の『己亥雑詩』を書いた。本詩は220首目である。

冒頭の二句は比喩表現で詩人の時局に対する心配や怒りを表している。「万馬斉瘖」で、腐って残酷な封建統治のもとで、人々は思想を封じ込められて才能が殺され、朝野上下を問わず口をつぐんで押し黙らされたという哀れな現実を比喩する。「風雷」で、新興の社会的な力を喩え、放胆な社会変革をしてこそ、国家が生気を取り戻すことができるとした。後ろの二句「我勧天公重抖擻、不拘一格降人才（我天公に勧む、重ねて抖擻して、一格に拘わらず、人材を降せと）」は、最も人口に膾炙した名句である。

当時、アヘン戦争直前の危機に面した詩人は、対内的に改革を実施し、対外的に侵略に抵抗することを主張する。そして、人材が抑圧された状況に対して、「不拘一格降人才（一格に拘わらず、人材を降せ）」と叫び、国家と民族の前途に対する深い心配と社会変革への強い願望を表した。

駿馬能く険を歴ふに、田に力むるは牛に如かず。堅き車能く重を載すに、河を渡るは舟に如かず。

――『全国組織工作会議における談話』などの文中で引用

解読

習近平氏は科学合理的に人材の長所を生かし、任用すると常に強調している。確かに人々の長所や特徴は異なるが、大事なことは人の長所を生かすことである。諸葛孔明は馬謖の任用を誤り、街亭を失った。戦国時代の趙国は名将の二世趙括を誤って任用し、長平の戦の敗退を招いた。

毛沢東氏は、指導者幹部の最も大事な二事は、戦略と方策を決めることと、幹部を任用することであると指摘した。幹部を任用する際は、自分の好みで決めるのではなく、人材の才能を生かすのである。どのような人材をどのようなポストに任用するかは、実際の仕事から考えるべきであり、ポストを幹部奨励の手段として簡単に片づけてはいけない。

しかし、現実においてはより優秀な人材がいないか、さらに適切な人材がいないかを考慮せずに、ただ職歴や年功序列のみで幹部を選抜し、その結果、選抜された幹部も四苦八苦で、仕事もうまくいかない場合も少なくないのである。

出典

駿馬能く険を歴ふに、田に力むるは牛に如かず。堅き車能く重を載すに、河を渡るは舟に如かず。長を舎てて以て短に就かば、智者謀を為し難し。生材用に適うは尊ばり、幸にして多く苛き求むること勿かれ。

――〔清〕顧嗣協『雑興』

解釈

顧嗣協（1665－1722年）は、清の康熙年間の詩人であり、数多くの詩文を残している。もっとも高く評価され大量に引用されたのは、この哲理詩『雑興』である。詩はよく練れていて鋭く、簡潔であるが意を尽くしていて含蓄が深い。物それぞれに利益と弊害があり人それぞれに長所と短所があるので、各自の素質に応じて異なった教育を実施し、長所を用い短所を避けなければならないという弁証法的道理を示している。

「駿馬能歴険、力田不如牛。堅車能載重、渡河不如舟（駿馬能く険を歴ふに、田に力むるは牛に如かず。堅き車能く重を載すに、河を渡るは舟に如かず）」は、「尺有所短、寸有所長」という道理を如実に伝える。

世の中に何でも分かって何でもできる人はいない。天才も凡人に及ばない一面がある。自分の強みと弱み、長所と短所を冷静に見極めてこそ、人生の立ち位置を見つけ成功を収めることができる。

もし長所を捨てて短所に妥協するならば、智者でも力を出すことはできない。故に作者は「生材貴適用、幸勿多苛求（生材用に適うは尊ばり、幸にして多く苛き求むること勿かれ）」といった。

人材が発揮できるポジションに当てはめることは大事である。対応する才能さえあれば任用できる。人選に厳しすぎるなら、大量の人材が流失するしかないだろう。

天下篇

更なる広い視野、更なる進取の姿勢……世界のフラッシュが中国に向けられた際、習近平氏の外交に関する論述は、自分なりの道を進むという中国の理念、未来に着眼する中国の方略、内外兼修の中国の責任、及び余裕を持った中国の魅力を表現している。

２０１４年新年の挨拶において、習近平氏は世界の国々の理想的な関係について「助け合い、共に困難と幸福を分かち合い、共に発展していく」と述べている。「中国の夢は南米の夢とつながっている」、「中国の夢はアフリカの夢と連合して、実現しよう」、「欧州の夢と中国の夢はたくさんのつながりがある」「中国の夢」は世界とつながるかけ橋になっている。

平和発展の道路を堅持し、人類運命共同体の意識を積極的に提唱し、国家間の公平・正義を維持するなど、中国は国際舞台において東方の知恵が溢れる足どりを示している。

「利を計算するならば、天下の利を計算する」から「万物を育てるにも、互いに傷つけ合わない」まで、「山高ければ、沢長し」から「己の欲せざるところ、他人に施す勿れ」まで、習近平氏は中国伝統思想の魅力を全面的に披露している。一つ一つの典拠を用いて、中国の外交政策について味わい深い意味を洗練された言葉で説明している。「和而不同」の理念、「求同存异」の策略を用い、「物之不齊、物之情也」という差異を認め、「浩渺行無極、揚帆但信風」と胸襟を開くことで、複雑な国際情勢に臨んでいる。

習近平氏の論述は精神的な魅力、道義のエネルギーに満ち、大国指導者の自信、誠意、着実さ、責任を表している。

利を計れば當に天下の利を計るべき、名を求むれば万世の名を求むべし。

――『手を携えて中国・ASEAN運命共同体を建設――インドネシア国会における演説』などの文中で引用

■解読

正確な価値観を堅持することは、習近平氏の外交思想の基礎の一つであり、中国の世界に対する鄭重な承諾でもある。この価値観は、個別の国家の利益から出発するものではなく、全世界の利益から物事を考慮し、問題を解決するのである。「政治において正義を堅持し、道義を優先する。経済において互恵・ウィンウィン、共同発展を遂行する。利益の共通点と合流点を見出し、原則・情誼・道義を重視し、発展途上国にできる限りの協力を提供する」「真、実、親、誠」の政策から、高水準の中・南米の全面協力関係の建設、東南アジア、中東ヨーロッパ、中央アジア発展途上諸国が集中している地域の訪問まで、中国は実際の行動で「いつまでも発展途上国の頼れる友達である」という変わることのない理念を実行している。

中国が提唱する実践可能な価値観は、優秀な伝統文化の継承と発展において、中国の特色社会主義の本質を反映し、国際社会において公平正義を高揚し、団結力を増す象徴にもなっている。

■出典

利を計れば當に天下の利を計るべき、名を求むれば万世の名を求むべし。

――於右任題贈蔣経国対聯（於右任が蔣経国に書き贈

った対聯）

▩解釈

「計利當計天下利、求名応求万世名（利を計れば當に天下の利を計るべき、名を求むれば万世の名を求むべし）」は、国民党の元老於右任が蔣経国に贈った対聯である。この十四文字は、後に蔣経国の座右の銘となった。

　この対聯は「名」と「利」の中身を深く解釈し、積極的に仕官するという儒家の名利観を反映する。「名」と「利」に関して、明代の荘元臣は『叔苴子・外編』に、「人之好名者、其等有三：有好閭閻之名者、有好士大夫之名者、有好聖賢之名者、同為名而品第殊矣。惟利亦然、有好目睫之利者、好終身之利者、好子孫数十世之利者。好閭閻之名与目睫之利者、衆人也。好士大夫之名与終身之利者、君子也。好聖賢之名与子孫数十世之利者、聖賢也。人之所異者、惟其所好名利者、有遠近大小之不同而已矣（人の名を好む者は、其の等に三つ有り。閭閻の名を好む者有り、士大夫の名を好む者有り、聖賢の名を好む者有り。同じき名を為せども品第（等級）が殊なるなり。惟だ利のみ亦た然り。目睫（目先）の利を好む者有り、終身の利を好む者有り、子孫数十世の利を好む者有り。閭閻（平民）の名と目睫の利を好む者、衆人なり。士大夫の名と終身の利を好む者、君子なり。聖賢の名と子孫数十世の利を好む者、聖賢なり。人の異なる所は、惟だ其の名利を好む所は、遠近大小の同じからざるのみなり）」といった。

　１９８２年、当時全国人民大会常務委員会副委員長を務めた廖承志は、蔣経国への公開状の中でまたこの対聯を引用し、「祖国の平和と統一は不滅の功績である。台湾は必ず祖国に帰るに違いない。（この問題を）一日も早く解決すれば、双方ともに利益を得ることができる。吾弟はかつて『計利当計、求名応求万世名』と自分を励ました。もし吾弟自身がこの偉業を達成すれば、必ず全国民ないし世間の人々に崇拝され、勲功を立てて史書に名を残すに違いない」と。

浩渺（水面が広々としていること）として行き極無し、帆を揚げただ風に信す。

――『改革開放を深化させ共に美しいアジア太平洋地域を作り上げる――アジア太平洋経済協力会議（APEC）首脳会議における演説』などの文中で引用

解読

これはスケールが大きい詩であり、まさにアジア太平洋地域という広い水域における諸国が奮発し邁進している様子を描いている。アジア太平洋地域は、「運命共同体」とも言える。この地域未来の発展は、この地域各国の利益にかかわり、したがって、各国の共同努力が必要になる。

シルクロード経済帯の共建、21世紀海上シルクロードの建設から、中国・バングラデシュ・インド・ミャンマー経済回廊の建設、アジアインフラ投資銀行の設立まで、中国のアイディアと提案は、多くの国々から賛同を得ている。地域経済融和も「共に前進し」という形になっている。活力に溢れ、繁栄互恵な周辺外交図景が徐々に展開されている。

この詩句は、希望に満ちたアジア太平洋地域の発展図景を描き、習近平氏を総書記とする共産党中央の外交面における「平等と相互信頼、包容と相互参照、協力共栄の精神を高揚し、更なる積極的な開放戦略を推進、各国利益の合流点を拡大する」という基本原則を深く表している。これは中国外交の内容をさらに豊富にし、さらに視野を拡大させるのである。

出典

浩渺として行き極無し、帆を揚げ但だ風に信す。
雲山は海の半ばを過ぐ、郷の樹は舟の中に入る。
波定まりて遥かなる天出づ、沙平らぎて遠かなる岸窮まる。
離るる心は何れの処にか寄らん、東に曙の霞を目撃す。

――〔唐〕尚顔『送朴山人帰新羅』

解釈

『送朴山人帰新羅』は唐末期湖北荊門の僧侶尚顔が書いた贈別詩（唐代の詩人馬戴作との説も。『全唐詩』中の作品は尚顔作とされる）である。

この詩は海上の景色を生き生きと描き、友への深く厚い友情を示している。冒頭の「浩渺行無極、揚帆但信風（浩渺として行き極無し、帆を揚げ但だ風に信す）」は、作者が想像した気宇壮大な海景絵巻である。

信：自由に任す。すなわち、広大な海が際限もなく広がっており、帆を揚げて風に乗りながら目的地へ行く。この風は順風や良い風であり、詩人の友人への美しい祝いの言葉である。

次に詩人は、順風に乗った友人が道中ずっと風景を眺めていることを想像する。最後の「離心寄何処、目撃曙霞東（離るる心は何れの処にか寄らん、東に曙の霞を目撃す）」は、詩人が友人と別れた後の懐かしさを描いている。友人が帰り去った後、互いに遠く離れていて会えなくなるので、東の太陽が昇るところ（友人の故郷を指す）へ遠くから祈るしかない。

つまり、目の前の景色を通して限りない感情を表している。

一花独り放たば春あらず、百花斉く放たば春園に満つ。

――『国連教育科学文化機関（ユネスコ）本部における演説』などの文中で引用

解読

欧州訪問の際、習近平氏は何度も文明の多元化、多様化問題に触れた。この諺を引用し、「文明は多彩なものであり、人類文明は多様であるからこそ交流と相互参照の価値がある」ということを説明している。

陽光は七色であるからこそ鮮やかになり、世界も多様な文化があるからこそ素晴らしくなる。国家と民族の文明は国家と民族の集団記憶である。

あなたは砂漠に身を置き、私は海に面している。あなたは様々な精粋の集まりであり、私は長い歴史や伝統を有する。人類は長い歴史の大河の中で、多種多彩な文明を創造し、発展させてきた。

原始人の段階から農耕時代へ、工業革命から情報社会へ、波瀾に満ちた文明図景を作り上げ、人の心をときめかす文明が形成された。世界にわずか一種類の花しかないとすれば、いくらきれいであっても単調である。

中華文明にせよ、世界の他の文明にせよ、人類による文明創造の成果である。文明間の交流と相互参照の推進によって、人類文明の色彩は豊かになり、世界各国民はより豊かな精神生活を享受し、より選択肢のある未来を切り開くことができるようになる。

出典

一花独り放たば春あらず、百花斉く放たば春園に満つ。

――〔明清〕『古今賢文』

解釈

『古今賢文』は明代に編集された啓蒙書であり、歴代の格言と諺をまとめる。のちに明清二代の文人に絶えず増補されたため、またの名を『増広賢文』という。「一花独放不是春、百花斉放春満園（一花独り放たば春あらず、百花斉く放たば春園に満つ）」すなわち、一輪の花が咲いただけでは春とは呼べない。あらゆる花が咲いてこそ春がくる。

この俗諺が広く伝えられた理由は哲理に富んでいるからである。

一、全体と部分の弁証法的関係を論述している。「一花」は部分であり、「百花」は全体である。部分的効能が比較的小さいので、全体的発展により部分的発展を促進すべきである。

二、関連性という観点を表す。関連は普遍的なものである。「一花」と「百花」は互いに結びついているので、文化の多様性を尊重すべきである。

三、事物は客観的であり発展・変化するものであるということを説明する。「百花斉放」は必然的なので、歴史の流れに順応しなければならない。

この言葉にはいろいろなバージョンがある。例えば、「一花独放不是春、百花盛開春満園」「一花独放不是春、万紫千紅春方在」「一花独放不是春、万紫千紅才是春」「一花独放不是春、万紫千紅春満園」などが挙げられる。これこそ「百花齊放春満園」であろう。

物の斉しからざるは、物の情なり。

——『省部級主要指導者幹部の共産党第十八回三中全会精神の学習、貫徹・全面的に改革を深化させる特別テーマ研究討論クラスにおける談話』などの文中で引用

■解読

習近平氏は、様々な場面においてこの古語を引用、党内向けの場合もあり、党外向けの場合もある。政治制度や人類文明についても、中国の道路や儒教思想についても、「多様性」という考えを表している。

確かに、政治制度から見れば、国家によって国情も体制も歴史も異なっている。

習近平氏は「靴が足に合うかどうかは、履いてからわかるのである」と、どんな国にしろ国情に相応した道を選択するべきであると何度も強調している。

人類文明からみると、ルーブル美術館もあり故宮もある。ピラミッドもあり大雁塔もあるように、同じであることはない。

習近平氏は、「国家や民族思想は異なるが、それぞれ長所があり、花なら美しさは異なっても、優劣はない」と指摘している。多種多様な文化があるからこそ、我々の世界は素晴らしい。

特色に満ちた制度があるからこそ、我々は色々な選択ができるのである。政治から文化まで、制度から歴史まで、区別が認識できてこそ、相手を尊重し、自己を貫くことができるのである。

■出典

曰く、「夫れ物の斉しからざるは、物の情なり。或ひ

は相倍蓰し、或ひは相什百し、或ひは相千万す。子比して之を同じうせんとす。是れ天下を乱すなり。巨屨・小屨賈を同じうせば、人豈之を為らんや。許子の道に従ふは、相率いて偽りを為す者なり。悪んぞ能く国家を治めん」と。

——〔戦国〕孟子『孟子・滕文公上』

▒解釈

孟子は「夫物之不斉、物之情也（夫れ物の斉しからざるは、物の情なり）」と言った。すなわち、天下の万物には同じものはなく、それぞれ独特な個性がある。それは客観的な存在である。また「同じようなものでも、値段があるいは二倍、あるいは五倍、あるいは十倍百倍、あるいは千倍万倍にもなる。君はそれをひっくるめて同じに扱おうとするので、それで天下を混乱させるのだ」と指摘する。さらに孟子は例を挙げて説明する。

例えば、靴にしても、巨履（粗末なもの）と小履（上等なもの）と、値段が同じというのだったら、だれも上等なものは作らないだろう。

孟子はこの話で物事の差異を強調する。物質世界はこのようであるが、人間の精神世界もまた同じである。『左伝・襄公三十一年』に「人心之不同、如其面焉（人の心の同じからざるは、其の面の如し）」とある。

人の心が同じでないのは、顔がそれぞれ同じでないのと一緒である。つまり、差異は普遍的に存在する。

孟子の「物之不斉」の観点と対立して、荘子は「斉物論」を主張、世間の万物は見た目は異なるが、結局のところ一様であると考える。これは「斉物」であり、その思想の主旨は「聴其不斉而自斉（其の不斉を聴）」である。これは道家思想と儒家思想との差異や、中華文化の豊かさを反映するものである。

若し水を以って水を濟らば、誰か能く之を食はん。
若し琴瑟を専壹せば、誰か之を聴かん。

――『国連教育科学文化機関（ユネスコ）本部における演説』などの文中で引用

■解読

「和して同せず」は中国人が「関係問題」を処理する際の基本態度である。睦まじいが、一致を求めない。この『左伝』の古語もこのことについて述べている。料理をつくるには、水、火、塩、酢、醤油などが揃って初めて、料理が美味しくなる。また、音楽を演奏するには、楽器、奏者、感情、メロディー、歌詞などが揃って初めて、良い音楽ができる。

現在の世界において200余りの国と地域があり、2500以上の民族がおり、様々な宗教がある。一種類の生活様式、言語、音楽、服飾しかないということは考えられない。「海より広いものがある。それは空である。空より広いものがある。それは人の心である」

習近平氏は、フランスの文豪ユーゴーのこの名言を引用し、我々は空より広い心を持ち、異なる文明の中に知恵を探し求め、養分を汲み取り、人々に精神的な支えと心の慰めを提供し、手を携えて人類が共通して直面する様々な試練を解決すべきであると指摘している。

■出典

斉侯自田に至り。晏子遄台に侍ひて、子猶馳りて造るなり。公曰く、「ただ据のみ我と和なりかな」と。晏子対へて曰く、「据また同なり、焉くにか和を為すこと得ん」と。公曰く、「和と同異なるか」と。対へて曰く、「異なり。和は羹の如くなり。水火醯醢塩梅以て魚肉を烹る。薪を以て之を燀く。今据然らず。君可と謂へば、据また可と曰く。君否と謂へば、据また否と曰く。若し水を以って水を濟らば、誰か能く之を食はん。若し琴瑟を専壹せば、誰か之を聴かん。同の可からざるもこれの如し」と。

――〔春秋〕左丘明『左伝・昭公二十年』

解釈

上文の「据」は、春秋時代の斉国の大夫梁丘据を指す。梁丘据は斉景公の心を読み取ることが上手であり、斉景公が命じたことを一切怠らず骨身を惜しまずにしたので、斉景公から認められた。

しかし、斉国の大夫晏子は彼を「社鼠（社廟の中の鼠、国家や社会を危うくする危険な人物を指す）」とみなした。斉景公と晏子の会話の中で、晏子は梁丘据は同調することができるが調和することはできないと批判した。つまり、君主が可といえば据もまた可といい、君主が否といえば据もまた否という。

次に、晏子は二つの比喩を述べる。「若以水済水、誰能食之？若琴瑟之専壹、誰能聴之？（若し水を以て水を濟らば、誰か能く之を食はん。若し琴瑟を専壹せば、誰か之を聴かん）」と。すなわち、もし水でもって水を調味して、いったい誰が食べられるだろう。もし琴と瑟が、専一の音を演奏したなら、一体誰がそれを聴き分けることができるだろう。すなわち、「同之不可也如是（同の可からざるもこれの如し）」と結論を述べる。

「和」と「同」は、表面上似ているようであるが、実際には大いに異なっている。「同」は、絶対に一致して変動もなく多様性もないので、単調さや重苦しさを代表する。「琴瑟専壹」は同である。

例えば、『礼記・楽記』で孔穎達疏曰く、「唯有一声、不得成楽故也（ただ一声有り、楽成り得ざる故なり）」と。琴と瑟が調和してこそ、美しい曲が演奏できる。ゆえに、『詩経・鹿鳴』曰く、「鼓瑟鼓琴、和楽且湛（瑟を鼓し琴を鼓し、和楽し且つ湛しむ）」と。

万物並び育して、相害はず。道並び行はれて、相悖らず。

――『中仏国交樹立五十周年式典における談話』などの文中で引用

■解読

世界は多元的なもので、文化・制度は異なるが、それぞれ発展の規則がある。この規則は中国の古代においては、「道」と言われた。習近平氏はこの言葉を引用して、中国の夢の「中国性」と「世界性」について解釈している。

孔子生誕2565周年記念国際学術シンポジウムにおいて、習近平氏は人類各種の文明間の交流を推進することは世界をさらに美しく、各国人民の生活をさらに豊かにするための、必ず通らなければならない道であると指摘している。グローバルな視野からみれば、中国の夢は我々の目標であるが、他の国の目標と同じでもある。中国には中国の夢があり、フランスにもフランスの夢がある。中国の夢はフランスのチャンスであり、フランスの夢は中国のチャンスでもあると習近平氏は述べている。

フランス大統領オランド氏は、中仏両国人民が各自の夢を実現した上で、「中仏の夢」を実現すべきと指摘している。中仏の夢のほかに、他の国家民族の夢も同じである。したがって、人と人の間においても、国家と国家の間においても、ポジティブな夢であれば、互いに理解し、助け合い、夢を実現するためにともに前へ前進するのである。

■出典

仲尼堯・舜を祖述し、文・武を憲章す、上天時を律べ、下水土に襲る。辟へば天地の持載せざる無く、覆幬せざる無きが如し。辟へば四時の錯に行はるるが如く、日月の代々明らかなるが如し。万物並び育して、相害はず。道並び行はれて、相悖らず。小徳は川に流し、大徳は敦化す。此れ天地の大為る所以なり。

――〔春秋～秦漢〕『礼記・中庸』

▒解釈

『中庸』のこの言葉によれば、孔子は堯・舜の道を継承し、文王・武王の徳を見習って、天の運行規律と水土の自然法則に従うということが分かる。

天地が載せないものはなく、覆《おお》わない所がないように、四時は正しく移り変わり、日と月が代わることが明らかになるようなものである。

その中で、「万物並育而不相害、道並行而不相悖（万物並び育して、相害はず。道並び行はれて、相悖らず）」は伝世の名言である。

並育：ともに生育する。競って生育するという意味を派生する。すなわち、万物は競って生育して、互いに損なうことはなく、四時の道はともに行われて、互いにもとるところがなく、宇宙と大自然の法則の包容力と和合の道を表している。

『中庸』にまた「喜怒哀楽之未発、謂之中、発而皆中節、謂之和。中也者、天下之大本也。和也者、天下此達道也。致中和、天地位焉、万物育焉（喜怒哀楽の未だ発せざる、之を中と謂ひ、発して皆な節に中る、之を和と謂ふ。中なる者は天下の大本なり。和なる者は天下の達道なり。中和を致せば、天地位し、万物育す）」とあり、個人の行為と社会関係においては、人間の欲望と感情的満足を適度に持つべきことを強調する。

己の欲せざるところは、人に施すこと勿かれ。

――『ドイツ・コルベール財団における演説』などの文中で引用

世界が平和を必要としていることは、人間が酸素、生物が陽光を必要としていることと同じである。

平和に発展することこそ、世界の正しい道である。この数十年来、中国は独立自主的な平和外交政策を終始貫いている。現在の国際関係において各国もこのような「道徳黄金律」を持ち、世界平和を維持し、平和的発展の中で共同の未来を迎えるのである。

解読

孔子のこの言葉は中国伝統倫理の「道徳黄金律」と言われている。西洋倫理の「道徳黄金律」である「何事も、自らがしてもらいたいことは、他の人にもそのようにしなさい」と比べ、「己の欲せざる所、人に施すこと勿れ」は自己中心を捨て、強い自己責任と道徳的制約を表現している。

これは中華文明に内在する品格であり、中国の世界秩序に対する想像でもある。習近平氏は、中国は「強国が世界を制覇する」という古い考え方を認めないと度々強調している。

今日の世界において、植民主義、覇権主義の古いやり方は通らないだけでなく、酷い目にあうであろう。

出典

子貢問いて曰く、「一言にして以て終身之を行うべきもの有りや?」と。子曰く、「それ恕か。己の欲せざるところ、人に施すこと勿かれ!」と。

――〔春秋〕孔子『論語・衛霊公』

▩解釈

「己所不欲、勿施于人（己の欲せざるところ、人に施すこと勿かれ）」は、孔子が弟子の子貢に対して答えたものである。

子貢が尋ねて言った。「一生涯にわたり、それを奉じて実行して良いような名言がありましょうか?」と。孔子はこう言われた。「それは、恕という言葉であろうかな。つまり、自分がいやだと思うことを他人に押しつけてはならない、ということだ」と。逆に言えば、他人にさせたいことは、まず自分もやりたいことでなければならない。すなわち、孔子が言った「己欲立而立人、己欲達而達人（己立たんと欲して人を立て、己達せんと欲して人を達す）」ということである。

「己所不欲、勿施于人」は『論語・顔淵』にも出てくる。これは孔子が弟子の仲弓に話した言葉である。仲弓が仁の真義について尋ね、孔子が答えられた。「出門如見大賓、使民如承大祭。己所不欲、勿施于人。在邦無怨、在家無怨（門を出でては大賓を見るが如くし、民を使うに大祭を事えまつるが如くす。己の欲せざるところ、人に施すこと勿かれ。邦に在りても怨無く、家に在りても怨無し）」と。

「己所不欲、勿施于人」に関して、朱熹は『論語集注』の中で「推己及物（己を推して物に及ぼす）」と解釈する。すなわち、自分の気持ちで相手の気持ちを察することである。この言葉は人間関係を扱う大切な原則を示している。つまり、他人と一緒にいる時、他人の身になって考えるべきである。ゆえに、孔子は「恕」の道を提唱し、他人を寛大に扱うことを主張した。

既く以て人の為にし、已れ愈々有り。既く以て人に与へて、已れ愈々多し。

――『永遠に太平洋諸島諸国人民の真の友達になる』などの文中で引用

解読

中華民族は道義を尊ぶ民族である。義理と人情を重んじ、優先するのは、中国人が数千年来一貫して維持してきた道徳水準と行動規範である。老子のこの言葉は弁証法的な知恵に溢れ、現代人に互恵共栄ということを啓発している。

「親、誠、恵、容」という周辺外交理念の打ち出しから、各国が中国の発展に便乗することを歓迎することまで、習近平氏は常に「運命共同体」の理念を説いている。中国が求めているのは共同発展である。中国が発展すると同時に、他の国も発展させなければならない。中国は自分自身の安全を維持しながら、他の国にも安全感を与えなければならない。中国人はより良い暮らしを求めながら、他の国の国民に幸せを与えなければならない。この理念は、中国は大国としての広い心と責任、「原則を堅持し、情誼と道義を重んじる」という正確な価値観を貫くことを表している。中国の国家利益と発展空間を確保するのみならず、各国の利益合流点を探し出し、中国と世界の共同発展を図り、共同利益を拡大するという中国の協力共栄の理念と追求を表している。

出典

聖人は積むこと無し。既く以て人の為にし、已れ愈々有り。既く以て人に与へて、已れ愈々多し。天の道は、利して害せず。聖人の道は、為して争はず。

——〔春秋〕老子『老子・第八十一章』

▒解釈

すなわち、聖人は自らのために蓄財はしない。ことごとく人に施すが、自らはいよいよ所有が増える。ことごとく人に与えて自分のものはいよいよ多くなる。天の道は利益を与えて害を加えない。聖人の道は人のために尽くして争わない、ということである。

一部の人々はゼロサム思考や競争思考に慣れたため、勝ち取ることないし生きるか死ぬかの闘いばかり考えている。

ところが実は「助人者、人恒助之（人を助く者は、人恒に之を助く」という説があり、「人と争わず」、「人に与える」、そしてやるべきことに一意専心すれば、逆に自分のものはいよいよ多くなる。

「舎得」は「捨てることによって得ることができる」となる。「捨てる」と「得る」、「与える」と「与えられる」、それぞれ並存するものである。与えると同時に与えられる。絶えず与え続ければ、必ず大きな収穫を得られる。

智者は同を求め、愚者は異を求む。

――『中国・EUの親善と協力：暮らしをより良くする――ベルギー紙に寄稿』などの文中で引用

■解読

「求同存異（双方の共通点を追求し、異なる点は棚上げする）」は中国が他国の見方や意見と異なるときに、問題を解決する姿勢である。周恩来氏は1955年バンドン会議の際に、各国が普遍的に受け入れられるこの外交原則を打ち出した。

習近平氏はこの言葉を引用して、中欧友好協力を推進すること、平等対話と交流を強めることについて述べているが、他の国家や地域においても適用されるものである。

「世界には二つ同じ葉がない」ように、各国の国情と発展段階は異なるため、すべてのことにおいて一致を求めることはできない。分岐しか見えず、異なるところを拡大すると、共同認識を求めることに害をきたすのみならず、無意義な誤解や衝突を招くのである。

習近平氏が指摘したように、我々は互いに助け合う時代にいるが、個性を表す時代にもいる。今までになかったチャンスが溢れる時代であるが、今までになかった挑戦が溢れる時代でもある。

差異はあるが、同工異曲はできる。差異はあるが、「求同存異（双方の共通点を追求し、異なる点は棚上げする）」はできる。

相互尊重、平等待遇、協力共栄の姿勢で、対話と交流を強め、利益の最大公約数を求め、チャンスをシェアし、挑戦を共同で迎えるのである。

■出典

故に曰く、之を知るときは則ち強く、知らざるときは則老ゆ。故に同じく出でて名の異なるのみ。智者は同を察し、愚者は異を察す。愚者は不足し、智者餘有り。餘有るときは則ち耳目聡明に身体軽強なり。老者は復た壮に、壮者は益々治す。是を以て聖人は無為の事を為し、恬憺の能を楽しむ。欲を従に虚無の守りに快志す。故に寿命窮りなく、天地とともに終わる。此れ聖人の身を治るなり。

――〔春秋～両漢〕『黄帝内経・素問・陰陽応象大論篇』

■解釈

「智者求同、愚者求異（智者は同を求め、愚者は異を求む）」は、『黄帝内経』の中の「智者察同、愚者察異（智者は同を察し、愚者は異を察す）」が転化したものである。

『黄帝内経』は現存する中国最古の医学書であり、『霊枢』と『素問』という二つの部分に分けられる。黄帝と岐伯らとの問答対話を通じて病機と病理を詳述するものである。

『陰陽応象大論篇』は、陰陽の基本概念と規律を集中的に述べ、また自然界と人体の生理機能・病理変化など広く結びつけて論述を行う。

「智者察同、愚者察異（知者は同を察し、愚者は異を察す）」は、養生の道を論じるが、古人が物事の規律を探求する時使う思惟方法を簡潔に表しているので、普遍的意義を持っている。

「察同」「察異」は、世界を観察するはっきりと異なる方法を反映し、その結果も大いに異なっている。智者は同を察すれば、互いに包容し、共通点を求め相違点を残すという原則に基づき、お互いに利益を与えあうことができる。

愚者は異を察すれば、矛盾を作り、道義に背いて援助は少なくなるので、失敗を引き起こす。

橘は淮南に生ずれば則ち橘となり、淮北に生ずれば則ち枳となると。葉ただ相似て、その実味は同じからず。然る所以のものは何ぞや。水地異なればなり。

――『ベルージュ欧州学院における演説』などの文中で引用

■解読

なぜ中国は他の国家制度及び発展様式を全面的に模倣してはいけないのか。習近平氏は、上の言葉を引用して、わかりやすく喩えている。我々自身の「土壌状況」を考慮せず、盲目的に外国の制度と様式を学べば、表面的なものしか学べず、恐ろしい結果を招く可能性が高い。

確かにこれに関する教訓はたくさんある。冷戦が終わり、西洋諸国の政治制度を全面的模倣した国家の中には穏やかに発展できない国もたくさんある。「アラビアの春」の影響を受けた国家は、政局が不穏な状態に陥る場合が多い。著名な政治家、シンガポール元総理李光耀は、アメリカの「シンガポール独裁論」に対して、「我々はどうするべきかに関して、他人からの提案は聞き入れない。我々の生活を他人の実験台に任せるにはいかないからである」と反論している。

習近平氏はかつてこの言葉を引用した。確かに「履が同じである必要はなく、足に適合すればいい。治国も他と同じである必要はなく、国民に利すればいい」自らに適応する制度が最高の制度である。

■出典

晏子至る。楚王は晏子に酒を賜ふ。酒酣にして、吏二あり一人を縛して王に詣る。王曰く、縛する者は曷為る者ぞ。対へて曰く、斉人なり、盗に坐すと。王は晏子を視て曰く、斉人固より盗人を善くするかと。晏子席を避けて対へて曰く、嬰これを聞く、橘は淮南に生ずれば則ち橘となり、淮北に生ずれば則ち枳となると。葉ただ相似て、その実味は同じからず。然る所以のものは何ぞや。水地異なればなり。いま民は斉に生長して盗まず、楚に入れば則ち盗む。楚の水土、民をして盗を善くせしむることなきを得んや。

――〔戦国至秦〕『晏子春秋・内篇・雑下』

解釈

『晏子春秋』の物語は主に晏子を中心人物としている。そのストーリーは興味深く、風刺性が強い。

ある日、晏子は命を奉じて使節として楚国へ行った。楚王は晏子を辱めるため、わざと二人の小吏に縛られた犯人を連れてこさせた。

楚王は「この人は何をしたか」と聞くと、小吏は「この斉国人は窃盗を犯しました」と答えた。楚王は晏子に聞いて、「斉国人は生れつきの盗人か」と。

晏子は答えて、「これは私が聞いたことです。淮河の南に生える橘も、淮北に移すと自然に枳となります。葉が似ているだけですが、実の味は異っています。なぜかというと、水土が異なるからです。この人は斉国にいた時は盗まなかったのですが、楚国に来ると盗むようになりました。楚国の水土は人を盗人にしたのでしょうか」と。

「橘生淮南則為橘、生于淮北則為枳（橘は淮南に生ずれば則ち橘となり、淮北に生ずれば則ち枳となる）」は、現在環境が一旦変わると事物の性質も変わるということをたとえる。

山が積もれば而ち高く、澤が積もれば而ち長し。

——『アジア安全観を積極的に樹立し、安全且つ協力の新しい局面を共に創造する——アジア信頼醸成措置会議（CICA）第四回首脳会議における基調演説』などの文中で引用

解読

国家間においてどうすれば相互信頼関係を築けるのか。地域内においてどうすれば共通認識に達するのか。アジアサミットにおいて、習近平氏は上の古い言葉を引用し、「一歩一歩着実に進む」という「外交リズム」について述べている。

友達間においても国家間においても、信頼は壊れやすいものであり、育成するのは難しく、壊すのは簡単である。心をこめて、用心深く育て、功を焦ってはいけない。習近平氏は、中国はアジア安全観の積極的な擁護者であり、動揺しない実践者でもあると語る。中国は一歩一歩着実に各国の安全対話と協力を強め、各国と共に地域安全行動規則及びアジア安全パートナーシップの構築を検討し、アジア諸国を相互信頼し、平等に協力する良きパートナーにさせるとも述べる。

習近平氏はまたかつて、「人より高い山はない、足より長い道はない」という言葉を引用して、国家間の付き合いにおいても、地域や世界の発展においても、努力を続ければ、小さい勝利が大きい勝利になり、一歩一歩を積み重ねれば、千里の遠くにまでは到ることもでき、きっと目的に達成できると述べた。

出典

銘曰く、山が積もれば而ち高く、澤が積もれば而ち

長し。聖人の後、必ず大くて昌なり。聖と賢に由りて、或いは覇強を為さん。建てて嗣克たず、北を済ひて疆を疏す。斉人之を徳す、その族王と称す。……乃ち金石刻を道陲に掲ぐ。松や柏や、洛の湄有り。過ぎる者必ず下りて、信辞を観に来たる。

——〔唐〕劉禹錫『唐故監察御史贈尚書右僕射王公神道碑』

解釈

『唐故監察御史贈尚書右僕射王公神道碑』は、唐代の詩人劉禹錫が撰したものである。碑主の王俊は字を真長といい、享年55歳。碑文における韻文が銘文となる。「山積而高、澤積而長（山が積もれば而ち高く、澤が積もれば而ち長し）」は銘文の冒頭であり、比興という修辞法を用いる。

すなわち、山は土石の積み重ねによって高くなり、川は水滴の集まりによって長く流れる。二つの「積」は、量変の作用をはっきりさせる。絶えず蓄積すれば、山も高くなり水も長くなる。学業や事業ひいては国家間の信頼も同じであり、長期の蓄積と努力を通して成功させなければならない。

古の人々は蓄積の重要性を深く認識している。例えば、「縄鋸木断、水滴石穿（縄鋸も木断ち、水滴も石穿つ）」、「聚沙成塔、集腋成裘（沙を聚めて仏塔と成り、腋を集めて裘と成る）」、「氷凍三尺、非一日之寒（三尺ほど凍った氷は、一日の寒さによるものならず）」。『荀子・勧学』に、「積土成山、風雨興焉。積水成淵、蛟龍生焉。……不積小流、無以成江海（積土山を成し、風雨焉に興る。積水淵を成し、蛟龍焉に生ず。……小流を積まざれば、以て江海を成すこと無し）」とある。この言葉は劉禹錫の「山積而高、澤積而長」に深い影響を与えたかもしれない。

なお、古人の地殻変動に関する認識は不十分であったため、「山積而高」という説となったのである。

明者時に因りて変え、知者世に随ひて制す。

――『アジア・世界の素晴らしい未来を共に創造する――ボアオ・アジアフォーラム2013年度年次総会における基調講演』などの文中で引用

解読

長い人類の文明史において、各国は世界と付き合う道を見つけた。各地域が安定を維持し、発展を促進する面において優れた経験とやり方を積み重ねてきた。これは全人類が蓄積した財産であり、継承・高揚すれば、未来の世界に良い参考を提供できるのである。

しかし、世間の物事は常に変化し、歴史の大河は常に流れている。情勢は発展し、時代は進歩している。時代について行くには、体が21世紀に入っても頭が過去に滞っていてはいけない。

冷戦思考、ゼロサムゲームの旧時代はすでに過ぎ去った。時代遅れの旧観念を捨て、発展を制約する枠を打ち破ることで、様々な発展の活力が溢れてくる。習近平氏は「アジアは昔から自己変革の活力に満ち、時代の先駆者になる勇気を持っており、それはアジアの変革と世界の発展を相互促進させ、世界の共同発展に原動力を提供する」と指摘している。

出典

文学曰く、「明者時に因りて変え、知者世に随ひて制す」と。孔子曰く、「麻冕礼なり。今や純なるは倹なり、吾は衆に従わん」と。故に聖人上賢は古を離れず、俗に順いて宜に偏らず」と。

――〔西漢〕桓寛『塩鉄論・憂辺第十二』

▒解釈

「明者因時而変、知者随事而制（明者時に因りて変え、知者世に随ひて制す）」は、桓寛の『塩鉄論』に拠る。原文の「随世而制」は「随事而制」に転化された。

漢昭帝の始元六年（紀元前81年）、前漢政府は塩鉄会議を開いた。後に桓寛は塩鉄会議の記録を『塩鉄論』六十篇にまとめた。本書は、御史大夫桑弘羊及び全国から招集された民間の有識者である賢良・文学と称された人々が、塩・鉄などの専売や均輸法（訳注：市場価格が下がった物資を国家が購入し、その物資が不足して価格が高騰している地域に輸送してその地域の市場に払い下げる）・平準法（訳注：市場価格が下がった物資を国家が購入し、高騰した時に市場に払い下げる）などの問題をめぐって議論したことを記述したものである。この会議は、当時全国の酒専売と関内の鉄官制度を廃止し、漢武帝時代の経済管制政策を終わらせたと同時に、思想上漢代初期の「儒法合流」を終了させ、再び先秦の「孔孟の道」を回復した。

「明者因時而変、知者随事而制（明者時に因りて変え、知者世に随ひて制す）」は、賢良・文学と称された有識者の政治主張である。「知」は「智」とも書く。すなわち、賢者は時代の変化とともに策略を変え、智者は世間の変化とともに法則を定める。

この言葉は、「変」の重要性と必要性を強調し、時代の発展に応じて積極的に調整を行うことを主張し、古いしきたりに固執して創造を怠ることに反対する。ただ注意すべきなのは、桓寛が儒家に味方していたため、賢良・文学の主張に賛成しながら、法家を代表する桑弘羊などを低く評価するところが多い、ということである。

ゆえに、この言論は客観的な立場とは言えない。なお、『塩鉄論』は前漢の経済史と政治史を研究するための重要な資料である。

窮すれば則ち独り其の身を善くし、達すれば則ち兼ねて天下を善くす。

――『中仏国交樹立50周年記念式典における基調講演』などの文中で引用

解読

孟子のこの言葉は、中国の伝統的な「内に聖人の徳、外に王道」の道であり、中華民族が尊ぶ徳性と抱負である。中国は中国の事情に専念し、中国に責任を持っているのみならず、世界にも貢献している。

習近平氏の外交理念は、「中国の夢」をテーマに、「中国の夢を実現するには、平和で安定した国際社会と周辺環境を必要としている」、「長続きする平和と共同繁栄する世界の夢を国際社会と一緒に実現する」こと等である。

中国の夢とアフリカの夢、アジアの夢、世界の夢はそれぞれ繋がっている。モスクワからメキシコ市まで、中央アジアから東南アジアの隣国まで、同じ理念が何度も強調され、世界範囲においても最大の理解と同意を得て、国際舞台における「外交キーワード」になっている。そして、この理念は中国の国際影響力、文化親和力を高め、世界に一層深く今日の中国国際戦略を了解させ、中国と世界関係を一層深く理解させたのである。

出典

宋句践、孟子謂ひて曰く、「如何なれば斯に以て囂囂たる可き」と。曰く、「徳を尊び義を楽しめば、則ち以て囂囂たる可し。故に士は窮しても義を失はず、達しても道を離れず。窮しても義を失はず、達しても道を離れず。窮しても義を失はず、故に士は己を得。達しても道を離れず、故に民は望みを失はず。古の人は、志を得れば、澤民に加はり、志を得ざれば、身を修めて世に見る。窮すれば則ち独り其の身を善くし、達すれば則ち兼ねて天下を善くす」と。

――〔戦国〕孟子『孟子・尽心上』

解釈

上文は孟子と宋句践の会話である。宋句践が孟子に問う、「どうすれば自得無欲になれましょうか」と。孟子は答えて言う、「徳を尊び義を楽しめば、自得無欲になれます。かかる心がけの士は、困窮しても義を失うことなく、栄達しても道を捨てません。困窮しても義を失わないから、己の本性を全うし得るし、栄達しても道を捨てないから、人民の期待に外れないのです。昔の賢者は、志を得て世に立てば、その恩沢は広く人民に及ぶし、志を得ずして道を天下に行うことのできぬときは、自分を修養して高徳の人として世に知られたのです」

最後にまとめて言う、「窮則独善其身、達則兼善天下（窮すれば則ち独り其の身を善くし、達すれば則ち兼ねて天下を善くす）」と。後世の人は「兼善」を「兼済」にした。

すなわち、逆境にあっては、独り自分の一身を修め、栄達にあっては広く天下を善に導くことが大切である。「窮則独善其身、達則兼善天下」は、儒者の仕官と在野の政治選択と人生態度を簡潔に表わし、昔から現在に至るまで数多くの知識人の座右銘となった。この言葉は、出処進退の深刻な内的矛盾を示すとともに、儒学における臨機応変の考え方と気風を明らかにする。

孔子はかつて言った、「用之則行、舍之則蔵（之を用ふれば則ち行ひ、之を舎つれば則ち蔵る）」「天下有道則見、無道則隠（天下道有れば則ち見られ、道無ければ則ち隠る）」「邦有道、則仕。邦無道、則可巻而懐之（邦道あれば則ち仕へ、邦道なければ則ち巻いて之れを懐にすべし）」と。要するに、孟子は孔子の思想を継承・発展してきたのである。

廉政篇

「腐敗防止に対する高圧的な態勢を維持しなければならず、『ゼロ容認』の態度で腐敗を処罰し続ける。腐敗分子に対しては、見つけ次第断固として取り調べ、処罰する」

習近平氏は党の生死存亡に関わる高度のレベルから、さまざまな場で重ねて腐敗防止を強調してきた。「ハエを放任して害になること」を防ぐとともに、「飼いトラに手を噛まれること」も一切許さない。

一時的な解決策も抜本的な解決策も必要であり、さらに、一時的な解決策の実施を通して、抜本的な解決策の時間的余裕を生み出す。定期的かつ長期的に警戒し、「腐敗防止に対する高圧的態勢を維持する」と強調している。

十八大以来、李春城、劉志軍から薄煕来、徐才厚、周永康などに至るまでの大型の「トラ」を捕まえ、取り調べ及び処罰にさらに力を入れ、気風と規律を容赦なく正してきた。

「科長」から「村長」まで、「遅刻早退」から「サービス態度」まで、大衆のまわりの「ハエ」は次から次へと処罰され、「ハエ」や「アリ」はもはや法の網を逃れることがなく、党規約と国の法律に背けば、例外なく厳しく処罰される。

劇薬で病を根絶し、厳罰で乱を治める決心、骨を削り毒を除き、壮士が腕を切断するような勇気は、鮮明な「習式風格」を現す。数多くの「ハエ」や「トラ」を次々に捕まえ、党を清め、党心と民心を奮い立たせた。

一糸一粒は我が名節であり、一厘一毫は民の膏血である。税金を一分でも減らせば、民が得る恵みは一分だけに留まらない。一文取れば、我が価値は一文にも値しなくなる。交際は人情の常であるが、贈り物を貰うのは廉恥を傷つける。不正の金品でないとすると、これはどのようなものか。

――『河南省蘭考県の党委員会常任委員会拡大会議における演説』などの文中で引用

解読

理想的な地滑りは最も致命的な地滑りである。信念の動揺は最も危険な動揺であり、これは決して大げさな言論ではない。このような地滑りと動揺はいつも小さな事から始まる。

習近平氏は以前「貪ること火の如き、抑止しなければ自らを焼き尽くす。欲は水の如き、抑止しなければ溺死に至る」「蟻の穴から堤も崩れ、矛先から気も抜ける」「自分の所有物でなければ、一毫も取るべからず」などを通して、同様の峻烈な戒めを提示した。

現実に、少数の幹部は原則的な是非に臨み、自分をコントロールできればそれでよいと考えているため、「小さな節操」に防備が足りず、何回かの食事や何本かの酒、幾つかの小物の受取は差し障りがないと思っている。

その結果はいつも「小さな節操に対し慎まなければ、大きな節操は守れない」のごとく、最終的に大きな過ちを犯し、後悔は遅きに失するのである。

そのため、習近平氏は思想の蛇口は一旦開けたら、一瀉千里の可能性がある、と絶えず強調している。幹部は大小を問わず、独りから慎むこと、初めから慎むこと、微小なことから慎むことを全員が努力しなければならず、「悪小を以て為すこと勿れ」である。

▒出典

一糸一粒は我が名節であり、一厘一毫は民の膏血である。税金を一分でも減らせば、民が得る恵みは一分だけに留まらない。一文取れば、我が価値は一文にも値しなくなる。交際は人情の常であるが、贈り物を貰うのは廉恥を傷つける。不正の金品でないとすると、これはどこから来たものか。

――〔清〕張伯行『禁止饋送檄』

▒解釈

張伯行（1652－1725）は、河南儀封（今の河南蘭考）生まれ、福建巡撫、江蘇巡撫、礼部尚書を歴任した。清廉かつ剛直な人柄で、他人の贈り物を断じて受け取らなかった。金品の贈与や賄賂に極力反対していたことから、康熙帝に「天下一の清官」の名を送られた。

張伯行は福建巡撫在任中、贈賄にやって来る人を拒絶するために『禁止饋送檄』を書き、自宅及び巡撫役所の門前に貼って見せた。人々は檄文の厳格な言葉遣いを見て、贈賄を諦めたという。後にこの檄文が世に知られ、清廉なる政治の「堅固なる掟」として唱えられるようになった。

『禁止饋送檄』は全文五十六字のみではあるが、「一」が八回も繰り返し使われている。百姓の疾苦を思慮し、個人の名節を重んじる姿勢を示し、贈賄収賄反対を強く主張したものと見られる。

「一糸一粒」は微小ながらも、我が名節にかかわるものであり、「一厘一毫」は微細ながらも、民の膏血である。百姓を少しでも寛大に扱えば、百姓は大いに受益するものであり、百姓から一文だけでも多く取れば、我が価値は一文の価値も無くなるという。これは廉潔奉公の原則と道徳節操をよく体現するものである。

災いや愁いはいつも微小なものが積もりに積もって生まれ、知恵と勇気のあるものも、物に溺れて苦しめられることが多い。

――『党の大衆路線教育実践活動工作会議における演説』などの文中で引用

解読

気風問題に些細なことはない。些細なことでも放置すれば大きな問題を引き起こす。これに対して習近平氏ははっきりした認識を持っていて、彼は異なる場所で「小さい穴は補わないと、大きい穴になって苦労する」「些細なことでも積もり積もれば大きな災いを招き、小さな悪でも放置すると悪い結果を招く」と強調している。気風問題の是正に対しても腐敗防止に対しても「大きな問題も小さな問題も警戒を要する」というのが一貫した管理の筋道である。公費での贈り物行為への反対から、会所の不正気風への打撃、さらに「舌先上の腐敗」を根絶させることまで、激しい雷のごとき是正行動は、些細なことでも見逃さない決心を示している。

二年来、気風問題の是正は段階的な成果を得た。なぜ、このような短い時間で全面改革と全面維新に対する社会の反響をもたらすことができたのか。

その解答は些細なことから切り込み、情け容赦のない問責、毅然たる取締り、厳格な規律遂行を通して、制度を「帯電の高圧線」にし、紀律を越えることができない「赤線」にしたことにある。幹部からすれば、独りから、微小から慎まなければならず、多少の食事や酒、小物の受取はたいしたことでないと思ってはならない、大きな過失を犯さなければ、しばしば小さな過ちを犯しても構わないと思ってはならない、ということになる。腐敗への戻れない道はいつも細部から始まる。小さな事、小さな節操、小さな利益に対してどうして油断することができるだろうか。

出典

『書経』に曰く、「満足は損失を招き、謙虚は利益を受ける」と。心を労するものは国を盛んにすることができ、安逸を貪るものは身を滅ぼす、というのは自然の理である。それゆえ勢い盛んな時は、天下の豪傑が束になってかかっても、相手になるものはなかったが、衰えたとなると、わずか数十人の芸人どもに苦しめられて、身を滅ぼし国を滅ぼし、天下の物笑いとなる。

そもそも災いや愁いはいつも微小なものが積もり積もって生まれ、知恵と勇気のあるものも、物に溺れて苦しめられることが多い。まこと溺れるのは芸人だけとは限らないのである。ここに芸人たちの伝記を作った。

――〔北宋〕欧陽修『新五代史・伶官伝第二十五』

解釈

これは欧陽修が作った『新五代史・伶官伝』序論の結語の部分である。伶官とは封建宮廷の楽人のことである。『伶官伝』は後唐荘宗李存勖の寵愛を受けた伶官景修、史彦琼、郭門高らの伝記である。欧陽修は『伶官伝』の序論において、後唐荘宗が精励恪勤して天下を取り、伶官に溺れて天下を失ったという典故を挙げ、国家の盛衰はまったく人事に係わるのだとの道理を語る。

「禍患常積于忽微、而智勇多困于所溺（禍患は常に忽微に積もり、智勇は所溺に苦しめられる）」とは、災いや愁いはいつも微小なものが積み重なって生まれるものであり、人の知恵と勇気は物に溺れて苦しめられるものであるとの意。欧陽修は「豈独伶人也哉（芸人にだけとは限らない）」という一句をもって、序論の意義を示し、唐荘宗の伶人を寵愛することで国が破れ、命を落とすという歴史教訓の意義を強調した。

イングランドには古い民謡がある。「一本の釘を失くしてしまうと、一本の馬蹄が失われるのと同じ。馬蹄がなくなると、一匹の戦馬が失われるのと同じ。戦馬がなくなると、戦役に負けるのと同じ。戦役に負けると、国家が滅ぼされる」と。

これは１４８５年に、イングランド国王リチャード三世が釘が一本足りないため、ボズワース戦役で惨敗したことを言っている。つまり、「禍患常積于忽微」は洋の東西を問わず通用するものである。

禁を善するものは、其の身を禁じて其の後人を禁ずることである。

――『共産党第十八期中央紀律検査委員会第二回全体会議における演説』などの文中で引用

解読

八項規定の遂行にしても、「四風」への徹底的な反対にしても、習近平氏は重ねて「鉄を打つには自らが固くなければならない」「他人を正すためには自身を正さなければならぬ」「他人に対する要求は、まず自身がやり遂げなければならず、他人に対して禁止したことは自身も断固としてやらぬ」と強調している。

これらはすべて身をもって範を示し、率先して範を垂れ、模範になって人を動かす力を発揮するとの各級の幹部に対する要求である。

「大難題、大難題、ボスが出陣すれば難題はない」のように、指導幹部がもしも態度を表明するだけで、身をもって範を示さずに、懐中電灯で他人だけ照らして、自分を照らさなければ、普通の幹部は気風転換の動力を持つことがあり得るだろうか。

指導者がリードしなければ水牛も井戸に落ちると俗語にある。指導幹部がもし言うことと行うことが裏腹で、禁令をただ口にして文に書いて壁に掛けただけで、公費での飲み食い、公用車の基準超過、事務用品の基準超過は元のままで、制度が「案山子」になっているとすれば、気風改善において、人から信用が得られるだろうか。

ここから言うと、指導幹部自身は「四風」反対の基準、気風転換の測量竿であり、自らに対して厳格に要求するほど、模範としての波及効果が生じ、上が下を率いるプラス・エネルギーが生まれる。

▒出典

禁を善するものは、其の身を禁じて其の後人を禁ずるのである。禁を善しないものは、人を禁じて其の後自己の身を禁ずるのである。之を善禁すれば、不禁に至る。令は亦之の如し。身から情を放恣しようとして人を制裁する、官吏として悪賢くありながらも百姓に誠実でないといけないと強いる、富を余るほど求めようとして民の不足している財産を略奪する、自分が容易にできることをせずに人に難しいことを押し付けるなど、これらが怨恨の本となる。

――〔東漢〕荀悦『申鑑・政体』

▒解釈

「政体」とは政治を為す要領である。荀悦は『申鑑・政体』において、「善禁者、先禁其身而後人：不善禁者、先禁人而後其身（禁を善するものは、其の身を禁じて其の後人を禁ずる。禁を善しないものは、人を禁じて其の後自己の身を禁ずる）」と指摘した。

政令を生かして国を治めることが上手な人は、まず自ら政令に従った上で他人に要求するが、逆に下手な人は、いつもまず他人を政令に従わせようとする。

荀悦はこの言葉を以って統治者が身をもって範を示すことを戒めていた。自ら正しく行動すればこそ他人が納得するのであって、これが初めて「善令」となる。

荀悦の主張は、儒家の「其身正、不令而行。其身不正、雖令不従（其の身正しければ令せずして行はる。其の身正しからざれば、令すと雖も従はれず）」の思想を継承したものだと見てよい。

四百年後の唐の太宗はこれを「若し天下が安定すれば、まず自ら身を正さねばならぬ。身が正しければ影が曲がること有らず、上が治まれば下が乱るること有らず」と解釈し、これこそ「善禁」の典範だと称したのである。魏徴は上疏したものにも「己を尽くし此れを以って人に求めず、身を求めては下を責めることなし」が見られる。このように、古人は「人を正す先に己を正す」ことを「善禁」の最も肝心なところだと見ていたことが分かる。

公正は明朗を生み、清廉は威厳を生む。

――『中央政法工作会議における演説』などの文中で引用

解読

公権力は公に帰属し、権力は民衆のために使用すべきである。習近平氏は中央政法工作会議で、「公から明が生まれ、廉《れん》から威《い》が生じる」と強調し、これは政法幹部に対する基本的な要求であるだけではなく、幹部グループ全体に対する切実な嘱望でもあると述べた。

公金は公に帰属し、一分一厘も無闇に使ってはならない。公権力は民衆のためにあり、少しも私用してはならない。指導幹部は常にこの点を認識し、公私の境界線を明確にし、滅私奉公し、厳格に自律しなければならない。一心に公のために尽くし、万事公の利益をはかることができてはじめて、胸中がさっぱりして慎重に権力を使用でき、公明正大で正々堂々とすることができる。

指導幹部の立派さはここから生じ、大衆の中における権威もここから生まれる。公権力を握っている指導幹部として、公平でなければ、職権で私利を謀ることは免れがたく、廉潔でなければ、悪人（悪事）隠しをするのが当然であり、裏工作が盛んに行われ、汚職腐敗のエスカレートを招くとすれば、党と政府の権威はどこに存在するのか。大衆の幹部グループに対する信頼はどこにあるのか。新歴史的条件の下での新情況、新試練に直面して、習近平氏は「公のために公権力を行使し職権で私利を謀らず、法律に基いて権力を使用し私腹を肥やさず、廉潔に権力を使用し汚職腐敗することなく、共産党員の政治本領を維持すべきだ」と重ねて強調している。

これは政権を握り権力を使う側として持つべき畏敬の心であり、指導幹部が心に銘記すべき「役人箴言」でもある。

出典

官吏は、吾が厳しさを畏れず、吾が清廉を畏れる。民は吾が能力に心服せず、吾が公正に心服する。公正なれば則ち民は怠慢せず、清廉なれば則ち官吏は欺かず。公正は明朗を生み、清廉は威厳を生む。

――〔明〕年富『官箴』刻石

解釈

『官箴』は元来明初期の学者曹端の言葉だとされていたが、後に山東巡撫である年富に詩句の加減をされ、「公生明、廉生威（公ならば則ち明を生じ、廉なれば則ち威を生ず）」を追加し楷書に書かれた。これも年富の座右の銘とされた。

年富（1395-1464）は、明の成祖から憲宗まで朝廷に仕え、中央と地方の要職を歴任した。清廉かつ剛直な人柄で一代名臣として世に知られる。弘治十四年（1501）に、泰安知州の顧景祥は『官箴』を石碑に刻み、役人の戒めとして役所前に立てたという。

清の乾隆時代に、泰安知府の顔希深は更にこれを家訓としていた。後の顔氏子孫は『官箴』を恪守し、四代もの督撫が生まれたという。新督撫は赴任時に必ずこの石碑を持参し、自警自戒に努めていた。

この三十六文字の『官箴』は、警策と名句の極致とも言われ、役人を為す根本を二点にまとめた。一つは公、一つは廉である。即ち、部下が私を畏れたのは私が厳しいからではなく、清廉であるからだ。百姓が私に信服するのは私が才能があるからではなく、公正であるからだ。清廉になれば部下が怠慢になることはなく、公正になれば百姓に欺かれることはない。公正なればこそ物事の是非を明弁できるし、清廉なればこそ威厳が保たれるものだとの意である。

倹なれば則ち約《つづま》やかになり、約やかになれば、則ち衆善ともに興るべし。侈《おご》れば則ち気ままになり、気ままになれば、則ち衆悪ともに自由勝手に蔓延《はびこ》るべし。

——『共産党第十八期中央紀律検査委員会第二回全体会議における演説』などの文中で引用

解読

「倹約」と「奢侈」の人の性格修養に対する影響は、「百の善が全て興る」と「百の悪が全部放任される」との強烈な対比において徹底的に現れている。

習近平氏はこの言葉を引用して、倹約と奢侈は決して個人の生活問題にとどまらず、指導幹部の党性修養と施政徳行にも関わるとした。

それがゆえに、中央は厳しく贅沢三昧な気風を正す上で、『党政機関厲行節約反対浪費条例』を作成し、浪費反対を党内法規の形式によって固定させ、毅然とした制度による制約、制度の厳格な執行、力強い監督検査、厳しい懲戒メカニズムを通して、贅沢者と浪費者のために制度上の「赤線」を定め、法律を犯そうとする者のために「高圧線」を設定した。これに対し、習近平氏は『人民日報』の文章の言葉を引用し、「清なれば気品高し。清なれば正気満つ。清なれば百毒を侵さず。清なれば万衆帰心す」と付け加えて強調している。

出典

倹なれば則ち約やかになり、約やかになれば、則ち衆善ともに興るべし。

侈れば則ち気ままになり、気ままになれば、則ち衆悪ともに自由勝手に蔓延るべし。

――〔清〕金纓『格言聯璧・持躬』

解釈

『格言聯璧《れんぺき》』は清の学者金纓が編著したものである。歴代賢人の警策と名句が集められた「格言の宝庫」とも言うべき書物である。「学問」「存養」「持躬（摂生）」「敦品」「処事」「接物」「斉家」「従政」「恵吉」「悖凶」と十の類別により編纂され、警世覚醒の書として人々に誠実、善良と美行を追求するよう啓発する。

「倹なれば則ち約やかになり、約やかになれば、則ち衆善ともに興るべし。侈れば則ち気ままになり、気ままになれば、則ち衆悪ともに自由勝手に蔓延るべし」は『格言聯璧』の「持躬《じきゅう》」にあるもので、倹約すれば節制ができる。節制ができれば百善が生まれる。贅沢すれば放恣（わがまま放題）になる。放恣になれば、百悪が生まれることを意味する。

倹約を崇め、贅沢を戒めることは、中華民族の伝統的美徳とされてきた。

墨子は「倹節なれば繁昌になり、淫佚（男女が乱れる）なれば滅ぼすことになる」との言葉を残している。また、諸葛孔明は『誡子書』において「静を以て修身し、倹を以て徳を養う」と言った。歴史上では、秦穆公は「倹すればこれを得て、贅すればこれを失う」との為政理念を堅持し、勤勉倹約に国を治め、後の秦の強大さと天下統一の基盤作りを成し遂げた。漢の文帝も勤倹（一生懸命に働き倹約に努める）を推奨し、「露台惜費（露台に費を惜しむ）」など、贅沢を断固として戒め、「文景の治世」を実現したという美談がある。

奢靡の始まりは危亡の漸なり。

——『党の大衆路線教育実践活動工作会議における演説』などの文中で引用

■解読

「四風」への断固たる反対から国民全体への節約提唱まで、習近平氏は旗幟鮮明に贅沢三昧な気風を制止することを求めた。贅沢三昧な気風の盛行は幹部を堕落させ、イメージに損害を与えるだけではなく、公への信にも危害を及ぼし、気風を腐敗させる。

毎日交際ばかりに応対し、享楽ばかりに耽り、高級な会所を頻繁に往来して、お酒の付き合いに耽り、しばしばほろ酔い気分で朦朧とふわふわしていては、基層部や大衆の中に入り込む時間がどこにあるだろうか。問題を思考する時間、仕事に邁進する時間がどこにあるのか。詳しく見れば、贅沢三昧な気風の危害は幹部を堕落させ、想像力が損なわれ、公への信に危害を及ぼす。そして、気風を腐敗させるだけではなく、よく腐敗と意気投合して、腐敗を促進させる。

贅沢三昧な気風も、職権で私利を謀り、私腹を肥やし、公金を無駄遣いして、私の贅沢をなすことから生まれるのだ。

有限の社会資源を飲食欲を満足させるのに用いて、贅沢三昧な気風を広げさせるのでは、我が党は大衆を離れ、基礎を失い、血を失って力を失う。

それがゆえに、習近平氏は「節約は誉れであり、浪費は恥ずべきだという思想をしっかりと守って、質素で綿密に計算し万事倹約にするようにと、党員、幹部を導いて教育すべきだ」と繰り返し強調している。

▩出典

是の時、魏王泰の礼遇秩序は嫡子の如きに対し、群臣は敢えて諫言できない。遂良曰く、「今四方は徳を仰ぎ、率いないものは誰でしょうか？　唯太子、諸王には分を定めるのが宜し」

帝は嘗て怪しみ、「舜が漆器を作った時、禹が俎器に彫刻を施した時、十余人が諫めたというが、これは諫める程の事かな？」と。

遂良曰く、「彫琢は力農を害し、纂繡は女紅を傷つけます。奢靡（贅沢で浪費が多い）の始まりは危亡の漸であります。漆器を造ることが止まらないと、必ず金で造るようになります。金で造ることが止まらないと、必ず玉で造るようになるでしょう。故に諫言する者は事の源から救うべきであって、事が横流するに及ぶと、則ち復旧できなくなります」

帝は感動してこれを褒美した。

――〔北宋〕欧陽修・宋祁等『新唐書・列伝第三十・褚遂良』

▩解釈

「奢靡の始まりは危亡の漸なり」とは、唐の政治家、書道家の褚遂良が唐の太宗に進言したものである。「漸」とは、前兆、予兆の意味である。つまり、贅沢をすることは国家滅亡の予兆であることを言う。

『新唐書』の記録によると、唐の太宗は四番目の子である魏王の李泰を特に寵愛していた。礼遇も等級も爵禄も太子と同じ扱いをしていたことに、群臣はだれもが諫言する勇気がなかった。

褚遂良は太子と諸王の身分待遇をはっきりすべきだと主張したが、唐の太宗はそれを聞き入れず、昔の舜帝は漆の器をつくったり、禹帝は俎器に彫刻を施したりしていたことに、諫言者が十人ほどもいたという例を挙げ、群臣は自分の食器類への拘りをどうしてそこまで反対するのだろうかと褚遂良に尋ねた。

褚遂良は、精巧な細工は農事を妨げるものであって、「奢靡の始まりは危亡の漸なり」と答えた。

つまり、漆を好む風潮が立つと、必ず黄金で器具を造ることが好まれるようになる。黄金の器を好む風潮が立つと、必ず美玉で器具を造ることが好まれるようになる。よって、贅沢を求める風潮ができる前に諫言をしないと、贅沢な気風が広まってしまうともうどうしようもなくなると説いた。唐の太宗はこの言葉を聞いて納得したという。

物はまず腐りかけてから、初めて虫がわくものだ。

――『中国の特色ある社会主義を堅持し発展することをしっかりと中心に据えて党の第十八回代表大会精神を学習、宣伝、貫徹』などの文中で引用

解読

「先」と「後」を対照すれば、どれが因か、どれが果かは一目瞭然である。習近平氏は正にこれを通して明確に「腐敗規律」を述べた。内心の自律が失われてはじめて、外部の誘惑が虚に乗じて入るのだ。一部の指導幹部は落馬後によく誘惑が多過ぎる、気風が悪過ぎる、監督が緩過ぎると嘆き、すべてが自分とは関係がないかのように、社会文化、政治的環境のせいにする。甚だしきに至ってはそれを「受動的腐敗」と称する人さえいる。

職権で私利を謀りながらも、気風が悪かったから自分は引きずり込まれただけだと責め、汚職腐敗しながらも環境のせいにする。

それは本当だろうか。実は、思想の防衛崩壊、原則立場の不安定、理想的な信念の動揺が根本的な原因である。やはり「外因は内因を通じて作用する」のである。

習近平氏は「一部の党員、幹部からあれこれの問題が出たのは、根本的に言えば、信仰の迷いと精神の喪失に原因がある」と繰り返して強調している。理想信念が揺れると、精神上の「カルシウム不足」が生じ、行動上の「軟骨」が出る。

欲望の洪水をどのように防御することができるだろうか。そのためには精神の「カルシウム」を十分に補

充し、党性修養を強化し自律の防御線を築いてはじめて、金剛不壊の体、百毒侵さぬ身が鍛えられるのである。

出典

陳渉が人心を得たのは、項燕と扶蘇のおかげである。項一族が頭角を現したのは、楚の懐王の孫心を立てて義帝としたためであり、そして諸侯が項一族に背いたのは、義帝を殺してしまったためである。しかも義帝が立つについては、範増が黒幕だったのだ。義帝の生死は、楚の盛衰にかかわるばかりか、範増の幸不幸と結びついていた。義帝が死んで、範増だけが生きながらえることはあり得ない。項羽が卿子冠軍を殺したのは、義帝を殺害する前兆であった。義帝の殺害は、範増への疑惑の芽生えであった。陳平の計略を待つまでもなかったのである。物はまず腐りかけてから、初めて虫がわくものだ。人はまず疑惑をもって、そのあと、告げ口を受け入れるのだ。陳平がいかに知恵者であっても、どうして疑惑を持たぬ主君との不仲が避けられようか。

――〔北宋〕蘇軾『范増論』

解釈

『范増論』は、早期の蘇軾が作った史論である。『古文観止』巻十に収録されている。創作技巧の面から見ると、この文は、一点から展開し、多層的論証を進めながら問題の核心に迫るという書き方をしており、自由自在に問題の回旋変換を成していると言える。蘇軾は、陳平が離間策をもって項羽と范増の仲を裂くという典故を持ち出し、「物はまず腐りかけてから、初めて虫がわくものだ。人はまず疑惑をもってのち他人の告げ口を受け入れるのだ。」と革新的な観点を述べた。つまり、物は自身から腐りかけてから、虫が寄生することになるのと同じように、自分の弱点があるからこそ外敵の侵入を防げないのである。項羽は疑い深い気性だから、人の讒言を聞き入れてしまい、惨敗したと見るべきだという。

「物はまず腐りかけてから、初めて虫がわくものだ」という言葉は深い道理を示唆している。物事が変化していく中、外因は変化の条件であり、内因は変化の拠り所であって、外因は内因によって作用する。腐敗は、腐敗者自身の道徳素養が不足しているために、自己管理の能力が低下し、金銭や女色の誘惑に負けるところに生まれるものである。したがって、我々は誘惑に負けず、試練に耐えて、自重、自省、自警に努めるべきである。

歴覧す前賢国と家と、成るは勤倹に由りて破るるは奢に由る。

――『共産党第十八期中央紀律検査委員会第二回全体会議における演説』などの文中で引用

■解読

倹約は成功に、奢侈は失敗に繋がる、との歴史上の教訓に大いに啓発される。今日、苦労して創業する歳月を歩んできて、世界で二番目の大経済体に身を置くにいたり、我々は国家のために全財産を投げ出すような苦しい暮らし、赤いご飯にカボチャのスープのような貧乏暮らしを過ごすことはないが、しかしまだ豊かになっていないのに、贅沢にしすぎて、金銭を浪費しすぎてはならない。歴史上、「六王畢って、四海一なり。蜀山兀として、阿房出づ」から「戍卒叫んで函谷舉がる。楚人の一炬に、憐れむ可し焦土たり」に至るまで、秦の時代が二世で終わった教訓に深く考えさせられる。「驪宮高き處青雲に入り、仙樂風に飄って處處に聞こゆ」から「漁陽の鼙鼓地をも動して来たり、驚破す霓裳羽衣の曲」に至るまで、唐の時代の繁栄から衰退までの転換に嘆かされる。派手を好みむだ遣いをし、節度なく金銭を浪費して、大いに土木工事を興し、祝祭日が氾濫し、生活は贅沢で華美で、傲慢・奢侈・淫蕩・逸楽……贅沢三昧な気風ほど党と大衆を隔離させるものはない。清廉こそ、物欲に抵抗でき、百毒も侵せず、方正なイメージが確立でき、大衆の心を引きつけられる。時代が如何に変化しても、我々は勤勉節約、刻苦奮闘という伝家の宝物を捨ててはならない。このようにしてはじめて、共産党員の政治的能力が維持でき、わが党の生命力と活力を永遠に保つことができるのである。

■出典
歴覧す前賢国と家と成るは勤倹に由りて破るるは奢に由る。
何ぞ須いんや琥珀方めて枕と為るを、豈に得んや真珠始めて是れ車なるを。
運去りて逢わず青海の馬、力窮まりて抜き難し蜀山の蛇。
幾人か曾て南薫の曲に預かれる、終古蒼梧翠華を哭す。

——〔唐〕李商隠『咏史』

■解釈
これは唐末期の詩人李商隠の作品である。『咏史』と名づけられていたが、実は「咏懐」の詩である。詩人は古典を用いて今の時代を喩えようとし、自らの社会や政治に関する見解を述べた。と同時に、自らの才能が埋もれて不遇な運命に憤懣を覚えながらも、強い愛国心を持つことを表現している。

この詩は唐の大和九年（８３５）に宦官誅殺に失敗したという「甘露の変」の後に創作されたものである。詩人は、唐の文宗は贅沢の風潮を抑制し倹約を尊んだにもかかわらず、国家の運命を衰微から救うことができなかったことを感嘆していた。それは、軍国大事の責任を負える英才を起用していなかったため宦官が禁軍の権力を掌握してしまったのが原因だと主張していた。「運去りて逢わず青海の馬、力窮まりて抜き難し蜀山の蛇」とはこの事件のことを言っていたと見られる。時運がすでに去り、いつになったら千里の馬にめぐり合えるのだろうか。力量はすでに尽くされ、どうして蜀山の蛇を駆除できるのだろうか。「運去」「力窮」との言葉遣いは非常に力強く、詩人の国運の衰微に対する憂慮と悲痛を表している。

この詩の発句「歴覧す前賢国と家と、成るは勤倹に由りて破るるは奢（おごり：贅沢の意味）に由る」は更に千古の名句ともなっている。これは、歴代賢人の国や家を治める経験と教訓を通覧してわかることだが、成功したのは勤勉倹約だからであり、失敗したのは傲慢贅沢だからであるという意味である。

唐の文宗は倹約に励んでいたにもかかわらず、国家の運命を挽回することができなかったが、それでも政権の成敗の要所はここにあることを示したのである。

朝廷を正せば百官も正される。悪を取り除き、善を勧めることを第一義とすべきである。

――『之江新語・濁を流し清を褒め立て正の字を眼前に』などの文中で引用

解読

ある地域の仕事の成功も失敗も、事業の繁盛も衰退も、幹部の気風によるものであるということは、大量の事実によって証明されてきた。

鄧小平氏はわが党の風雨歴程を顧みて、このような感慨を表した。「なぜ過去のような大変困難な局面を乗り越えられたのか。根本的な問題は我々幹部、党員が人民群衆とともに苦しみを堪え忍んだことにある」

正を称揚して邪を取り除き、濁を流して清を褒め立てることは、伝統文化にある政治に携わるものの美徳であり、また良好な政治環境を作るという課題の意義でもある。

中央政治局の第十六回集団学習の際に、「党の建設を強化するためには良好な政治環境を作らなければならない。それは良好な政治生態が必要だとの意味である」と習近平氏は強調した。

十八大以来、新しい中央指導グループは濁を流して清を褒め立て、腐敗を正して廉政を提唱する。高圧的な態勢で鉄腕をもって力強く腐敗に反対し、「四風」の問題に対して毅然とした態度で規則を厳守し、濁を流し続ける一方、八項規定を作り出し大衆路線教育実践活動を展開するなど、清を褒め立てることを進めている。

清廉な政治を建設し、幹部の清廉かつ公正、政府の清廉、明朗な政治を実現させることは、習近平氏の国を治める基本的政治倫理及び目標の価値観となっている。

出典

いわゆる大臣なる者は道を以て君に仕え、不可なれば則ち止むべし。我が甥はこのことを再三に繰り返したほうがよい。後世からの非難を招かなければ、衰朽は人を褒め称え、恵みを施す言葉と同じである。朝廷を正せば百官も正される。悪を取り除き、善を勧めることを第一義とすべきであり、その根本は、清廉を培うことにある。

——〔明清〕顧炎武『与公粛甥書』

解釈

顧炎武は、明清の傑出した思想家である。この文は甥の徐元文宛の手紙である。徐元文は字は公粛、順治十六年（１６５９）の状元であり、官位は文華殿大学士兼翰林院掌院学士に至っている。

顧炎武は、文中に『論語』にある孔子の言葉「いわゆる大臣なる者は、道を以て君に仕え、不可なれば則ち止むべし」を引用して、徐元文に「道を以て君に仕える」ようにと戒め、統治者に諫言を聞き入れてもらえなければ、直ちに官職をやめるべきだと言ったのである。

自らの経験や地方官吏の人命を藁とも思わない悪行を例に挙げながら、「朝廷を正せば百官も正される。悪を取り除き、善を勧めることを第一義とすべきであり、その根本は、清廉を培うことにある」と強調した。「激濁揚清」という語は『尸子』の「激濁揚清、蕩去滓穢、義也（濁を激し清を揚げ、滓穢を蕩去するはこれ義なり）」に見える。

顧炎武は、「天下の興亡、匹夫に責有り」と言い、「君子為学、以明道也、以救世也（君子が学を為すのは明道と救世のためにある）」と主張していた。国家社稷を憂え、清に仕える甥に老婆心から繰り返し忠告していたことが分かる。

また、「有体国経野之心、而後可以登山臨水。有済世安民之略、而後可以考古論今（国家を案ずる心が有って初めて登山臨水ができる。済世安民の策が有って初めて古今を論ずることができる）」との言葉を以って甥の徐元文を激励した。

地位清高なり　月日毎に肩を過ぎし
門庭開豁なり　江山常に掌中に見む

――『共産党第十八期中央紀律検査委員会第三回全体会議における演説』などの文中で引用

解読

朱熹は寥々とした字数で、千年にもつながる思想、万里をも見通す視野という広大な情況の輪郭を描き出し、暗喩的に修、斉、治、平の理想的境地を現した。習近平氏はこれを借りて、指導幹部は重大な職責を担っているからこそ、もっと心を広げ志を高く持って始終党と人民、国家を思い、自覚的に党人気質、原則を堅持すべきであるとした。

人が間違いを犯しやすいのはいつなのか。それは、万物が全て自分のために用意してあると思う時なのである。その時に思いのままにすれば、欲に目がくらみやすい。

月は満月になっては欠け、水は満ちては溢れる。指導幹部が心に畏敬の念を抱いて、手に折檻板を握ってはじめて、心底に私がなく天地が広くなり、日月が肩の上より過ぎて、江山を常に手の平に見るというような思想の境地に達することができる。「心に大局があり、大勢を把握し、大事に着目する」という習近平氏の話は指導幹部が熟考するに値するものである。

出典

地位清高なり　月日毎に肩を過ぎし
門庭開豁なり　江山常に掌中に見む

――〔南宋〕朱熹題白雲岩書院対聯

解釈

これは南宋の理学の大家である朱熹が福建漳州知州在任中に、白雲岩書院のために作った対聯（詩の形式）である。この対聯は対句が極めて巧みであり、言葉が優美で、詩歌や絵画の境地に達していると言われ、意味深長なものである。上の聯は、儒者が社会的道義を背負いながら清廉潔白であることを月日が証明してくれるのだとの意。下の聯は、儒者は万巻の書を読破し、万物を吟味するからこそ、時局を明弁することができる。身は書斎にありながらも心は天下にあるとの意。寥々とした言葉で昔の知識人の担うべき責任と備えるべき素質を明白に解釈して、人々を大いに啓発した。下の聯の最後の文字「看」は古音であり、平声（第一声）で読む。

朱熹は唐の宣宗李忱の七律詩『百丈山』の頷聯を借用してこの対聯を作った。この『百丈山』は以下の通りである。

「大雄の真跡が危巒を枕とし、梵宇層楼が万般に聳つ。月日毎に肩を過ぎし、山河常に掌中に見む。仙峯不間三春の秀、霊境何時六月の寒。更に上方人が罕に到たり、暮鐘朝磬は雲端に碧とす」。

李忱（８４７－８５９年在位）は、「小太宗」と誉められている。光王として江西奉新県の百丈山の大雄峯を遊歴していた際にこの詩を作ったのである。唐の武宗に忌まれていたため、身を隠すように常に外遊していたが、「日月毎従肩上過、山河長在掌中看」（月日毎に肩を過ぎし、山河常に掌中に見む）との句を残すほど、天下君臨の大志を顕にしたのである。後には唐の皇帝になった有能な人物であった。朱熹は李忱の『百丈山』の頷聯を借用して、一代帝王の雄心と方略を巧みに儒者の責任と化したのである。

微細を禁じるのは容易だが、末になってから救うのは困難である。

――『党の大衆路線教育実践活動工作会議における演説』などの文中で引用

■解読

微恙に対しては早く治療を受け、病気がなくても早期に予防する。習近平氏がこの話を引用したのは、「源から治めること」の重要な作用を際立たせるためである。いわゆる「聖人は病を治すのではなく、病気になる前に治すのだ。乱が起きた後ではなく、乱の前に治めるのだ」

当然、末端の管理も極めて重要であり、特に長患いの疾病に対して、打撃の度を強めるべきである。

だが、源からの予防を重視しなければ、不良の習慣が不良の気風となり、さらに汚職腐敗に進んでいき、より多くの管理コストを費やす必要が生じる。そして、腐敗が繁殖する土壌を根絶することは困難になる。末端の管理が単なる応急処置のみで、根本的な処置にならなければ、「反対すればするほど腐敗する」の悪循環に陥る。

そのため、習近平氏は「源の管理を強化する」、未然に防ぐ、転ばぬ先の杖というように、問題を芽の状態のうちに解決するように努力する、と強調している。

党員幹部からすれば、入党し公職を担当すると決めたのは、志を高く持ち、奮起して国家の富強をはかる志を持っていたと思われる。しかしながら、腐敗の機会が突然訪れた時に、(多数の人が是非をはっきりさせることができることを信じているが)正に温湯で蛙を煮るのと同様に、日常の小さな問題こそが次第に理想信念の角を磨耗させてしまう。

そのため党員幹部は独りから慎むこと、微小から慎むことに努力しなければならず、小さな節操を全うしてはじめて、大いなる節操が持てるのである。

▩出典

崖を壊し岩を破る水は、源は涓々にある。雲に触れ日を蔽う木は、葱青から成長するものである。微細を禁じるのは容易だが、末になってから救うのは困難である。微細を軽視して大禍を招かなかった人はいない。恩があるために教導するのが忍びなく、義があるために割くのが忍びなかったら、事が去った後に、未然の明鏡となる。

——〔南朝・宋〕范曄『後漢書・桓栄丁鴻列伝第二十七』

▩解釈

「禁微則易、救末者難」（微細を禁じるのは容易だが、末になってから救うのは困難である）とは、東漢の太常丁鴻が漢和帝に上奏した書にある一文である。微とは細かいことで、物事の始めをいう。末とは物事の終結をいう。この文は、よくないことを抑制するのはそれが始まる最初の段階が一番簡単であって、大きな禍となってしまってはもう挽回する余地がなくなるという意味である。小さな誤りを正すのは容易いが、大きな誤りとなるとそれを正すのは非常に難しくなることを戒めるものである。

物事には形成、発展、衰亡という過程がある。その形成段階に過ちを矯正すれば、救えぬ事態の発生を防げるのである。

『後漢書・桓栄丁鴻列伝』の記載によると、丁鴻は後漢の知名な儒者であり、経書に深い造詣を持つ人物である。後漢の和帝が皇位継承したが、朝政を牛耳るのは竇皇太后であった。皇太后の兄竇憲が大将軍となり、軍政の権力を一手に収めたのである。丁鴻は竇皇太后の独裁に不満を持ち、国のために不正を駆除することを主張していた。後に日食が発生した際に、丁鴻は皇帝に上奏して、日食は不吉の前兆といい、これは竇氏一族が国家に害をもたらしたからだと主張し現状改善を求めた。漢和帝はそれを聞き入れ、竇憲の官職を剝奪し、竇氏一族を滅ぼしたのである。

丁鴻の上疏にはさらに「若し政を勅し躬を責め、漸に杜じ萌に防がば、則ち凶妖銷滅し、害除かれ福湊らん」があり、皇帝に国政の整頓を勧め、事態の萌芽期によく防犯すればこそ、国家の長期的安定を保つことができると強調した。

信念篇

理想信念は共産党員の精神上の「カルシウム」であり、習近平氏は何度もこの比喩を使って、信念の重要性を強調している。確かに精神上にもしカルシウムを欠けば、「軟骨病」になり、正確に行動できずまっすぐに立てない。仕事を展開し改革をリードするのは問題外だ。

理想信念を固めて、精神的追求を堅持することは、共産党員が身を寄せて心の拠り所となる根本である。90数年来、無数の共産党員は党と人民の利益のために英雄的に犠牲になったが、彼らを支えたのは「革命の理想は天より高し」という精神力である。

革命の時代に、これは前の者が進めば後の者もこれに続いて進む、何度挫折しても悔いることのない追求である。建設の時代に、これは刻苦奮闘する、情熱的に燃える奉献である。改革の時代に、これは人より先に立つことを恐れず、先頭にたって闘う意気込みである。

理想信念で金剛神のような体を築いたからこそ、私たちには「勝利から勝利へ」の力が与えられたのだ。同様に、理想信念が昂揚する旗を掲げたからこそ、私たちは億万人民の支持を獲得したのだ。

目下、多元的思想がぶつかりあい、主流の価値観念に挑戦している。物質的誘惑が席巻してきて、幹部の自律の防衛線にぶつかっている。習近平氏が強調したように、幹部グループに様々な問題が出るのは、少数の党員幹部は理想信念が動揺して、「総スイッチ」が働かなくなったことに原因がある。「信念がしっかりしている」かどうかは、習近平氏により、幹部が合格かどうかを評価する「第一基準」とされている。「四大リスク」に直面して、「四大試練」に応えて、我々はいっそう理想信念を固めて、改革の発展、民族の復興のために、最も強い精神力を蓄積するべきである。

位卑しけれど未だ敢えて憂国を忘れず

――『共産党中央学校開校80周年祝賀大会並びに2013年春季学期始業式における演説』などの文中で引用

党の第十八回全国代表大会では、「団結は大局であり、団結は力である」と強調された。利益関係の調整がもたらした矛盾に直面し、思想観念の多元化の状態に直面している際に、すべての中国人が共同の理想によって共同の力を凝集し、共同の奮闘によって共同の目標を追求することが必要である。習近平氏が強調したように、中国の夢を実現するには中国の力を凝集しなければならない。これは全国各民族人民の大団結の力であり、13億人が心を一つに集め力を注ぐことで、凝集する力である。

解読

我々が言う「中国の夢」とは、正に中国人一人ひとりの夢である。就学、就職から車、住宅の購入に至るまで、尊厳の保証、事業の成功、価値の実現は、一人ひとりが夢に向かっての努力であり、時代の最も雄大な夢の青写真を描き出すことであり、さらに国の夢を追い求めるための最大の持久力を集めることである。

この角度から言えば、「位卑しけれど未だ敢えて憂国を忘れず」というのは、国民一人ひとりに対して、国の富強と民族の復興のために力を尽くすことを要求している。毛沢東氏は以前「世界は我々のものであり、事にあたってはみんなの力が必要である」と話した。

出典

病骨支離として紗帽寛く、孤臣万里江干に客す。位卑しけれど未だ敢えて憂国を忘れず、事定まれど猶須らく棺を闔するを待つべし。天地の神霊は廟社を扶け、京華の父老は和鑾を望む。出師の一表今古に通じ、夜半燈を挑て更に細く看まん。

――〔南宋〕陸游『病より起き懐を書す』

解釈

南宋の孝宗醇熙三年（1176）四月、陸游は左遷されたため成都西南浣花村に移住した。久しく病床についていたが、ようやく快復を迎え、『病より起き懐を書す』二首を作ったのである。これはその一首目である。

この詩は、詩人の病弱、他郷での放浪から書き始め、夜半になってなお諸葛孔明の『出師表』を読誦していたことを詩の結尾にしたのである。詩人の不遇な生涯、年老いて大志が実現されないことを描いたが、「事定まれど猶須らく棺を闔するを待つべし」の一句を以って、自らの前途に希望を持つことを表した。

「位卑しけれど未だ敢えて憂国を忘れず」はこの七律詩の「詩眼」とも言うべきものであって、明末清初の思想家である顧炎武の「天下の興亡、匹夫に責任あり」と同様に、詩人は、位は卑しいが憂国の情は一度たりとも忘れることはないということを表明しているのである。後にこの句は多くの憂国の士の座右の銘ともなった。詩の挙句は、詩人が夜半になるまで諸葛孔明の『出師表』を読誦していたことを書き、忠心報国の願望を婉曲に表したものと見られる。

千磨万撃すれども還堅勁にして、爾東西南北の風に任す。

――『青年は自覚的に社会主義核心価値観を実行すべき――北京大学教師と学生の座談会における演説』などの文中で引用

■解読

これは鄭板橋の竹の品格に対する描写である。青い山の頂上に立ち、岩石の中に根を下ろし、風雨にも関わらず、いつも力強くまっすぐに伸びている。竹の品格は正に人の品格と同じようである。

一部の人が理想を叶えるために「九死を経験しても悔いはない」というのはなぜなのか。一部の人が事業のために「百回の挫折を経験しても夢を捨てない」というのはなぜなのか。

原因は、彼らが揺るぎない理想と崇高な信念を持っていることにある。信念は人にとって、竹にとっての青い山と岩であり、それがあってこそ、目標に向かって進むことができる。そして、困難に迷わず、矛盾に惑わず、利益に誘われない。

高度な価値観に対する自信を確立してはじめて、価値の立場にしっかりと立ち、明晰な認識を維持し、政治上動揺しない力を持つことができるのである。

国が発展の目標に達し、民族が自分の夢を実現するには、同じように動揺しない力、航路標識が必要であり、同じように伝統に根を下ろし、自分自身を保つことが必要である。

中華民族の偉大な復興の道において、道への自信、理論への自信、制度への自信、この三つの自信を持つことが、我々の「根拠」と「拠り所」である。

出典

青山に咬み定めて放鬆せず、根を立たせるは原より破岩の中に在り。

千磨万撃すれども還堅勁にして、爾東西南北の風に任す。

——〔清〕鄭燮『竹石』

解釈

『竹石』は鄭板橋の題画詩の一つであり、託喩言志の詠物詩である。竹を書くことを通して人を諭すものであり、正直剛強な品格と、邪悪に低頭しない錚々《そうそう》たる気骨を賛美するものである。

この七言絶句は、「咬」の一字から起筆し、突発的で非凡な展開をする。竹は山の岩石の割れ目にしっかりと根を下ろし、風雨に打たれても始終咬み定めて緩めようとしない。「咬」の一文字のみで、竹の頑強な姿をうまく表現し、擬人化をも実現する。

そして、「千磨万撃すれども還堅勁にして、爾東西南北の風に任す」は、岩石の竹の品格の更なる描写であり、何度も何度も痛め苛まれても、なおも毅然として不撓不屈であり、東西南北各所から吹いてくる風にされるがままに任せている竹の姿を鮮明に書き表している。

「任」の一文字のみで、竹の何事をも畏れず、積極性のある凛々しい姿を描き出した。

詩は詩人の品格を表すものである。鄭板橋は一人の人間としても、一人の官吏としても、その言動の隅々に岩石の竹のように巍然とした品格が窺われるのである。このような堅忍かつ執着を持つからこそ、「衙斎臥聴蕭蕭竹、疑是民間疾苦声（官邸に臥して蕭々たる竹音を聞くと、民の苦しむ声ではあるまいかと疑う）」という民を憂える詩句が書けるのだろう。

また「写取一枝清痩竹（清楚な痩せ竹一本を写取する）」「烏紗擲去不為官（烏紗を捨て官職をやめる）」というような気骨が有るからこそ、「任爾東西南北風（爾東西南北の風に任す）」との名句が生まれるのであろう。

志の趨《おもむ》く所、遠しとして届ること勿きは無く、窮山距海も限ること能はざるなり。志の嚮《むか》ふ所、堅しとして入らざるは無く、鋭兵精甲も禦《ふせ》ぐこと能はざるなり。

――『全国組織活動会議における演説』などの文中で引用

■解読

意志は世界を変える力がある。もし志が堅ければ、志のために絶えず奮闘し、力戦することができ、困苦であるほど挫折に対して勇ましくなる。

革命、建設、改革の各歴史的な時期において、無数の共産党員が党と人民の事業のために英雄的に犠牲となった。彼らを支えたのは「革命の理想は天より高し」という精神力である。目下、我々の指導幹部も自らにしばしばこう問うべきだ。人は生きているうちに、名利地位だけを求めるのか、それとも党、国家と人民の事業を人生の目標にするのかと。

これは政治的な自覚と精神のレベルとの重大な境目であり、一人ひとり、個々の指導幹部が直面、解決しなければならない問題である。古代から今まで、官者の価値観では公務、国民を先にするのが当然であり、指導幹部の価値秩序においては、人民への奉仕が常に物質的な利益の先にあるべきで、有為が無為の先にあるべきである。

「志を立てる」という問題を解決してはじめて、自分の仕事と生活の価値を探し当てることができるのである。

■出典

志の趨く所、遠しとして届ること勿きは無く、窮山距海も限ること能はざるなり。
志の嚮ふ所、堅しとして入らざるは無く、鋭兵精甲も禦ぐこと能はざるなり。

――〔清〕金纓『格言聯璧・学問』

▩解釈

この文は、『格言聯璧』「学問」篇によるものである。人の遠大なる志と、理想を追い求める進取の精神を示している。「趨」とは赴く意味であり、「届」とは到達する意味である。

つまり、人は大志を抱けば、あらゆる目標を実現できる。また、山海の果てまでも理想を追求する歩みを止めることはない。大志を抱けば、あらゆる障壁を乗り越えられる。そして、精兵であっても、堅固なる信念を揺るがすことはできない。

「立志」とは、目標を定めてこれを成し遂げようと志願することである。人は大きな志を立て、順を追って一歩一歩進み、努力を怠ることなく、自分の目標に近づくのである。

『左伝』には「志以発言、言以出信、信以立志、参以定之（志にして以て言に発し、言にして以て信を出ん、信にして以て志を立てん、参にして以て之を定んと）」が見られるし、蘇軾は「古之立大事者、不唯有超世之才、亦必有堅忍不抜之志（古の大事を立てし者は、唯だに超世の才あるのみならず、また必ず堅忍不抜の志有り）」と言った。

また明成祖の朱棣も「人須立志、志立則功就。天下古今之人、未有無志而建功成事者（人は立志すべし、立志すればこそ功を収める。天下古今の人には、志なく建功したものはいない）」と言った。このように、立志は人が成功するために特に重要なことだと分かる。『格言聯璧』「処世」の篇にも、「天下無不可為之事、只怕立志不堅（天下には為すことのできぬものはない、堅く立志しているかどうかによるのだ）」との言葉も見られるように、志さえあれば必ず成功するし、大志を抱き、絶えず精進してこそ成功の頂点に辿り着くことができる。

石は破るべきも堅を奪ふべからず。丹は磨くべきも赤を奪ふべからず。

――『党の大衆路線教育実践活動第一陣総括並びに第二陣配置会議における演説』などの文中で引用

■解読

あることに直面している際に、どのように選択を行うか、どのような行動を取るかは、そのことに対する認識によって決められる。理想信念は人がより高い位置に立ち、より広い視野から人生、世界を取り扱うことができるかどうかを決める。この意味からいえば、理想信念は人の行動様式を決定している。指導幹部は理想信念がなく、「自分は誰か、誰のためか、誰に頼るか」という問いに適切に回答できなければ、政治上の変質、精神上の貪欲、道徳上の堕落、生活上の腐敗を引き起こしやすい。

習近平氏が引用したこの文句のように、理想信念は石の硬さ、辰砂の赤さと同様に、共産党員の根本的な属性である。焦裕禄が蘭考で砂漠を改造し、楊善洲が荒れ山で緑を育て、体の苦痛と病気、厳しい環境を恐れなかったのはなぜなのか。理想信念が支えたからである。

党中央が党員幹部の精神のカルシウムをしっかり補うと繰り返し強調するのは、党員幹部の心の中のともし火を明るくし、堅固な思想防衛線の構築、「革命の理想は天より高し」の堅持、生気、立ち向かう気力や浩然の気の保持を党員幹部に教え導くためである。

■出典

石は破るべきも堅を奪ふべからず。丹は磨くべきも赤を奪ふべからず。堅と赤とは、性の有なり。性なる者は、天より受くる所。択取して之を為すに非ざるなり。

――〔戦国〕呂不韋『呂氏春秋・誠廉』

解釈

石は砕かれても、硬い性質は変らない。丹砂は研磨されても、紅色は変らない。硬度と色は石と丹砂の本質である。これは生まれつきのものであって、勝手に変えることはできない。潔い豪傑義士の名節も石の硬度や丹砂の色と同じように、汚すことのできないものである。

『呂氏春秋』は伯夷と叔斉の故事を用いてこの観点を述べたのである。伯夷と叔斉は商の末期の孤竹君の息子である。孤竹君が亡くなってから、兄弟はお互いに傷つけ合いたくないため、ともに王位継承を放棄したという。二人は周の文王が名君であると聞き、文王のもとに身を寄せようと文王の地に出向いたが、文王がすでに亡くなっていたことを知る。

武王は王位を継承したが、謀略を推奨し、賄賂や暴力を頼りに王の威勢を保とうとしていた。伯夷と叔斉兄弟はこれを見て周の時代がこれで衰微していくことを悟り、死んでも周の民にならないと決意し、首陽山に身を隠したが、そこで餓死したという。

『伯夷列伝』が『史記』七十列伝の最初に配列されたのは、司馬遷が兄弟の気骨を尊いものとして崇めていたためである。

苟くも国家に利すれば生死を以てす、豈禍福に因りて之を避趨するや。

――『共産党中央学校開校80周年祝賀大会並びに2013年春季学期始業式における演説』などの文中で引用

解読

林則徐のこの詩句は、習近平氏に「国恩に報いる気持ち」を十分に含んでいる詩句と見なされている。このような深い愛国主義は、正に五千年の長い歴史の流れの中で沈殿してきた民族精神の最も核心の部分である。

「位卑しけれど未だ敢えて憂国を忘れず、棺を蓋いて事定まる」も「人生古より誰か死無からん、丹心を留取して汗青を照らさん」も、全てこの種の家や国に対する心情を描写したものである。

「外に対しては国権を争い、内にあっては国賊を罰す」から「一寸の山河は一寸の血、十万の青年は十万の軍」まで、「中華振興」から「我々はみんな汶川人だ」まで、百数年来、愛国主義精神は個人の運命と民族の運命をしっかりとつなげ、代々の中国人を中国の夢に向かって進ませ、我々に民族復興に向って進むエネルギーを与えてくれる。

このような愛国主義は中華民族を団結させる精神力であり、心と力を凝集させる興国の魂、強国の魄である。中国の夢を実現するために発揚しなければならない中国精神の必然的な構成部分である。

出典

力微にして任重し、心神の疲れ久しく、再度衰庸を竭すれば不支となる。
苟くも国家に利すれば生死を以てす、豈禍福に因りて之を避趨するや。
謫居は正に皇恩厚し、養拙にして戍卒になるが宜し。
戯れに山妻と故事を談すれば、断送されん老頭皮を試吟する。

――〔清〕林則徐『赴戍登程口占示家人』

▒解釈

1841年アヘン戦争が勃発した。清の道光皇帝はアヘン禁止論を首唱した林則徐の新疆イリへの流罪を断固として決めた。林則徐は西安より旅立ちイリへと赴く前に、親族宛てに詩を二首作ったのである。この詩はその二首目である。

詩の頷聯の「苟くも国家に利すれば生死を以てす、豈禍福に因りて之を避趨するや」はよく知られる名句である。これは『左伝・昭公四年』にある鄭国の太夫子産の言葉である「苟くも社稷に利すれば、生死を以てす」から引用したものと見られる。「生死」という語は偏義復詞であり、「死」が言葉の意味になっている。「生」は引き立て役である。次の句にある「禍福」もそうである。林則徐が思うに、国家民族の益になることであれば、自らを犠牲にしてでも喜んでやり遂げる決心であり、禍を招くから逃げるというわけにはいかないというのである。

したがって、この詩は個人の安否を顧みず国事を第一に重んじる詩人の高貴なる節操を表現していると思われる。

詩の尾聯に「戯与山妻談故事、試吟断送老頭皮（戯れに山妻と故事を談すれば、断送されん老頭皮を試吟する）」とある。これは、詩人が『東坡志林』にある宋真宗が楊朴を引見する故事と蘇東坡が詔獄に出向く故事を借用し、冗談ながら夫人を宥めようとする句である。

そして自ら次のように注をつけていた。宋真宗は隠遁者楊朴が詩に堪能であることを聞き、楊朴を呼びつけ、「最近君に詩を作ってくれた人はいるのか」と聞いたのである。

楊朴は答えた。「家内が一首作ってくれた。『更休落魄耽杯酒、且莫猖狂愛咏詩。今日捉将官里去、這回断送老頭皮（更に休めよ、落魄して杯酒に耽るを。切になす莫かれ、猖狂して詠詩を愛するを。今日促がされて官里に将《ひき》い去らる、這《これ》の回断送されん老頭皮）』」と。

宋真宗はそれを聞いて大笑いして楊朴を帰らせたという。蘇東坡は詔獄に出向く際に、泣きながら見送りに来る夫人に「君も楊隠者の奥様のように詩を作ってくれるかな」と言ったのである。夫人はそれを聞いて泣き笑いしたという。

臣下である詩人は、穏やかでユーモアな言葉を用いて、憂国の情を表し、祖国のためなら命を投げ出しても惜しくない胸の内を表したのである。

天行は健なり。君子もって自ら強めて息まず。

——『ベルギー・ブリュージュの欧州大学院大学における演説』などの文中で引用

解読

一言で中華民族の深い精神追求と剛毅な個性の資質を表すことができるものと言えば、『周易』にあるこの文句である。天と人との対応は、思想的方法であるだけではなく、天に順応して動き、天の法則に従って行動する世界観念でもある。天の強健さと同様に、人間も剛毅で、進歩を求めるべきである。

独立自主、自尊自強、堅忍不抜、不撓不屈……これらは正に我々の最も貴重な民族の特性である。近代以来、このような民族性は、没滅と奮発、屈辱と抗争のため尚更明らかになる。どれだけの仁愛正義者が「熱血をまき散らし、家産を投じて国難を救う」という意気込みを持っていただろう。

どのくらいの探索に「山に虎がいると知って、虎の山に行く」という勇気があっただろう。ある世代の人はその世代における使命がある。

現在我々は中華民族の偉大な復興に最も近い時期にありながら、百里を行く者は、九十を半ばとすというように、夢の対岸に近づくほど各種の困難と険阻、逆巻く大波に出会う。夢を叶える驚異的な一躍を完成するには、我々の世代が責任を負い、為すことが要求される。

改革を深める大幕が開き、民族復興の曙光を前に、我々は更にこのような精神の特質を維持して我々の世代の使命を完成し、歴史の記録に銘刻する輝きを創造しなければならない。

■出典

『象』に曰く、天行は健なり。君子もって自ら強めて息まず。潜竜《せんりゅう》用いることなかれ、陽にして下に在ればなり。見竜田に在り、徳を施し普きなり。終日乾々、道を反復するなり。あるいは躍りて淵に在り。咎なし。飛竜天に在り、大人の造なるなり。亢竜悔あり、盈つれば久しかるべからざるなり。用九は、天徳首たるべからざるなり。

——〔殷周秦漢〕『周易・乾卦』

■解釈

「天行健、君子以自強不息（天行健なり、君子は以て自強して息まず）」は『周易』の乾卦『象伝』にある言葉である。『象伝』は卦象立義を解釈するものである。天行とは天道のことで、健とは運行不息の意味である。天の運行は、四季交代と昼夜更迭であり、歳々年々止むことはない。君子は、天の運行を見習い、努め励んで息むべきではない。

この文の対句には、「地勢坤、君子以厚徳載物（地勢坤なり、君子は以て厚徳載物）」がある。坤卦は地理形勢の象徴であり、「地勢坤」とは地勢順のことであり、君子は、坤地の厚徳を見習い、万物を包容すべきであるという。

1914年11月、梁啓超は清華大学で演説した際に、「天行健、君子以自強不息。地勢坤、君子以厚徳載物（天行健なり、君子は以て自強して息まず。地勢坤なり、君子は以て厚徳載物）」をもって学生を真の君子になるよう激励していた。梁啓超の言うには、君子は天の運行のように常に自ら励むべきであって、一日日光に当て十日冷やすというような三日坊主ではいけない。利益を求めるために進み、困難に会う度に退いてはいけない。私欲を潔く捨て、義を見て勇敢にこれをなすべきであり、困難に負けず自ら勤め励んで止まないべきである。自分に厳しく、他人にやさしいという包容力を持つべきであって、広大な心で新文明を吸収し、わが社会を改善、わが政治を促進し、歴史的責任を担わなければならないという。後に、「自強不息、厚徳載物」は清華大学の校訓となったのである。

富貴も淫する能はず、貧賤も移す能はず、威武も屈する能はず。

——『共産党中央学校開校80周年祝賀大会並びに2013年春季学期始業式における演説』などの文中で引用

■解読

人の信念を浸食して、志を変えるものは何なのか。『孟子』にあるこの名言は次のようにまとめている。財産地位や貧乏困苦、権勢武力である。しかし、これらの異なる形式の外力の下で、一部の人が初志を変えず、初心を忘れないのはなぜなのか。正に理想を抱き、信念を維持することができたからである。理想信念を拠り所にすれば、行動のための羅針盤、座標軸があり、栄華に直面しても欲張りにならず、利益に直面しても手を出さず、試練に直面しても変節しない。

孟子の目からみれば、これは「一人前の男」を判断する基準であり、この点をやり遂げたのは、「天下の広居に居り、天下の正位に立ち、天下の大道を行ふ」ためである。

習近平氏の中央党校での演説、内モンゴルで調査研究時の演説は、すべてそれを党員幹部の道徳品格の基準にしたのだ。

現在の党員幹部に対して、「広居」は国家民族全体のことで、「正位」は共産主義信仰のことで、「大道」は中国の特色のある社会主義の道路である。そして、広居に居り、正位に立ち、大道を行うことができて初めて、動揺しない純粋な共産党員になれるのである。

■出典

景春曰く。公孫衍、張儀は豈に誠に大丈夫ならざらんや。一たび怒りて諸侯懼れ、安居して天下熄む。孟子曰く、是れ焉ぞ大丈夫為るを得んや。子未だ礼を学ばざるか。丈夫の冠するや、父之を命し、女子の嫁するや、母之を命ず。往くに之を門に送り、之を戒めて曰く、往いて女の家に之き、必ず敬し、必ず戒め、夫子に違ふなかれと。順を以て正と為す者は妾婦の道なり。天下の広居に居り、天下の正位に立ち、天下の大道を行ひ、志を得れば民と之に由り、志を得ざれば独り其道を行ふ。富貴も淫する能はず、貧賤も移す能はず、威武も屈する能はず。此を之れ大丈夫と謂ふ。

——〔戦国〕孟子『孟子・滕文公下』

解釈

これは戦国時代の代表的儒家である孟子と縦横家の景春との対話である。

戦国時代には、縦横家が主流となった。彼らは弁舌の才と機智をもって朝は秦に仕え、夕方には楚に仕えるなど、節操がなく、合従連衡の策で諸侯を遊説し、高官厚禄を手に入れた。故に「大丈夫」と呼ばれるようになったのである。景春は公孫衍や張儀が諸侯の意思を左右し、戦争が起こるように挑発したりすることができるのだから、この二人こそが素晴らしい大丈夫であると言った。これに対し、孟子は公孫衍や張儀らがただ計略をもって君主に阿《おもね》り順《したが》っているだけで、仁義道徳がまったくない、まさに婦女子の態度であって、大丈夫とは言えないのだと批判する。

そして孟子は、「富貴も淫する能はず、貧賤も移す能はず、威武も屈する能はず（富貴にもたぶらかされず、貧賤にも揺るがされず、権威や武力にも屈服させられぬ）」ことが真の大丈夫になる基準だと主張する。

孟子の名言は思想と人格の輝きに満ち満ちている。二千年来、この言葉は多くの英雄豪傑、仁愛正義の士を激励し、人々の強暴を恐れず正義を貫くための精神的支柱にもなっている。

雄關道ふ漫れ眞に鐵の如し。
人間の正道は是れ滄桑。
長風浪を破るに会ず時有り。

――『「復興の道」展を参観した際の演説』などの文中で引用

解読

２０１２年11月29日、就任して日が浅い習近平総書記は国家博物館の「復興の道」展を見学した時に、この三句の詩を使って中華民族が終始志変わらずに「中国の夢」を追う雄大な歴程を描写した。

近代以来、中華民族の被る苦難の重さ、犠牲の大きさは世界史上においても珍しいことであり、所謂「雄關道ふ漫れ、眞に鐵の如し」のようである。

改革開放以来、我々は辛苦をなめつくし艱苦な探求を通して、やっと中華民族の偉大な復興を実現する正しい道を見つけ、正に「移ろいゆくはこの世のならい」のようである。

現在、我々は歴史上のどの時期よりも中華民族の偉大な復興の目標に近づく時期にいて、歴史上のどの時期よりもこの目標を実現する自信と能力を持っており、必ずや「長風浪を破るに会ず時有り」となるであろう。中華民族の偉大な復興はすでに明るい未来図が現れてきた。

この三句の豪胆な詩句は、我々の「中国の夢」を追求する比類のない強靱な信念とこの上ない不動の自信を表している。「青写真を現実化するには、長い道を歩んで長期にわたる艱苦な努力が必要だ」

民族の大業に傾注する者全員が総書記のこの言葉を励ましにするべきである。

■**出典**

西風烈し、長空雁叫きて晨月に霜す。
晨月に霜す、馬蹄聲碎けて、喇叭聲咽ぶ。
雄關道ふ漫れ眞に鐵の如しと、而今邁歩して頭從り越ゆ。
頭從り越ゆ、蒼山は海の如く、殘陽は血の如し。

——毛沢東『憶秦娥・娄山関』

■**解釈**

『憶秦娥・娄山関』は1935年2月、長征の途中で中央紅軍が娄山関を攻め落とした際に毛沢東主席が作ったものである。

「西風烈し、長空雁叫きて晨月に霜す」は戦争の時間と状況を表し、壮烈な雰囲気を描き出し、「馬蹄聲碎けて、喇叭聲咽ぶ」は紅軍の行動を生き生きと描写した。「雄關道ふ漫れ眞に鐵の如しと、而今邁歩して頭從り越ゆ」は、最初の穏やかな口調と合間って、「眞に鐵の如し」で紅軍が関門を攻略する辛苦を表現した。「鉄」という字が持つ堅固かつ重厚な印象を用いて関門を攻め落とす艱苦を芸術的に具現化したのである。と同時に、「漫道」という二文字は、「言わない、言っていけない」との意味であって、この艱苦を蔑視する豪快な心情を物語っている。「雄關道ふ漫れ眞に鐵の如しと、而今邁歩して頭從り越ゆ」は、人民必勝への自信と困難を蔑視する気持ちを明快に表したものである。

■**出典**

鍾山の風雨蒼黄として起こり、百萬雄師大江を過る。
虎踞り龍盤れるも今は昔に勝り、天翻へし地覆へして慨して慷。
宜しく剩れる勇をもって窮れる寇を追ふべく、名を沽らんとて、覇王に学ぶ可からず。
天若し情有らば天も亦老いん、人間の正道は是れ滄桑。

——毛沢東『七言律詩・人民解放軍　南京を佔領す』

■**解釈**

1949年4月21日に、人民解放軍の百万の大軍は長江を渡り、4月23日には一挙に国民党が22年間占拠していた統治センターの南京を攻略した。北京西の郊外の香山にある双清別荘にいた毛沢東氏は、情報を知った後で非常に興奮して、即興詩を作った。当時、中国共産党中央軍事委員会はこの詩を前線に電報で送り、戦闘中の全軍の指揮官と戦闘員に巨大な鼓舞を与えた。

詩の前四句は叙情的で、百万の大軍は疾風枯れ葉を巻くような勢いで「難攻不落」の「長江の天険」と「千里の長江の防御線」を突破し、国民党の統治は滅亡を宣告、中国の歴史は間もなく新たな一章が始まったのである。後四句は議論的で、政治上の戦略方策を文学化し、深い哲理を含んで人を豁然と明るくさせる。詩は典故を活用し、その境地は深遠である。

項羽の反秦は、その威は四海を震わしたが、しかし何度も良機を失い、結局垓下で敗戦した。これは人によく知られた史実であるが、毛沢東氏の教導を通して、全く新しい意味が付加された。

尾聯の「天若し情有らば天もまた老いん、移ろいゆくはこの世のならい」は、毛沢東氏の歴史に対する嘆きと思考を含んでいる。上の句は唐の李賀の『金銅仙人辞漢歌』にある文句を借りたものである。

天は自然の物だが、しかし長期にわたり歴史の変遷を目撃すれば、人類社会の天地をくつがえさんばかりの変化に対して、ある種の感情も発生する。下の句は、人の世でまさに進み行く歴史の車輪の止められないような巨大な変化に対して、無限の感慨を述べ表した。

これは毛沢東氏が『新政治協商会議の準備委員会における演説』で述べたように、「中国は太陽が東方から昇るように、自らの光り輝く光芒であまねく大地を照らし、迅速に反動政府が残した一切の汚物を洗い流して、戦争の傷を完全に治し、新しい強盛な名実ともに備わった人民共和国を建設する」ということである。

出典

金樽の清酒斗十千、玉盤の珍羞直万銭。

杯を停め箸を投じて食ふ能はず、剣を抜き四顧して心茫然たり。

黄河を渡らんと欲すれば氷川を塞ぎ、将に太行に登らんと欲すれば雪山を満たす。
閑来釣を垂れて渓上に座し、忽ち復た舟に乗りて日邊を夢む。
行路難し！行路難し！多岐の路、今安くにか在る？
長風浪を破るに会ず時有り、直ちに雲帆を掛けて滄海を済らん。

――（唐）李白『行路難し』

■解釈

李白の『行路難し』は三首あるが、これは一首目である。唐の天宝元年（７４２）に、李白は詔書を受けて上京し、翰林供奉に赴任したのであるが、後に権臣に讒言されたため、「賜金放還」と言われ官職を解かれたのである。

この『行路難し』は李白が長安を離れる際に作った詩である。

「金樽の清酒斗十千、玉盤の珍羞直万銭」との発句は、楽しい宴会のシーンを思わせる。「羞」は「饈」のことで、美味の意味である。「直」は「値」のことで、値するとの意味である。「杯を停め箸を投じて食ふ能はず、剣を抜いて四顧すれば心茫然たり」との句では、心境ががらりと変ったようである。

「黄河を渡らんと欲すれば氷川を塞ぎ、将に太行に登らんと欲すれば雪山を満たす。閑来釣を垂れて渓上に座し、忽ち復た舟に乗りて日邊を夢む」では、「冰塞川」「雪満山」に感嘆していたかと思うと、瞬時にタイムスリップして千年も前の姜太公が魚釣りの際に周文王とめぐり合い、伊尹が卑賤な身でありながら商王に重用されることを目にしたようである。

詩人は失望と希望を持ち合わせ、彷徨いながらも捜し求めようとする気持ちを顕にしたのである。「行路難し！　行路難し！　多岐の路、今安くにか在る？」では、リズム感に溢れた句を用いて、詩人の進退窮まりながらも探求し続ける複雑な心境を語ったのである。そして最後の二句「長風浪を破るに会ず時有り、直ちに雲帆を掛けて滄海を済らん」では、また詩人の楽観的姿勢を示している。

即ち詩人は、これからの道に障碍が多くあっても、いずれは南朝の宗慤のように、帆を高く張り滄海を横断し、理想の彼岸に辿り着くだろうと信じていたことを物語っているのである。

革新篇

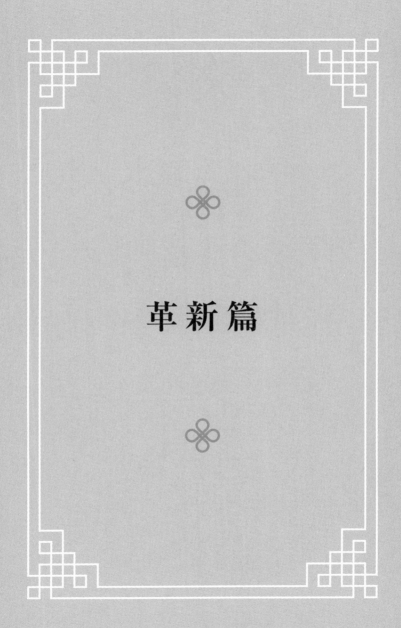

「革新は民族が進歩する魂であり、国が繁栄・発達する尽きない源であり、中華民族の最も鮮明な民族の天稟でもある」

改革の中で「科学技術の革新を国が発展する全体局面の核心位置に置く」と強調したことや、経済のモデルチェンジの中で「科学技術の発展の方向は革新、革新、更なる革新にある」と提出したことからも分かるように、習近平氏の執政の構想の中では、「革新」が始終重要な位置を占めている。

複雑な改革の環境、極めて困難な発展の任務に直面して、今日の中国は以前のいかなる時に比べても、更なる革新の駆動が必要である。安定した中で進歩を求めるモデルチェンジへの推進、環境を保護しながらの「美しい中国」の建設、制度を改善しての管理能力の向上、活力を奮い立たせて文化強国を構築すること、これらをいかに実現させるにせよ、習近平氏の「挑戦を迎え、最も根本的なのは改革・革新することである」との切なる言づけを謹んで銘記するべきである。そして、最大限に革新・創造を支持し、全社会の創造の活力を十分に放出し、各業種における革新・創造の人材を出現させるべきである。

苟に日に新たに、日に日に新たに、又日に新たなり。

――『中国科学院第十七回院士大会、中国工程院第十二回院士大会における演説』などの文中で引用

解読

これはおそらく革新の問題に言及する時に、最もよく引用される一言かもしれない。習近平氏は青年代表との座談、全国政治協商会議の新年茶話会、ブリュージュにあるヨーロッパ学院における演説、院士大会などの数多くの場所でこの言葉を引用した。この言葉が深く人の心に染込む原因は、動態の角度から絶えず革新するという問題を強調したからである。

この簡潔で意味深長の古語は、絶えず自分を更新して自発的に時代に応じて積極的に発展を推進する向上の活気を屈折させ、中華民族の思想観念の精髄として沈殿した。このような観念は、文字として表現され心底に潜み、気質を形作り、運命を定めている。このような革新意識は、歴史の重要な結節点において往々にして沸き上がり、社会の進歩を推進する強大な力になる。

革新精神という中華民族の鮮明な天稟、中華文化の深い含蓄は、正に我々が絶えず革新する思想上の源である。

出典

湯の『盤銘』に曰く、苟に日に新たに、日に日に新たに、又日に新たなり。

――〔春秋秦漢〕『礼記・大学』

▩解釈

「苟に日に新たに、日に日に新たに、又日に新たなり」は商の開国君主である成湯が水盤、即ち洗面の器に彫りつけた銘文である。

この器物の用途に因んで、常に身心を清新に保つべしという意味の戒めを示している。文中の三つの「新」は、肌の垢を洗い落として体を一新するという意味であって、ここでは旧を払い捨て新を求めるという精神上の意味をもつ。

即ち毎日身心の清新を恒久に保つべきだという意である。

「苟に日に新たに、日に日に新たに、又日に新たなり」は、絶えず革新を図ることを強調する。「創新」という語はここから由来することから、中国の伝統文化には革新の意義が強調されること、人民に革新の姿勢を持たせるべきだという意思があることが分かる。

社会を発展させるためには、古いしきたりを踏襲することにより、歴史の前進を妨げてはいけないとの意も表している。

体を洗うことから派生して、精神の洗礼、品格の修練という意味にも用いられるが、これは中国文化には普遍的に存在している。

昔の聖人は、「欲養性必熹先修身、欲清心必先潔体（性を養成するにはまず修身をすること、心を清めるにはまず体を洗い清めること）」と言っている。『庄子・知北遊』には「澡雪而精神（体を洗うと元気を回復する）」とあり、『礼記・儒行』には「儒有澡身而浴徳（儒行に身を澡し徳を浴すことあり）」がある。

これを、唐の経学家孔穎達がこのように解釈していた。

つまり、「澡身而浴徳（身を澡し徳を浴す）」とは、体を洗うのは穢れを払い落とすことであるが、人品および徳性を洗うとは、人徳を洗い清めることであるという。

中国共産党第十八回代表大会以来、党の実践活動路線の指導要領には即ち「鏡を見て衣冠を正し、体を洗って病を治す」との言葉がある。ここの「体を洗う」は、中国伝統文化の真髄を体現している。

日に新たならざる者は必ず日に退く。

——『全国宣伝思想工作会議における演説』などの文中で引用

解読

当面、中国において、思想の宣伝活動をしっかりと行わなければならず、革新は本質的な要求である。変化に富む技術、多様な利益、多元的な観念……我々はかつてない世論の環境に置かれている。

昔は有効だったが、今は有効だとは限らない。昔は時宜に適しなかったが、今はやらなければならない可能性がある。昔は克服できなかったが、今突破する必要があるかもしれない。こうしたことのため、習近平氏は思想の宣伝活動において、「以前のいかなる時期に比べても、革新が必要だ」と強調したのである。

使う技術が他人のほど先進的でないなら、複雑な環境の中でどのように主流を把握するのか。採用した方法が他人のほど有効でないなら、騒がしい中で如何に導きを強化するのか。抱いた理念が他人のほど優れていないなら、多元・多様な環境の中でどのように主導権を握るのか。思想の宣伝活動をしっかりと行うにあたり、最もいけないのは退嬰的、保守的で新しいものを受け入れようとしないやり方である。そして、必ず新陳代謝させ、時代とともに進まなければならない。革新の中で主動権を勝ち取ってはじめて、思想の宣伝活動が時代の試練に耐えることができるのである。

出典

君子の学は必ず日に新たなり。日に新たなる者は日に進む。日に新たならざる者は必ず日に退く。未だ進まずして退かざる者有らず。

——〔北宋〕程顥、程頤『二程集・河南程氏遺書・巻第二十五』

▩解釈

二程とは即ち程顥、程頤兄弟のことである。二人は「洛学」を開き、北宋理学の基礎を築き上げた人物である。『二程集』は程顥、程頤の著作を集めたものであり、「遺書」とは弟子たちが二程の言葉を記した語録で、後に朱熹により再編されたものである。

「君子の学は必ず日に新たなり。日に新たなる者は日に進む。日に新たならざる者は必ず日に退く。未だ進まずして退かざる者有らず」は程頤の言葉である。君子の学習には「日新」が必要で、つまり毎日進歩することである。

この言葉について、清の張伯行は「君子が学問に勤めるには工夫を凝らす必要がある。古いものを払い捨てて、新しいものを発見していく、進歩することで受益するのである。日に進歩しなければ、心に断絶が生まれ、私欲と相乗し倦怠になり、日に日に退いて行く。中途半端で成功するものはいない」と解釈したのである。

これは『増広賢文』の「学如逆水行舟、不進則退（学問を修めたり物事を成し遂げるのは水の流れに逆らって船を進めるようなもので、努力を怠ればたちまち後退してしまう）」と同じ意味で、進取の重要性を強調している。

故人はこのように考えているのだから、我々は日進月歩の現代社会においては、激動する時代の流れに順応していくためには、積極的に進取の気概を持ち、奮い立って前進し、時代とともに進歩していかなければならないのである。

水の積むや厚からざれば、則ち其の大舟を負するや力なし。

――『党と人民が満足する良師になる――北京師範大学の教師と学生代表と座談した際の演説』などの文中で引用

解読

習近平氏は、庄子の『逍遥遊』の中にあるこの名言を引用して、如実に教師の知識の蓄積の重要さを表現した。習近平氏が描いたこの時代の「良師」の集団像の中で、「しっかりした学識がある」ということは重要な内容である。

「師は道を伝へ業を授け惑ひを解く所以なり」と古人は云った。

教師がしっかりとした知識の基礎技能を持っていなければ、自分がよくわからないのに、他人にはっきりわからせることができようか。どのように道理を伝え仕事を授け疑問や惑いを解き使命を完成するのか。

三尺の教壇で伝えるのは知識で、流れるのは文化である。学生は先生の厳しさを許せるが、学識の浅薄さは許せない。

情報化時代に、知識は幾何級数のスピードでモデルチェンジしており、教師は知識の体系の更新を重視しなければ、知識の老化、能力の硬化、思想の鈍化が起きやすく、「天下の英才を得て教育する」という責任を負いにくい。

現代の教育は、専門知識を飲み込ませるだけではなく、総合的な資質、人格・品行修養の育成も重要である。

教師は更に視野を広げて、人の長所を吸収するべきである。所謂、「学生に一点の知識の明かりを獲得させるために、教師は明かりの海を全て吸い込まなければならない」ということである。

■出典

且つ夫れ水の積むや厚からざれば、則ち其の大舟を負するや力なし。杯水を坳堂の上に覆えせば、則ち芥これが舟と為らんも、杯を焉に置かば則ち膠せん。水浅くして舟大なればなり。風の積むや厚からざれば、則ち其の大翼を負するや力なし。故に九万里にして風斯ち下に在り。而る後乃今や風に培り、背に青天を負いて、これを夭閼する者なし。而る後乃今や将に南を図らんとす。

――〔戦国〕荘子『荘子・逍遥遊』

■解釈

これは『荘子・逍遥遊』に見える一文である。一連の比喩を生かし、何事にも基礎を築き上げることの重要性を強調している。

発句の「水の積むや厚からざれば、則ち其の大舟を負するや力なし」とは、「水をたっぷりためておかなくては、大舟を載せようにも力が足らない」との意味である。

荘子は二組の比喩で、さかずき一杯の水を堂の窪みにこぼすと、芥がちょうど舟になるくらいだが、そこへさかずきを載せるとくっついてしまう。水が浅いのに舟が大きいからとの道理を語っているのである。そして、風の力をたっぷりためておかなくては、大きな翼を載せようにも力が足らない。

だから大鵬は九万里に上れば、風はやっとその下になるわけだから、その風に羽ばたき、青空を背中に背負えば、もはや邪魔するものもなくなり南方に渡れるだろうとも言っていた。

これに対し、道家の代表人物である老子も同様の主張を述べていた。『老子』第三十九章に、「貴以賎為本、高以下為基（貴きは賎きを以て本と為し、高きは下きを以て基と為す）」があり、「処下」「居後」「謙卑」ができるようにしないといけないと人々を戒めている。

即ち、大きな成功をおさめるためには、基礎が大事であることを意味している。

昨日は是でも今日は非となり、今日は非でも、後日にはまた是となるのだ。

――『省部級主要指導幹部の第十八回三中全会精神の学習、貫徹・全面的に改革を深化させる特別テーマ研究討論クラスにおける演説』などの文中で引用

「昨日は是」だが、「今日は非」になることを見つけて直さなければならない。「今日は非」だが、「未来は是」になることを予見して引率しなければならない。

孔子は言う、「逝く者は斯くの如きか。昼夜を舎かず」

ヘラクレイトスは言う、「同じ川に二度、足を踏み入れることはできない」と。

指導幹部は政治上の怠惰な考えを克服して、成り行きに応じて行動すべきであり、革新の規則を把握してはじめて、時代の前列を歩くことができる。

解読

なぜ革新しなければならないのか。どのように革新するのか。習近平氏が引用したこの言葉は、二つの面から理解することができる。

世が変わり時が移り、状況の変化から新しい情況が発生して、新しい問題が出て、昔は合理だったことが今は合理だとは限らず、昔は有効だったことが今は有効だとは限らない。

革新の敏感さを維持してはじめて、時代の潮流を追いかけることができる。その一方、世が変われば事も変わり、事が変われば備えが変わる。

絶えず思い込みを打ち破って、理念観念を更新して、

出典

そもそも是非の争いは、めぐる季節のようなもので、昼夜とともに移り変わり、同一ではない。昨日は是でも今日は非となり、今日は非でも、後日にはまた是となるのだ。孔夫子が今日に生き返ったとしても、どのような是非をされるやらわかったものではない。それなのに、慌てて定本を定めて賞罰を行って良いものだろうか。

——〈明〉李贄『蔵書・世紀列伝総目前論』

■解釈

李贄（1527-1602）は明の思想家、文豪である。『六経』『論語』『孟子』などの儒家経典が「万世の至論」ではなく、儒家弟子のメモ書きにすぎないと主張し、「見道人則悪、見僧則悪、見道学先生則尤悪（道士を見るのが嫌い、僧侶を見るのも嫌い、道学の先生を見るのは尤も嫌いだ）」とも吹聴した。

『蔵書』において、李贄は聖人の言葉を盲目的に崇める儒教の教条を批判し、道学の「咸以孔子之是非為是非（孔子の是非を是非の判断基準とする）」に対し、「前三代、吾無論矣。後三代、漢唐宋是也。中間千百余年、而独無是非者、豈其人無是非哉（前の三代は論じない。後の三代は漢唐宋である。その間の千百余年だけが、是非を主張するものがいない。それは人には是非というものがなかったというのだろうか）」と問い詰め、「咸以孔子之是非為是非、故未嘗有是非耳（孔子の是非を是非の判断基準とするのだから、是非というものはなかった）」との結論も下したのである。

つまり、是非に関する価値観は時代性のあるものであって、「是非の争いは、めぐる季節のようなもので、昼夜とともに移り変わり、同一ではない。昨日は是でも今日は非となり、今日は非でも、後日にはまた是となるのだ」と説いた。

孔子の価値観は彼の生きる時代のものであって、「孔夫子が今日に生き返ったとしても、どのような是非をされるやらわかったものではない。それなのに、慌てて定本を定めて賞罰を行って良いものだろうか」と、孔子の価値観を「定本（恒久不変の原則）」にすべきではないことを主張した。

千年来、孔子の学説は封建道徳理論の法度とされてきた。李贄の主張はまさに大きな波紋を広げたのである。統治者は彼の主張を狂暴怪誕と汚し、彼の著作を焼き払った。晩年の李贄はさらに「道を乱し、世を鼓惑する」との罪で投獄され、自決を余儀なくされたのである。

工其の事を善くせんと欲せば、必ず先ず其の器を利にす。

——『之江新語・正確な工作方法の掌握』などの文中で引用

解読

「すべての事は事前に準備をすれば成功し、準備をしなければ失敗する」と古人は言った。言い換えれば、準備不足の戦はしないということである。

何かをよくするために、情熱と能力だけでは足りない。情熱はやる気のある態度、能力は成功の条件を備えただけで、そこに方法があってこそ成功が保証される。

特に現在、改革は難関に挑む時期に入って、利益の主体が多く、さまざまな思想観念が出ているため、改革はすでに巨大で複雑な系統を持った事業になっている。そして、改革措置のどれ一つでもその他の改革に影響をもたらす可能性があり、すべての改革はその他の改革からの協力が必要であり、すべてを大きな系統の枠内で考慮しなければならない。

そのため、改革の推進にはピアノを弾く芸術、綱渡りの知恵が必要である。実際の仕事中に、多くの人は正しい方法を掌握していないため、二種類の傾向が出やすい。一つは、群盲象を評すのように、仕事に対して全面的な把握がない。もう一つは、机上の空論で目は肥えているが腕は劣る。具体的な事が出たらどこから着手してよいか分からない。いずれの傾向でも仕事の展開と推進に不利である。

物事を上手に行うには、転ばぬ先の杖を巧みに準備することが求められ、船を用いて象の体重を測った曹沖の発想を学んで大局に着目しつつ、丁料理人が屠牛の技術を自家薬籠中のものとするために実践を繰り返したことなどを学び、小さな所から着手しなければならない。

出典

子貢仁を為すことを問う。子曰く、工其の事を善くせんと欲せば、必ず先ず其の器を利にす。是の邦に居るや、其の大夫の賢なる者に事え、其の士の仁なる者を友とす。

――〔春秋〕孔子『論語・衛霊公』

解釈

孔子の弟子である子貢が仁道をどのように実行するかを尋ねると、孔子は「匠はよい仕事をしようと思う時は、必ず道具の切れ味をよくするものだ。同様に国に住んでおれば、其の国の大夫の中の賢人に師事し、其の国の士の中の有徳者を友にせねばならぬ」と答えたのである。

匠の仕事と仁道とは、何ら関係がないように見えるが、実は道理が通い合っているのである。『論語集解』には「工以利器為助、人以賢友為助（匠は利器を以て助けと為し、人は賢友を以て助けと為す）」という孔安国の注釈がある。即ちどのようなことをやるにせよ、事前の準備が非常に重要だということである。俗語には「なたを磨くのは時間がかかるが、薪を樵るのに多いに役に立つものだ」というのがあるように、事前によく準備を整えてからことに取り掛かると、半分の労力で倍の成果をあげるというのである。

仁道を実行するのも同様で、国の状況を弁えて、賢人達人と良好な関係を保って初めて自分の抱負を実現することができ、仁の道に辿り着くのである。

凡そ益の道は、時と偕に行わる。

――『平和共存五原則を発揚し、協力・ウィンウィンの素晴らしい世界を構築――平和共存五原則発表60周年記念大会における演説』などの文中で引用

■解読

哲学から見ると、世の中のあらゆるものは絶えず運動、変化し続けている。現実的な脈拍を把握して時代の発展と共に進んではじめて、前列にいて不敗の地に立つことができる。

平和共存五原則が発表されてからの60年来、国際情勢の激変を経たが、しかしそれが主張する求同存異の精神、平和的共存の追求、相互尊重の原則などは、平和的に発展する歴史の流れに順応して、いずれの時代においてもその現実的な意味を持っている。そのため、国際社会の共通認識となり、国家間関係を処理する基本的な準則として、今の世界においても依然として生命力と感化力を持っている。それは我々に次のように啓示している。

本当の革新は波のまにまにというように物事の成り行くままに従うのではなくて、故意に訳の分からないことを言って人を煙に巻くのでもなく、肝心なのは大勢をとらえて、時代に従って適切に行うということである。

戦略的な考えの望遠鏡をうまく使って、時代の流れをよく把握し、成り行きをよく分析して判定すると共に、問題意識の顕微鏡をうまく使って事実に基づいて真実を求め、時代とともに進んではじめて、方向、自信、成果が生まれるのである。

出典

益は、往くところあるに利ろし、大川を渉るに利ろし。

『彖』に曰く、益は、上を損らして下に益す。民説ぶこと疆りなし。上より下に下る、その道大いに光らかなり。往くところあるに利ろしとは、中正にして慶びあるなり。大川を渉るに利ろしとは、木道すなわち行わるるなり。益は動きて巽い、日に進むこと疆りなし。天は施し地は生じ、その益すこと方なし。凡そ益の道は、時と偕に行わる。

『象』に曰く、風雷は、益なり。君子もって善を見ればすなわち遷り、過有ればすなわち改む。

――〔殷周秦漢〕『周易・益卦』

解釈

益卦は『易経』六十四卦の内の第四十二卦である。益卦は上巽下震であり、巽は風のことで、震は雷のことである。風が激しければ雷も轟き、雷が激しければ風もまた勢いが強くなる。そのさまが益である。益卦は第四十一卦の損卦と相反している。損卦は損下益上であるのに対し、益卦は損上益下である。損の反面は益であり、損がある程度進むと益に転換するため、益卦は損卦の次に続くわけである。

なぜ損下益上を損とし、損上益下を益とするのか、それは上下はもともと相関するものであって、下は上の根本であり、下を損ねると根本を傷つけ、下を守れば根本が堅固になるからである。

益卦『彖伝』に「天施地生、其益無方。凡益之道、与時偕行〔天施し地生じるは、其の益に方無く、凡そ益の道は時とともに偕行せん〕」がある。

即ち、天が生気を布き、地が生い立たせるように益の万物を益することは、あらゆるところに存在する。また、益の道は時の運りとともに行われるものであり、損上益下の道である。

ここの「時」は、時が益であれば益するが、時が損であれば損することを意味する。現代の四字熟語「与時倶進〔時と共に進む〕」はこれに由来するものである。

是が常に是と雖も、時として用いざること有り。非は常に非と雖も、時として必ず行うこと有り。

――『全国宣伝思想工作会議における演説』などの文中で引用

解読

習近平氏は思想宣伝仕事を論述する時に、我々は「陣地意識」を持つべきだと強調した。思想宣伝の陣地は、我々が占領しなければ人に占領されるに決まっている、と習氏は主張する。

ゆえに現在、ネット世論の仕事を思想宣伝仕事の重点中の重点として取らなければならない。その理由は、ネットワークの発展が世論の構造を深く変え、思想宣伝の陣地を広げ、現在の中国の重要な変数になっていることにある。

彼はこの古語を引用して、思想宣伝仕事に従事するものに次の訓戒を与えている。ネット世論の仕事において、昔の効果がない方法及び効率の低い古い方法を使ってはならず、革新的な手段を作り出して、「能力の危機」問題をよく解決し、現代マスコミの新手段、新方法を運用する本当の専門家にならなければならない。

そのためにネット世論の仕事の特徴と規則を深く分析して、昔の思想宣伝仕事との共通点と相違点を探すことが必要となる。これをやってはじめて仕事をしっかりと行うことができるのである。

出典

凡そ天下万里、皆是非有りて、吾れ敢えて誣いせざる所にて、是なる者は常に是、非なる者は常に非、亦た吾れの信ずる所なり。然して是が常に是と雖も、時として用いざること有り。非は常に非と雖も、時として必ず行うこと有り。故に是を用いて失うこと有りて、非を行いて得ること有り。是非の理不同にして、興廢を更え、翻って我が用と為れば、則ち是非は焉くにか在り哉？　堯、舜、湯、武の成るを観るに、或いは順或いは逆にして、時を得れば則ち昌かん。桀、紂、幽、厲の敗れるは、或いは是或いは非にして、時を失えば則ち亡ぶ。五伯の主亦た然り。

――〔戦国〕尹文子『尹文子・大道上』

▒解釈

『尹文子』は戦国時代の斉国稷下の学士の代表人物である尹文子が著したものと言われる。上下二篇が現存しているが、後の人に書き写し添削されたものと見られる。

尹文子は是と非の問題について、「是なる者は常に是、非なる者は常に非」と主張している。諸々の物の是非には客観的基準が存在する。即ち「然是雖常是、有時而不用。非雖常非、有時而必行。故用是而失、有矣。行非而得、有矣（然して是が常に是と雖も、時として用いざること有り。非は常に非と雖も、時として必ず行うこと有り。故に是を用いて失うこと有りて、非を行いて得ること有り）」である。しかし、周囲の状況が変わるにしたがって是非の基準も変わってしまうはず。正確であったものが適用できなくなったり、錯誤であったものが採用されるようになったりもする。

人々は状況の変化に応じながら、自ら認識を変えるべきである。昔のままの見解を固持してしまうと、失敗を招きかねない。尹文子はまた「尭、舜、湯、武」と「桀、紂、幽、厲」、宋楚泓水の戦い、小白と公子糾の皇位継承争い、晋文公が懐公を殺し復国するなどの典故を例に挙げながら、「得時」と「失時」こそが盛衰の鍵であることを説明している。

つまり、すべてのことは、時代の発展に順応するものであればいずれ盛を迎えるが、逆であるならば滅亡に向かう。

『尹文子』の解読者である高流水氏は、尹文子の素朴な弁証法的思想は歴史的意義を持つものであるが、社会や歴史の発展に関する観点はまだ表面的なものに留まっており、科学的分析が必要であると指摘した。

窮まれば変じ、変ずれば通じ、通ずれば久し。

——『中国人民抗日戦争並びに世界反ファシズム戦争勝利69周年座談会における演説』などの文中で引用

■解読

改革・革新の重要性について、中国人はかねてより深い認識を持っている。類似の言い方としてまた、『詩経』の中の「周は旧邦といえども、その命これ新たなり」、『韓非子』の中の『世が変われば事も変わり、事が変われば備えが変わる』がある。〝変化と発展、そして進歩〟を求めて、これは中国の富み栄える道を探求する根本的な指向である。

エンゲルスは社会主義が「よく変化、改革する社会」であると断言した。所謂「改革開放は進行形だけが存在し完了形がない」のである。

世界の変化は日進月歩であり、民衆の訴えがそれにつれて向上しつつあり、改革の時間、空間に対する制約がいっそう強くなり、改革を推進するための挑戦がますます増えて、難度が日々高くなっている。改革は逃げ道のない、しかし、しなければならないことだと意識しなければならない。この意味から見て、今日の改革は人民群衆の切実な期待に追いつき、転換期のリスクと競走し、問題を解決する時間の窓口と競走しなければならない。

「改革疲労症」を克服し、「改革心配症」を防止し、難題、危険な事態を解決する気魄を持って、思想観念の障害を突き破る勇気を持たねばならない。そして、利益を固定化する垣根を突破してはじめて、我々は改革の主導権、発展の主動権をしっかりと握り、人民により多くの改革の成果を与え、国により早い進歩をもたらすことができるのである。

■出典

神農氏没して、黄帝、尭、舜作る。其の変を通じ、民をして倦まざらしめ、神にしてこれを化し、民をしてこれを宜しくせしむ。易は窮まれば変じ、変ずれば通じ、通ずれば久し。ここを以て天よりこれを祐け、吉にして利ろしからざるなきなり。

――〔殷周秦漢〕『周易・系辞下』

■解釈

「窮則変、変則通、通則久（窮すれば即ち変じ、変ずれば即ち通じ、通ずれば即ち久し）」とは、物事が行き詰れば必然的に変化するのであって、変化すれば道理に通じ、道理に通じればまた久しく続くものであるとの意味である。この文は恒久不変な真理を物語っている。

即ち、世間万物にはいずれも発生、発展、衰微という過程がある。衰微し始める時には必然的に変化を捜し求め、切り口の打開を図るのである。変革を考えずにひたすら古いものを踏襲していれば、牢獄に入れられたように何もせずに滅亡を待つだけになる。逆に環境の変化に順応し、常に調整を行っていれば、九死に一生を得ることができる。四字熟語の「窮則思変」はここに由来するものである。

この文は後世に大きな影響をもたらしている。清の末期資本家階級維新派は維新変法を図るために、『易伝』の古訓を拠り所に、「変法するのは古今の公理である」と主張し、封建頑固派の古い慣わしを踏襲することを批判した。そして、変法すればこそ前進するという道理を語り、近代中国の大衆を啓蒙したのである。

法治篇

「法は、治国の端なり」法治は政治が成熟していく重要な標識である。中国共産党第十八期中央委員会第四回全体会議では、法に依る国家統治の全面推進の里程標を定め、「法による国家統治はまず憲法による国家統治でなければならず、法による執政はまず憲法による執政でなければならない」と強調した。法に基づく国家統治の全面的推進、法治中国の建設をめぐって、習近平氏は一連の新思想、新観点、新論断、新要求を提出し、中国の特色ある社会主義の法治理論を豊かに発展させ、国家管理体制と管理能力の現代化を推進するために、根本的な道と努力の方向を明示した。

「法治が国を治め政を施す基本方式である」と強調し、「法治が国家管理体制と管理能力の重要な拠り所である」と指摘した。また、「法に依る国家統治の新局面を開始する」と呼びかけて、指導幹部に対して「法治思考と法治方式の運用能力」を高めるように要求、重大な改革が必ず「法に根拠がある」ことを明確に定め、法治思考と法治方式で腐敗反対を堅持する……第十八回党大会以来、現在まで法律の効果は絶えず強化され、「法治」の理念は重ねて言明され、習近平氏を総書記とする党中央の治国理政の最も鮮明な標識の一つになっている。

国常強無く、常弱無し。
法を奉ずる者強ければ則ち国強し、法を奉ずる者弱ければ則ち国弱し。

—— 『新疆視察活動終了時における演説』などの文中で引用

■解読

ルソーは「規則は穹隆頂上のアーチ梁に過ぎず、次第次第に誕生する風潮こそ、その穹隆頂上の動揺しない要石を構成するのだ」と言った。有効な法律は、大理石の上にも銘刻せず、銅製の腕時計にも銘刻せず、国民の心の中に銘刻するのである。

では、どのように法治を国民全体の信条にさせるのか。

この古語のように、「法に奉ずる者は強い」ことを実現させなければならない。指導幹部と立法、司法、法律執行者はまず実践において、必ず法治の考えを貫徹しなければならず、知行合一、公正無私にならなければならない。

習近平氏は、「人民群衆にあらゆる司法事件の中から公平と正義を感じさせるように努力すべきだ」と強調、人民群衆の法治への信念は、このような「遵法者は得し、違法者は処罰を受ける」司法、法律の執行のプロセスにおいて打ち立てられ、有効かつ制定されれば必ず実行される法制体系の上で成り立つのだ。

■出典

国常強無く、常弱無し。法を奉ずる者強ければ則ち国強し、法を奉ずる者弱ければ則ち国弱し。故に荊荘、斉桓公有れば、則ち斉荊以て覇たる可く、燕襄、魏安釐有れば、則ち燕魏以て強かる可し。今、皆国を亡ぼす者は、其の群臣官吏、皆乱るる所以を務めて、治ま

323　法治篇

る所以を務めざればなり。其の国、乱弱なり。又皆国法を釈てて其の外に私す。則ち是れ、薪を負ひて火を救ふなり。乱弱甚し！

――〔戦国〕韓非子『韓非子・有度』

▩解釈

韓非子は戦国時代の法家思想を集大成した人物である。「有度」とは法制のことである。韓非子は「法を奉ずる」ことを治乱興亡の要とし、「国無常強、無常弱。奉法者強則国強、奉法者弱則国弱（国常強無く、常弱無し。法を奉ずる者強ければ則ち国強し、法を奉ずる者弱ければ則ち国弱し）」を主張していた。即ち、永久に強く永久に弱いと決まった国はない。

要するに、国法を守る人が断固としていれば其の国は強く、国法を守る人が軟弱であれば、其の国は弱いと言う意味である。

韓非子は、各国にはそれぞれみな法制があるが、厳格に法律を執行するか否かが大事であると主張する。

楚の荘王、斉の桓公、燕の襄王と魏の安釐王を例に挙げながら、君主が決然として法治を進めていれば、いずれは強国となることができると説く。そして、「今皆亡国者、其群臣官吏皆務所以乱、而不務所以治也。其国乱弱矣、又皆釈国法而私其外、則是負薪而救火也、乱弱甚矣。（今、皆国を亡ぼす者は、其の群臣官吏、皆乱るる所以を務めて、治まる所以を務めざればなり。其の国、乱弱なり。又皆国法を釈てて其の外に私す。則ち是れ、薪を負ひて火を救ふなり。乱弱甚し）」と語り続けた。

ここに言う「亡」とは衰弱の意味であり、「務」とは従事することで、「私其外」とは法律に違反し私利を求めることである。

つまり上記の国々がすべて衰えるようになったのは、その群臣官吏がみな国が乱れる原因とおぼしきことばかりに励み、国が治まる原因とおぼしきことに励まなかったからである。

国がすでに乱れて弱く、その上に国人がみな国法を捨てて密かに外国と取引きする時は、あたかも燃えやすい薪を背負って火を消しに行くようなもので、いよいよ国は乱れて弱くなるばかりであるとの意味である。

善法を天下に立てれば、則ち天下治まる。善法を一国に立てれば、則ち一国治まる。

――『省部級主要指導部の第十八期第三回中央委員会全体会議精神の学習、貫徹・全面的に改革を深化させる特別テーマ研究討論クラスにおける演説』などの文中で引用

解読

法律は社会の基本的な規則である。これは、法律が国家の発展に役立ち、社会管理に有益でなければならないことを要求し、このような法こそ善法である。国にとってのいわゆる善法は、まず自らの国情に合った法でなければならず、その他の国家地域の法律をそのまま適用してはならない。

あらゆる社会に適用する抽象的な法などどこにあるだろうか。その次に、人を基本とした法でなければならず、異なる方面の大衆の利益を正確に反映し総合的に計画し配慮、大衆が最も関心を持つ最も直接的で現実的な利益問題の解決に力を入れて、適切に公民の合法的権益を守らなければならない。

そして、それは国の発展、社会の安定に有益な法でなければならず、国家の各事業の発展を正しい軌道に乗せ、制度上と法律上から、国家発展の中にある根本的、全局的で、安定性と長期性のある問題を解決しなければならない。

出典

蓋し君子の為政は、善法を天下に立てれば、則ち天下治まる。善法を一国に立てれば、則ち一国治まる。其れ如し法を立てること能わず、人々之を悦ぶを欲すれば、則ち日亦足らず。周公をして為政を知らしめば、

天下に学校の法を立てるが宜し。学校を立てるを知らず、而して天下の士を待するを以って徒だ能く身を労すれば、則ち唯力足らざるところあるのみならず、而して勢亦得ざる所あるなり。

――〔北宋〕王安石『周公』

解釈

宋神宗熙寧二年（1069）、王安石は中国歴史上の有名な「熙寧変法」を敢行した。当時の北宋の政治、経済問題について、王安石は問題の根源が明確な「法制」が足らないことにあると指摘し、立法の重要性を訴え、「善法」を特に強調したのである。そして、法を善なるものにするためには改革をしなければならないと主張した。

『周公』において、王安石は西周初期の傑出した政治家である周公の政見「立善法于天下、則天下治。立善法于一国、則一国治（善法を天下に立てば、則ち天下が治まる。善法を一国に立てれば、則ち一国が治まる）」を評価した。

ここにいう「国」とは、周の諸侯国であり、天下の一部分であるとの意。

王安石は、周公の政治には学校設立の法を天下に普及させることを加えるべきだと主張する。学校を開き人材を育てないまま、自らの「一沐に三たび髪を握り、一飯三たび哺を吐く（人の訪問を受けたときには洗髪中でもすぐに中断し、洗いざらしの髪を握ったまま会ってきた。そのようなことが一度の洗髪中に三度もあった。また、食事中に訪問を受けても、すぐに食べかけのものを吐き出して会ってきたが、そんなことが一度の食事中に三度もあったという意）」のように心を砕き、賢人を求めるために寸時も惜しまない」のでは、行き詰ることになると王安石は考えたのである。

「善法」は『管子・任法』にある「今天下則不然、皆有善法而不能守成（今天下は則ち然あらぬ、皆善法あるにして守成できぬ）」に由来する言葉である。

それぞれ視点が若干違うが、『管子』の「守善法」にしても、王安石の「立善法」にしても、時勢に順応すべきだと主張するところが両者の共通点である。

私道によるものは乱れ、法律によるものは治まる。

――『党の大衆路線教育実践活動総括大会における演説』などの文中で引用

■解読

習近平氏はこの一乱と一治の対比を引用して、次のような道理を表した。紀律を厳正にすることは厳格な党内統治の前提である。紀律が厳しくなければ、厳格な党内統治は始まらない。

大衆路線教育実践活動の全体のプロセスにおいて、習近平氏は繰り返し「党の紀律を厳正にする」と強調し、これを気風是正、腐敗反対の有効な切り口にしている。

「私情を言えば乱れる」との戒めから見て、紀律を厳正にするには、公心を維持することが最も重要であり、私心の祟りが最も恐れるべきものである。

紀律、規定に対して少しも耳を貸さないなら、「四風」をやってもまったくはばかることなく、腐敗して僥倖を頼み、甚だしきに至っては、言葉をもって法に代え、権力あるいは私情にとらわれて法をまげる、こうしたことでは政治紀律の権威性、公信力はどこにあるのか。

習近平氏は公と私の関係をうまく処理するべきだといつも強調している。

党の規律と国の法律に直面して、党員幹部は私欲のある僥倖頼みを少なくし、廉潔で奉仕する純潔を多くするべきである。

紀律の前ではすべてが平等であり、紀律執行の前では特殊な党員はいないということを堅持し、取りなし、コネクション、利益チェーンを拒否してはじめて、党の紀律が厳正になり、内では道徳上の自律に変えて、外では行為上の自覚に変えてはじめて、「法規を言えば治まる」という善治の境地に辿り着くのである。

▩出典

故に『本言』に曰く、「国を治める働きをするものは法律であり、乱す働きをするものは私道である。法律が確立すると私道を行うものはない」

故に曰く、私道によるものは乱れ、法律によるものは治まると。上に立つものに正しい道の心得がないと、知者は自分勝手な言論をはき、賢者は自分勝手な意見を持つ。

上に立つものは自分勝手な恩恵を振る舞い、下々のものは私欲に駆られる。聖者・知者と言われるものは群れをなし、人を迷わす言論を唱え、不法行為により上に立つものをあしらう。

しかるに上に立つものは、こうしたことを禁止しないばかりか、それにつられて聖者・知者を尊重している。これは下のものに上に従わず法を守らないように教えているようなものである。したがって、賢者が名を輝かして平然とし、姦人が賞を受けて富むならば、上に立つものは下の民を抑えることができない。

——〔戦国〕韓非子『韓非子・詭使』

▩解釈

「道私者乱、道法者治（私に導をにしては乱れ、法に導をにしては治まる）」にある「道」とは「導」と同じく、導く、従うという意味である。

即ち、私道にしたがって国を治めようとすると国は乱れるが、法律にしたがって国を治めようとすると、国は治まるということである。

故に『本言』の言うには、国家の安定は法律によるものであって、国家が混乱する根本的な原因は私道によるものだというのである。法律がしっかりと作り上げられれば、私道を図る人がいなくなると説いている。『荀子・君道』に「法者、治之端也（法は治世の第一要義である）」とあるように、国家を治めるためにはまず法律が必要である。

法制と治乱の興亡について、『管子・明法解』にも類似な表現が見られる。即ち「法度行則国治、私意行則国乱（法度が行われれば国は治まるが、私意が行われれば国は乱れる）」である。

また後漢王符の『潜夫論・述赦』にも「国無常治、又無常乱。法令行則国治、法令弛則国乱（国常治無く、又常乱無し。法令が行われれば則ち国が治まり、法が弛めば則ち国が乱れる）」が見られる。

これらに関して、『韓非子・有度』には一歩進んだまとめがある。即ち「故当今之時、能去私曲就公法者、民安而国治。能去私行行公法者、則兵強而敵弱（故に今の時に当たりて、能く私曲を去りて公法に就く者、民安くして国治まる。能く私行を去りて公法を行ふ者、則ち兵強くして敵弱し）」である。

天下のことは、立法が難しいのではなく、必ず実行するのが難しいのである。

――『「中共中央の法に基づく治国を全面的に推進することに関する若干の重大問題の決定」の説明』などの文中で引用

解読

法律の生命力は実施することにあって、法律の権威も実施することにある。法律はあるが実施せずに棚上げにし、あるいは実施が有効ではなく、表面だけ整えているのでは法律をどんなに多く制定しても始まらない。

どのように「法の断固実施」を保証するのか。煎じ詰めれば、法治が「国民全体の信条」になるようにすることだ。

第十八期第四回中央委員会全体会議で提出されたように、人民の権益は法律によって保障し、法律の権威は人民に守られるべきだ。習近平氏はかつて「人の心が最大の政治だ」と言った。

この角度から言えば、人の心は最大の法治でもある。「科学立法、厳格執行、公正司法、全民守法（科学的な立法、厳格な法執行、公正な司法、全人民による法律の遵守）」、この16文字は、法治中国を建設する評価基準であり、法律の実施を保証する鍵でもある。

党が法に基づいて国家を治めて初めて、政府が法に基づいて行政を行える。また、指導幹部が法治の思考を強めることによって初めて、法治の軌道上において各仕事を推進することが可能となる。

さらに、全体の公民がトラブルに遭った際に法を求め、解決のために法を用い、法律に頼ってトラブルを解消して初めて、良好な法治環境を作り出し、法治中国のために頑丈な基礎を築くことができるのである。

▒出典

堯が舜に「事を詢り言を考うるに、乃の言績とす可きことを底す」と命じたのを聞いたことがある。皐陶の論治曰く、自分が興した事業を率い、自分の業績を何度も省みなければならない。おおよそ天下のことは、立法が難しいのではなく、必ず実行するのが難しいのである。言葉を聞くのが難しいのではなく、その言葉に必ず効力を生じさせるのが難しいのである。

事を詢ってその終わりを考えず、事を興して何度も省みなければ、上には総核する英明がなく、人は苟且の念を抱き、たとえ堯舜を国君にし、禹皐を補佐官にしたとしても、績とす可きことを底し、業績を得ることは難しかろう。

——〔明〕張居正『請稽査章奏随事考成以修実政疏』

▒解釈

「天下之事、不難于立法、而難于法之必行（天下の事、立法が難しいのではなく、法を実行するのが難しい）」とは、張居正が明の神宗に上疏し、「考成法」の実行を提言する際に述べたものである。

即ち、天下のことは立法が難しいのではなく、必ず実行するのが難しいのであるとの意味である。

張居正は経験に富む傑出した政治家である。法に従うことの重要性と、法を実行することの難しさが身にしみるほど分かっている。彼は全国範囲に「一条鞭法」を実行し、租税制度の改革を図り、明の財政状況の改善に努めていた。しかし、この政令は完全に貫徹できず、改革は失敗に終わった。張居正が思うに、明の法律はすでに十分に整えられているのだが、国家の内政が治まらないのは、法律が完備されていないからではなく、法律に従った政治が行われていないからである。

したがって、彼は明の神宗皇帝に上謝し、著名な「考成法」の実行を提言し、「尊主権、課吏職、信賞罰、一号令（主権を尊重し、官吏を管理し、賞罰を明らかにし、一つの号令に従うこと）」を主張したのである。

「考成」とは、官吏の政治的業績を審査することである。即ち、定期審査と随時審査の二通りの審査方法を平行させ、名実ともに審査を行い、奨励と懲罰をもって、官吏の権力争い、職責を軽んずることを厳しく躾けるということである。

法令が実施されれば、紀律も自ずと厳正になり、治められない国はなくなり、教え導きを聞かぬ民もいない。

——『貧困脱却・政治参与雑談』などの文中で引用

■解読

官の義は明の法にある。明確な法がなければ綱紀の是正が図れず、綱紀がなければ公平、道義を守ることができない。習近平氏はこの名言を引用して、法律の生命は実施することにあり、指導幹部が率先して法律に基いて仕事し、法律を厳正に執行、紀律を守るべきだと強調した。

党の第十八回代表大会の報告で指摘したように、「指導幹部の法治思考と法治方法で改革を深め、発展を推進し対立を解消、安定を保護する能力を育てる」第十八期第四回中央委員会全体会議では、これに対して具体的な配置を行った。

法律はただ壁にかけて紙に書くだけで、具体的に実現させなければ、あいまいになり、綱紀が緩み無力になる。習近平氏は「制度を張り子の虎、案山子にしてはならない」、「紀律を緩い制約或いは棚上げにする空文にしてはならない」と繰り返し強調した。

指導幹部に対して、お人よし主義と私心や雑念を捨てるように要求し、法律を本当の「帯電している高圧線」にし、それによって国民全体が法律を守る社会風潮を形成させるよう求めた。

■出典

法令は君主の大権で国の治安と安否に関わっているため、慎重にならなければならぬと聞く。近年のやり方では、賞罰の制度にはまだ徹底されていないものがあり、加えて、法令が信頼に値しないと人々も思っている。

賞罰はいかに阻止と激励の役割を果たすのだろうか。昔、唐の文宗が宰相の李石に、「如何すれば、天下が治めやすくなるのか」と尋ねたところ、李は「朝廷がきちんと法令を実施すれば治めやすくなる」と答えた。

確かにそのとおりである。治理の要となるのは、これにほかならない。陛下にはご自身で大きな政策を決め、正直な人を信じていただきたい。賞はその人の手柄によって決め、恩を施して抜擢してはならない。罰はその人の罪によって決め、寵愛で免除してはならない。邪佞の者は親しい人でも罷免しなくてはならず、忠実で正直な者は疎遠な人でも抜擢する。法令が実施されれば、紀律も自ずと厳正になり、治められない国はなくなる。教え導きを聞かぬ民はおらず、すべて陛下の努力次第である。

――〔北宋〕包拯『上殿札子』

▒解釈

包拯は宋の仁宗の時の監察御史であり、後に枢密副使に至る。剛直な人柄で権勢に媚びず、情実に左右されない。公正かつ清廉であるため、官吏の模範とされる。民間に「包公」「包青天」と誉めたてられていた。

宋の仁宗慶暦七年（１０４７）に旱魃に見舞われ、百姓は大変苦しんでいた。京奉転運使から異動し陝西転運使として赴任途中の包拯は、動乱があちこちで起こっていたのを目にして驚いたのである。

旱魃などの天災が畏しいものなのではなく、「人は法令を知りながらも従わない」ことを危惧すべきだと思った包拯は『上殿札子』を書き上げ、宋の仁宗に呈上した。

法を遵守せず、法の実施に不備のあることに対し、包拯は法律が国の安定の礎であり、法令の公布を慎むべきことを主張し、「法令は君主の大権で、国の治安と安否に関わっているため、慎重にならなければならぬ」と述べた。

法の実施を慎むことにより、民衆の信頼を得てこそ、禍が自ずと治り、天下が治まるものだ。

「法令が実施されれば、紀律も自ずと厳正になり、治められない国はなくなる。教え導きを聞かぬ民はおらず、すべて陛下の努力次第である」と宋の仁宗に諫言したのである。

包拯の「法律によって天下を治める」という法治の主張と厳格な法治の実践は後世に貴重な歴史的経験を残したのである。

政治を為すものは圓に規を失わず、方に矩を失わず、根本に取り組む時に末節を蔑ろにしないように、政治を行う時に道理を蔑ろにしないようにする。そうすれば万事成功し、功が保たれる。

――『共産党第十八期三中全会第二回全体会議における演説』などの文中で引用

解読

習近平氏はこの話を引用して、全面的に改革を深化させるには中央の政策を根拠にする必要があると述べた。

第十八期第三回中央委員会全体会議の決定、60の大項目、180余りの条目は、すでに全面的に改革を深化させるためのスケジュール、路線図を確定したが、これは正に最も従うべき路線、最も守るべき決まりである。「上下対称」を貫徹して規則、規律を守ることができれば、改革は必ず絶えず前に向かって進むことができる。

改革について、習近平氏はまた「法治思考」と「法治方式」を高度に重視し、それを各級の指導幹部に対する改革を推進する基本的な要求にしている。さらに、重大な改革はすべて「法に根拠があるべきだ」と強調した。

この古語が説き明かしているのは、正にこのような改革方法論である。国政運営は、法律が重要な根拠、根本的な基準であり、規則を守らず法治を軽視しては、どのように社会の公平を促進し社会の活力を奮い立たせ、あらゆる革新創業の源を十分に流すことができるだろうか。

出典

治乱の政とは、官吏の数を減らし複数の政務を一つにまとめることであって、うわべの美より中身のよさを優先することだ。そもそも長々と続けられてきた悪習は改善せずに放置すると、必ず混乱につながる。細々と行われてきた悪事は処罰せずに放置すると、必ず不幸をもたらす。そもそも三綱が正しくなく、六紀が治まっていなければ、大きな混乱が生じるものである。

よって政治を為すものは、圓に規を失わず、方に矩を失わず、根本に取り組む時に末節を蔑ろにしないように、政治を行う時に道理を蔑ろにしないようにする。そうすれば万事成功し、功が保たれる。

――〔三国・蜀漢〕諸葛亮『便宜十六策・治乱第十二』

解釈

『便宜十六策』は諸葛亮が著した兵書である。十六の方面から治国治軍の原則と方法を解説したため、「十六策」と名付けたのである。

『治乱』は『便宜十六策』の第十二策であり、綱紀、前後、遠近、内外、本末、強弱、大小、人己などの角度から治国の方略を語っている。


諸葛亮は、政治の乱れを治めるには冗官を淘汰しなければいけない。それは余剰な官吏が結集して政治の妨げになるのを防ぐためであると主張していた。綱紀が乱れてしまうと動乱を引き起こしかねない。

したがって「政治を為すものは、圓に規を失わず、方に矩を失わず、根本に取り組む時に末節を蔑ろにしないように、政治を行う時に道理を蔑ろにしないようにする。そうすれば万事成功し、功が保たれる」と諸葛亮は解説したのである。

つまり、国を治めるには規則がないとうまり成り立たない。理法と道統から離脱してはいけない。規則と法を用いて初めて成功が期待され、国の偉業を成し遂げることができる。律法を用いて民を統治し、社会秩序を保つことを主張したのである。

このように、諸葛亮は法家の道を継承していたことが窺えよう。小説『三国演義』では法家の風格を持つ諸葛亮を、鬼神天候を操り、天文も敵の意図も察知する仙人に近い完璧な人物として描写しているが、経典を改めて読み直すと歴史人物の実像が見えてくる。

法が立てば、それを犯すものに必ず処罰を与えねばならない。令が公布すれば、唯施行するものであって、違反してはならない。

――『「中共中央の法に基づく治国を全面的に推進することに関する若干の重大問題の決定」の説明』などの文中で引用

解読

いかなる法律も厳格に実行しなければ「割れ窓効果」が出て、法律の尊厳を損ない、法律の基礎を動揺させる。

正に習近平氏が指摘したように、「法律があって効果的に実施できなければ、いくら多くても空文であり、法に依る国家統治は空論になる懸念がある」

中国の特色ある社会主義の法律体系が形成される前に、我々が直面した主要な矛盾は「拠るべき法律がない」問題だったとすれば、中国の特色ある社会主義の法律体系が形成された後では、法律の実施が発展の主要な矛盾になる。

このような状況のもとでは、法があれば必ず従い、法の執行は必ず厳正にしなければならない。また、違法は必ず追究するという問題は、いっそう際立ち、より緊迫し、社会全体が回避できない共同命題として必ず直面しなければならず、社会成員全体の共通規則として従うべきものである。

出典

愚がいわゆる厳格な法律は、陋劣な貨幣の流通を絶つべきであり、姦商（不当な手段で利益をむさぼる商人）の貨幣偽造の源泉を塞ぐものである。風紀端正で典経明正にし、農桑の耕耘という正務を推賞すれば、詐欺や暴利を貪る計謀が絶たれる。朝廷の教旨を普く広めれば風紀が大きく変る。法が立てば、それを犯すものに必ず処罰を与えねばならない。令が公布すれば、唯施行するものであって、違反してはならない。禁令を犯して貨幣の私鋳をする者には、五刑の戮に処する。農時に従いながら農耕に努める者には、初級の官位を与える。若しそのようなこともせねば、西漢の賈誼、晁錯は黄泉にいながらも泣きながら上奏するだろう。これが君侯の未諭の三つ目である。

――〔唐〕王勃『上劉右相書』

▩解釈

「法立、有犯而必施。令出、唯行而不返（法が立てば、それを犯すものに必ず処罰を与えねばならない。令が公布すれば、唯施行するものであって、違反してはならない）」との文は、法律が厳粛なものであることを強調し、法律の威信を立てる重要性も示した。

「返」は「反」に通じ、違反の意である。この文は、法律が一旦定まれば違反するものに対し、みな懲罰を課さなければならない。法令が一旦公布されれば、徹底的にそれを実行しなければならないという意味となっている。

『貞観政要・赦令』にも同じ意味の比喩が見られる。「発号施令、若汗出于体、一出而不復也」

つまり、汗はいったん出たら二度と体内にもどることができないように、法律は一旦公布されたら朝令暮改してはならない、これは法律の信用に係わるものである。同じ事が『旧唐書・戴冑伝』にも「法者、国家所以布大信于天下（法は、国家がこれを以って大信を布するためのものである）」などの文が見られる。

王勃（650－676）は「初唐四傑」の首位に位置する人物である。英気盛んな時に夭逝した詩人で、最年少の朝廷官吏でもあった。

『新唐書』に「年未及冠、授朝散郎（年未だ冠に及ばず、朝散郎を授けられる）」との記述が見られる。『上劉右相書』は王勃の名を揚げた作である。

『新唐書』に「麟徳初、劉祥道巡行関内、勃上書自陳、祥道表于朝、対策高第（麟徳の初、劉祥道は関内を巡行する途中、王勃は上書し自ら陳情した。祥道はこれを朝廷に表し、対策高第になる）」との記載がある。

「麟徳」は唐の高宗の年号であり、わずか二年（664－665）続いたのみである。劉祥道は唐の高宗の龍朔三年（663）に右相を勤めた。したがって、王勃がこの文を作ったのは、彼の十四、五歳の時であったことが分かる。

弁証篇

エンゲルスには「弁証法を蔑視すれば、懲罰を受けなければならない」という名言がある。ある意味から言って、改革時代の「能力の危機」はまず「哲学の貧困」である。

十八大以来、習近平氏を総書記とする党中央は改革を進める過程の中で、弁証法的唯物論、史的唯物論の世界観方法論を貫徹して、戦略思考、弁証思考、系統思考、革新思考、底線思考などを提出した。これらの世界観と方法論は互いに貫通して有機的に統一し、完全で科学的な改革の方法を構成した。「天下の道理、張があれば収があり、強があれば弱があり、興があれば廃があり、与があれば取がある」

対立統一は物事が発展する客観的な規律である。今のところ、情況が目まぐるしく変化し、問題が次々と現れ、世論が騒がしい。これは改革の深化が直面する現実的な基本的局面である。

哲学の系統論、過程論、矛盾論がなければ、如何に全局を念頭に置き大勢を洞察し、ある分野の仕事をうまく主宰、ある場所の発展を指導するのか。

習近平氏は、指導幹部は弁証法的思考能力を高めるべきであると強調した。

これは即ち、対立を認めて分析、解決し、肝心な点をよく捉えて重点をよく探し当て、物事の発展の規律を洞察する能力である。

人生の価値を考えて社会の脈動を把握し、永久不変の真理を追究、哲学を学んで使うことは、指導幹部の基礎訓練である。

一つの問題を二つに分けて見る、多角度から考慮するなどして初めて、「群盲象を評す」ことを免れることができ、複雑な中国を読み取り、改革の大勢を把握することができるのである。

涇渓石険し人兢慎になり、終歳人転覆するのを聞かず。却って平流無石のところに、沈淪時々ありと聞く。

——『実行に移し、先頭を歩く・浙江省の党委員会の胡錦涛総書記重要演説精神を貫徹する特別テーマ学習会における演説』などの文中で引用

解読

この詩は弁証的な哲理に満ち、今日の改革発展の情勢とつながり、人に深く考えさせる。今日の中国では喜と憂が織り混ざり、危と機が共存する。経済運営が安定して向上する一方、下降圧力も依然として大きい。住民の収入が持続的に上がる一方、民生の不足を全て補わなければならない。

構造調整が著しい効果を収める一方、生産能力の過剰が依然として厳しい。成績だけを見て「成長の悩み」と「調整の陣痛」を無視しては、この詩の中で言う、「平坦で石のないところ」で油断して落ちぶれる。

習近平氏がこの弁証的な色に満ちた詩句を引用するのは、情勢が向上するほど、慎み深い態度が必要だと強調するためである。

このようにして初めて小さな憂が大きな災いにならずに済み、障害物が前進の歩調を妨げずに、「中国号」の巨船が始終波を切って前へ進むことが確保できるのである。

出典

涇渓石険し人兢慎になり、終歳人転覆するのを聞かず。

却って平流無石のところに、沈淪時々ありと聞く。

——〔唐〕杜荀鶴『涇渓』

▒解釈

晩唐の詩人杜荀鶴の『涇渓』は、曲折した行文でありながら哲理は透徹している。四行の詩で意味深い人生哲理と精妙な生命の弁証を表したのである。

この詩は一見して常理に合わないものがあるように思われる。

例えば舟は水に進み、危険な場所では転覆しないが、穏やかな流れで転覆するというのがある。しかし、ここには意味深い哲理がある。

険要なところでは人は精神を集中させて用心しながら進むので、事故は起こりにくい。しかし、安全なところでは人は警戒を怠り、ちょっとした不注意で「舟覆人亡」という大きな事故を引き起こすものである。『呂氏春秋・慎小』にも「人之情、不蹶于山而蹶于垤(人の情けは、山に蹶かずにして垤に蹶く)」と見られるように、人は高山に躓くことは無いが、小さな丘に躓いたりするという。

この詩は「憂患に生き、安楽に死ぬ」ということを示唆するものである。安楽な時にこそ警戒心を忘れずに慎むべきであって、自慢したり粗忽したりすると、楽しみが極度に達すればかえって悲しみが生じる。

千年も前に作られた『涇渓』は一枚の明鏡のように、冴えた光を放っている。残念なことに、「後代の人はこれを哀れに思うが、鑑みることをしない」

歴史上には逆巻く大波を経てきたが、風はなぎ波も静かであるところで失敗した人はどれほどいたであろう。「これもまた後人をして、再び後人を哀れに思わしむのであろう」

多言は数々窮す、中を守るに如かず。

――『中央経済活動会議における演説』などの文中で引用

■解読

「大国を治むるは小鮮を烹るが如し」は『老子』に見られ、習近平氏が何度も引用したその他の一言である。その中から体現した管理思想は、政令が多いほど、繁雑なほど良いというわけではなく、安定を保ち動揺しない力を維持して初めて、「スピードが速いながらも安定している」ということができるというものである。

習近平氏は指導幹部に対し弁証的な思考能力を高めるように要求している。即ち、対立を認めて分析、解決し、肝心な点をよく捉えて重点をよく探し当て、物事の発展の規律を洞察するということである。

我が国は経済成長のスピードアップ期、構造調整の陣痛期、前期の刺激政策消化期の「三期重ね」の状態に直面し、問題を二つに分けて見る、多角度から考慮するなどして初めて、「群盲象を評す」ことを免れ、改革の大勢を把握することができる。

中央が冷静に観察、従容として対応し、マクロ政策を安定させ、ミクロ政策を柔軟にし、社会政策では内部事情に精通した発想を用いることで、成長、就業、物価が安定、向上し、スピード、構造、収益が同時に改善しつつある。

政令があまりにも煩雑、具体的であっては、目まぐるしく変化する実際情況に対応できない局面に陥る可能性がある。

ここにおいてあるべき対策は「守中」――譲れない一線を守り抜き、原則をしっかり守り、根本をしっかり守ることである。このようにいかに変化しようともその根本・本質が一つであれば、最終的に不変をもって万変に応ずることができるのである。

出典

天地は不仁なり、万物を以って芻狗と為す。聖人は不仁なり、百姓を以って芻狗と為す。天地の間、橐籥の如し。虚しかるに不屈なり、動しかるに出るなり。多言は数々窮す、中を守るに如かず。

――〔春秋〕老子『老子・第五章』

解釈

「多言は数々窮す、中を守るに如かず」の出自は『老子』第五章である。「多言」は「不言」に相対するもので、政令の煩雑さを意味する。

「数窮」とはしばしば行き詰まることの意味である。「守中」とは虚静を守ることである。

老子は、「芻狗」「橐籥」という二つの比喩を通して道理を悟らせようとしている。「芻狗」とは、藁で作られた犬のことで、祭礼の際に使われ、祭礼が済むとわらくずとして捨てられるものである。

人々はこれには愛憎の感情を持たない。「橐籥」とは、鍛冶屋などが火を起こすのに使う道具。

老子の言うには、天地には仁愛があるわけではない。万物を藁で作った犬のように扱っている。

聖人にも仁愛があるわけではない。人民を藁で作った犬のように扱っている。天地の中間は、ちょうど橐籥のようなものだ。空っぽでいながらそこから万物が生まれて尽きることがなく、動けば動くほど多く出てくる。

したがって、政令などが多いと、しばしば行き詰るが、黙って内心を守っていくに越したことはないということである。

この点に関しては、老子は孔子と同じような認識があったようである。孔子は、君子は「敏にしながら言に慎むべき」であって、「一言で邦を興すこともあり、一言で邦を滅ぼすこともある」と主張し、言論は国計と民生とに深く係わっていることを強調していた。

ただ、孔子は「有為」の立場に、老子は「無為」の立場にあるのである。老子は、政治を為すのには口数が少ないほうがよいと主張し、「守中」の「中」は「沖」の意味に通じ、内心の虚静を意味するものであり、儒家のいわゆる「中正」「中庸」「中立」の意味ではない。

兵に常勢無く、水に常形無し。

——『実行に移し、先頭を歩く·浙江省富陽市で調査研究した際の演説』などの文中で引用

■解読

改革発展の情勢は変化していて、我々の思想観念、仕事の構想と仕事の重点もそれにつれて変わるべきである。そうでなければ、能力の不足、構想の不適当などの問題が現れる。

習近平氏は幹部隊列の「能力の危機」問題を非常に重視し、「新しい方法は使えず、旧い方法は役に立たず、硬い方法は使う勇気がなく、軟らかい方法は役に立たない」と、一部の幹部の能力不足を形容した。

エンゲルスには「弁証法を蔑視すれば、懲罰を受けなければならない」という名言がある。現実中、一部の人は成績だけ見えて問題が見えず、一部の人は問題の落とし穴に落ちて出口が見えず、一部の人は方向が正確に見えず肝心な点が把握できず頑固で独善的な盲動症を患って、その結果希望通りに事が運ばない。

全面的に改革を深めることは既に勢いを得ていることであるが、改革中に出会う新問題をどのように解消するのか。

国の管理体系と管理能力の現代化を促進しているが、いかに法による処理能力を高めるのか。規律を知らず、知識不足、能力不足で、旧構想で新問題を解決することに慣れていれば、一生懸命に働くほど「車の轅を南に向けながら車を北に走らせようとする」ように行動と目的が乖離する。

我が党は学習型政党で、広範な党員は自縄自縛、保守退嬰になってはならず、絶えず情勢の変化と共に能力を伸ばすべきである。

▒出典

夫れ兵の形は水に象る。水の行は高きを避けて下きに走る。兵の勝は実を避けて虚を撃つ。水は地に因りて行を制し、兵は敵に因りて勝を制す。故に、兵に常勢無く、水に常形無し。能く敵に因りて変化して勝を取る者、之を神と謂う。五行に常勝無く、四時に常位無く、日に短長有り、月に死生有り。

——〔春秋〕孫武『孫子兵法・虚実第六』

▒解釈

『虚実』は『孫子兵法』十三篇中の第六篇である。「虚実」とは、戦場で兵力を分散したり集中したりする戦術変化によって強弱をつけて敵を破ることを指している。

孫武は、「兵の形は水に象る」と主張し、兵力を運用する規律は水の流れと似ているという。「水の行は高きを避けて下きに走る。兵の勝は実を避けて虚を撃つ」とは、水は地勢の高いところを避けて、地勢の低いところへと流れる。戦いに勝つポイントは、敵の兵力が充実した「実」の地を避けて、手薄になっている「虚」の地を攻めることである。

「水は地に因りて行を制し、兵は敵に因りて勝を制す」とは、水が地形に応じて流れを決めるように、軍隊は敵の動きや態勢に応じて動いて勝利するということである。

最後の結論として「故に、兵に常勢無く、水に常形無し。能く敵に因りて変化して勝を取る者、之を神と謂う」があるが、これは、水が一定の形をしていないのと同じように、軍には一定の勢いというものもないし、常に固定の形というものもない。敵の動きに応じて柔軟に変化して勝利をもたらすことを神業というとの意である。

以上の主張は千年来兵家に熟知されているものである。1972年、山東臨沂銀雀山漢墓に『孫子兵法』の竹簡が発見された。その竹簡では「兵に常勢無く、水に常形無し」を「兵に成勢無く、水に恒形無し」と書き換えられていた。水の比喩を使わず、兵の「形」と「勢」を強調していたものと見られる。

嶺を下れば便ち難無しと言う莫れ、行人が錯りて喜歓せしむを賺し得る。万山の圏子の裏に正に入り、一山放出すれば一山攔る。

――『之江新語・勇敢に科学発展の高峰に登る』などの文中で引用

解読

経済社会の発展は山道を登って行くようなもので、一定の高さまで登れば峰を一つ越えるが、次にもう一つの高さに直面し、さらに高い峰を乗り越えなければならない。

党の第十八回代表大会で提出された、我々は「多くの新しい歴史的特徴のある偉大な闘争を行わなければならない」というのは、正にこの意味である。

習近平氏は最低ライン思考を堅持し、矛盾を回避せず、問題を隠蔽せず、万事悪い事態を起点に準備を進め、最もよい結果を得られるよう努力し、備えあれば憂いなしの態度をとる。また何が起こっても動じないようにし、主導権をしっかりと握らなければならない、と重ねて強調した。

現在、発展は新段階に改革は深い水域に入り、各種の困難とリスクに直面しており、指導幹部の勇気と知恵が最も試されるのは、悪い所が見抜けるか、困難が解決できるか、有益なものが勝ち取れるかといったことにおいてである。

それは毛沢東氏が言ったように、「最悪の可能性を基礎に我々の政策を立てる」、「仕事を最悪の基礎に置いて考慮する」、油断しないようにして初めて、「見えたらすでに手後れである」ということから離れられ、「乱雲が飛び渡っても依然として従容とする」ことができるのである。

出典

嶺を下れば便ち難無しと言う莫れ、行人が錯りて喜歓せしむを賺し得る。

万山の圏子の裏に正に入り、一山放出すれば一山攔る。

――〔南宋〕楊万里『松源を過ぎ漆公の店にて晨炊す』

解釈

これは、南宋の詩人楊万里が建康江東転運副使在任中に作った紀行の詩である。詩人は旅の途中、皖南の松源というところに来て、群山に囲まれて突然悟りを開き、この哲理詩を即興的に作ったのである。

人々は下山は容易いが、登山は難しいとよく言うが、下山の途中には実は多くの山を乗り越えないといけないことを知らない。詩人は風景の描写と迫真の比喩を通して、人々に山中行路の深奥なる哲理を悟らせようとした。つまり、人間は生きている限り、困難との闘いは絶えないものである。また、順境に置かれても逆境に置かれても、怠ることなく警戒心を持ち続けなければならないのである。

発句の「嶺を下れば便ち難無しと言う莫れ」は、峰を下れば、もうこれで難儀はないと人々がそう思いがちであることを指摘した。

二句目の「行人が錯《あやま》りて喜歓せしむを賺《すか》し得る」の「賺」はなかなかユニークな言葉遣いで、人々の下山が容易いと思ったことと、実際の困難との鮮明な対比効果をもたらしている。続いて三四句は、「ぬか喜び」を受けたものである。

本来、登山の過程において乗り越えるべき峯は、下山の途中で下らなければならない峯と同数あることを知るべきだということを示し、「一山放出すれば一山攔る」との擬人法を用いることによって、山には生命があり、霊性のあるもののように、わざと人々にいくつもの障害を設けたかのように表現したのである。

そして、人々は山中にいながら、意外、驚異、煩悩などの様々な心情を経験しながら、最後には悟りに辿り着くものであることを、「放」と「攔」という言葉を用いて表現したのである。

睫は眼前に在れども猶見えず。

——『貧困脱却・弱い鳥はどのように先に飛ぶか——福建東9県調査の随想』などの文中で引用

▩解読

これは哲理に満ちた詩であり、睫毛を喩えにして、我々がよく目の前にある物事を見落とすことを説明している。正確な態度がなければ、最も身近にあって最もよく知っているものであっても、一枚の葉が目を遮って泰山をも見られない（局部的・一時的な現象に目を奪われて大局・本質を見極められない）ようなことが起きて、理解しにくくなる。

真の道理、規律は、毎日の実践の中にあり、他人の目、評判の中にあるのではない。習近平氏はこの詩を引用して、地方の仕事の中で主客転倒してはならないことを説明した。重視すると口では言っているが、具体的な問題、具体的な困難にぶつかると、すぐ途中で止めてかえって最も簡単な規律を無視して、最も根本的な原則を忘れる。

時にはよく口にするすぐ目の前にある道理が、かえって思想の固定化、利益の垣根によって無視される。こうしたことを避けるには、明確な自己認識と動揺しない信念節操が必要である。

指導幹部は、仕事中に主題・大筋・主旋律を把握しなければならず、習近平氏が1988年に書いたこの文章の中で言ったように、「経済建設を常に心がけずに経済建設をよくすることができるはずがない」

思想のボタンを外して、発展の要点と規律を把握して初めて、主業をよくし正道を順調に歩むことができるのである。

■出典

百感中より来たりて自由ならず、角声孤たび起こる夕陽の楼。

碧山終日思い尽くること無く、芳草何れの年か恨み即ち休まん？

睫は眼前に在れどもも長に見えず、道は身外に非ざれば更に何にか求めん。

誰人か似たるを得ん張公子に、千首の詩は軽んず万戸の侯を。

——〔唐〕杜牧『池州の九峰楼に登りて張祜に寄す』

■解釈

唐穆宗の長慶年、白居易は杭州刺史に在任していた。張祜と徐凝は同時に貢挙を受けたが、実力が伯仲していたため、白居易はすぐさま出題をし、決勝戦を行うと、張祜が徐凝に敗れるという結果になった。

会昌五年（８４５）の秋、池州刺史に在任する杜牧のところに張祜が訪れた。この詩は二人が面会して別れた後に作られたものである。杜牧の張祜に対する同情と慰め励ましを表現したと見られる。

友人である張祜の不遇に同情する意を景色の描写を借りて叙情的に表現した格調の高い詩だと見られる。首聯には抑えきれない感慨無量の心持ちが表現され、また景色の描写を通して胸の内を語ろうとした。

頷聯はそれをうけて、「碧山」「芳草」などの事物の描写を通して親友を思う気持ちと離別の悔しさを表したのである。

頸聯の「睫は眼前に在れども長に見えず、道は身外に非ざれば更に何にか求めん」は、ひたすら感嘆はせず、筆鋒を変えて白居易が人材を見極めないことを指摘し、才能があればまたいずれ道が開けると張祜を慰めたこととの意となっている。

尾聯では、君に勝る人がいるのだろうか、と高官厚禄より詩のほうに心を引かれる親友を高く評価することで詩を終えた。

「睫は眼前に在れども長に見えず」はまた「睫は眼前に在れども猶見えず」と記される。これは『韓非子・

喩老』の「智如目也、能見百歩之外而不能自見其睫（智は目の如きを患ふるなり。能く百歩の外を見るも、自ら其の睫を見ること能はず）」に由来するものである。

これは理屈に合わない現実を諭すものであって、物事が目の前にあると、重視すべきものが逆に無視されがちになるという意味になっている。

駿馬の毛をみるだけで、その形を知るよしもなく、画の色を見るだけで、其の美を知るよしもない。

——『貧困脱却・「経済大合唱」を提唱』などの文中で引用

解読

改革の全面的深化は系統的事業であり、あらゆる分野の改革はその他の分野からの協力が必要である。

習近平氏はこの名言を引用して、改革の推進は途切れ途切れに、あるいは兵士が個々に突進するというようなことをしてはならない、さもなければ頭が痛めば頭を治し、足が痛めば足を治す（その場しのぎの方法を講ずる）苦境に陥って、一方に気を取られて他方がおろそかになり〝遺漏が多い〟ということを強調した。

改革が進化するほど、関わる利益関係はより複雑になり、対立問題はさらに複雑になるため、改革の結合化、協同化、整体化を強めなければならない。

サッカーの愛好者として、彼はさらにあるサッカー評論家のアルゼンチンチームに対する評論を引用した。「サッカー界のスター選手であるマラドーナは、グラウンド内で個人のみに注意を向け集団を無視した。アルゼンチン選手の個人主義のやり方は、とうとう今期のワールドカップチャンピオンと縁を切らせることになった」

サッカーはかくの通りであり、改革もまた同様である。それぞれの改革は相対的に独立性を持ってはいるが、すべてが全体の中の一部分であり、全体から関係を切り離して「独立グループ」をやってはならない。

改革者にとって、調和を保つ知恵、各方面を調和させる技能を備えなければならず、さらに改革の最高層の設計と計画案配をより重視してはじめて、「1+1>

2」の全体の機能効果を放出することができるのだ。

▒出典

駿馬の毛をみるだけで、その形を知るよしもなく、画の色を見るだけで、其の美を知るよしもない。

——〔戦国〕屍佼『屍子』

▒解釈

屍佼は、戦国時代の法家の思想家で、商鞅の師だと言われる。法律制度の完備によって治国することを主張する。漢の「独尊儒術」の風潮の中、著書『屍子』は焼き払われ、早くも散逸してしまった。後に唐の魏徴、清の章宗順によって輯佚書が作られたという。「見驥一毛、不知其状。見画一色、不知其美」は『屍子』下巻にある言葉である。即ち、千里の馬の毛を一本だけ見て、馬の体格を知ることがない。絵の色だけを見て、その絵の美しさを知らないという意である。

物事の一部しか知らないで、全体像の把握は当然できないものと諭しているのである。

これは『屍子』の「因井中視星、所見不過数星（暗い井戸にて星をみれば、所見は数個に過ぎない）」と同じ意味で、偏った見方のままでは小事に捕らわれ大事や真理が見えなくなるということの喩えとなる。

屍佼のこの主張は、孟子の「明足以察秋毫之末、而不見輿薪（眼は秋毫の末端でも見分けられるが、車に積んだ薪は見えぬ）」、荘子の「井蛙不可以語于海者、拘于虚也。夏虫不可以語于冰者、篤于時也（井蛙には以て海を語るべからざるは、虚に拘ればなり。夏虫には以て氷を語るべからざるは、時に篤ければなり）」、更に先の道家著作『鶡冠子』の「一叶蔽目、不見泰山。両豆塞耳、不聞雷霆（一葉目を蔽えば泰山を見ず、両豆耳を塞げば雷霆を聞かず）」と期せずして一致している。

廬山の真面目を識らざるは、只身此の山中に在るに縁る。

――『貧困脱却・福建東の光――福建東文化建設の随想』などの文中で引用

解読

これは人々に親しまれている蘇軾の詩句であり、語義が質朴で意味深く味わいがある。観察者の目が異なり、視角がそれぞれであるため、同じ廬山であっても、「横より看れば嶺を成し、側よりすれば峰を成す、遠近高低各同じからず。（横から見れば連なった山々のように、脇から見ればぽつんと突き出た一つの山のように見える。見る人の立ち位置、遠近や高低によって見え方が変わるのだ）」の容貌が現れる。

欧米のことわざにあるように「千人の読者の目には千人のハムレットがいる」このような認識の差異からどのように抜け出すか。

「廬山」の枠から跳び出す必要があり、より多くの感性的観察、より強い理性的把握を使って複雑な物事の本質属性を明らかにしなければならない。

習近平氏は１９９０年に閩東（福建省の東）の文化建設に言及する時にこの詩を引用した。習氏は、閩東の人であっても、閩東のことや郷里の愛すべき所をよく知っているとは限らない。もしもただ他人をうらやむだけでは自信を失ってしまうだろうと考えた。こうした時には、「当事者はかえって事態の見通しがきかない」という心理状態から抜け出して、自らの見方だけで見ることを止め、より大きな視野において閩東の長所を発見し、自らの特色と優位をしっかりとらえなければならない。

このような科学的な認識論は、閩東だけに適用されるものではない。

■出典

横看すれば嶺と成り側には峯と成る、遠近高低各の同じからず。

廬山の真面目を識らざるは、只身此の山中に在るに縁る。

――〔北宋〕蘇軾『西林の壁に題す』

■解釈

元豊七年（1084年）、蘇軾は左遷され、黄州から汝州へと赴任していく。旅の途中に江西の九江に着き、廬山を遊覧したのである。壮麗なる景色に詩興をそそられ、廬山紀行の詩を多く作り、『西林の壁に題す』はその一首である。

この詩は、景色を描写するものではあるが、意味深い哲理を語る詩でもあると見られる。詩人は抽象的な議論をせず、遊山で体得したことを主題に哲理を分かりやすく解釈した。

最初の二句「横看すれば嶺と成り側には峯と成る、遠近高低各の同じからず」は、廬山の遊山所見そのままである。廬山は峯が縦横に入り混じり、起伏無尽の大山である。大小それぞれの峯は様々な形をみせ、幾重にも重なっているので、立つ場所によって見える風景がまったく違ってくるのである。

後の二句「廬山の真面目を識らざるは、只身此の山中に在るに縁る」は景色に即して道理を語るものである。廬山の本当の姿を見極めることができないのは、廬山の峰々に身を置いているため、視野が幾重にも重なっていく峯に遮断されてしまうからであって、廬山のほんの一部しか見られないのである。

この世の事を観察する際にも遊山と同じで、ものの見方や理解などが主観要素に制限されてしまうことがしばしばあって、偏りがちになる。

したがって、全面的しかも客観的にものを見るためには、全体を把握する目と大局意識が必要である。

全局を謀らざる者は一域を謀るに足らず。

――『「中共中央の全面的に改革を深化させることに関する若干の重大問題の決定」の説明』などの文中で引用

解読

国際国内の大勢を論じ改革発展の青写真を計画する時に、習近平氏は戦略思考を有し、心に大局を持ち、大勢を把握し、大事に着目する必要があると繰り返し強調した。

「泰山登って天下小なり」という気概があり、「功の成るは必ず我にあらず」の襟懐もあり、大局をよく把握し、大勢を鋭く観察、大事に対して気力に満ちていて初めて、時勢にしたがって謀り、動き、対応することができるのである。

確かに複雑な改革局面に直面して、指導幹部は特に広い見識、大きい胸襟、大きい境地を持ち、具体的な

問題の解決と深い段階の問題の解決を結合させなければならず、頭が痛めば頭を治し、足が痛めば足を治す（その場しのぎの方法を講ずる）というようなことをしてはならない。局部の利益を全局の利益の中に置いてうまく把握すべきである。そして、木を見て森を見ず（部分にとらわれ全体を考えられない）というようなことをしてはならない。目の前のニーズと長期的計画を統一させるべきであり、目前の功利を求めて上手く立ち回るというようなことをしてはならない。

国内情勢と国際環境を結合させるべきであり、現実を知ろうとせず、古いしきたりに閉じこもるような保守的な態度であってはならない。

こうして初めて、兆しから物事の発展の方向を判断し、胸に成算を持つことができるのである。

出典

差し当たりの国の情勢は、再び康乾盛世の富を築くことはできず、建設の話を急にすると、民が恐れをなすだけでなく、有識者も考えあぐねて二の足を踏む。ただ古来より万世を謀らざる者は一時を謀るに足らず、全局を謀らざる者は一域を謀るに足らぬ。累卵の危うきから国の存続を望むのであれば、危険な国土で自己防衛を図り、情勢により地の術を策定すべきだ。先に綱紀を奮い細部の措置を考え、即ち遷都の説は進めるべし。

——〔清〕陳澹然『寤言・遷都建藩議』

解釈

欧米列強の侵略と国勢の衰微を目のあたりにした清末の挙人陳澹然は戊戌年（1898年）に『遷都建藩議』を書き上げ、「万世を謀らざる者は一時を謀るに足らず、全局を謀らざる者は一域を謀るに足らぬ」と著名な観点を述べたのである。

これは長期的な視点を用いて物事を考えないと、現段階において十全な謀略はできない、全体的な利益を考えないと、局部的な利益を把握することができないという意を示している。

「万世を謀らざる者は一時を謀るに足らず」は時間の角度から長期的目標と現段階の目標との関係を解釈するものである。即ち、長期的目標を明確にしないと、現段階の目標を把握しようがないというのである。「全局を謀らざる者は一域を謀るに足らず」は空間の角度から全体的利益と現段階の利益との関係を解釈するものである。即ち、全体的利益を明確にしないと、現段階の利益を把握しようがないというのである。

したがって、時間と空間と二つの角度から行動を考えるのが大事であることを意味する。長期的利益と全体的利益を第一に、現段階の行動はそれに従わないといけないということである。

編集出版にあたって

中国文化は歴史が長く、中華民族の奥深い精神的探求が積み重ねられており、中華民族独特の精神的標識を代表しています。古典名句は中国文化の長い流れの中で磨き上げられてきた知恵の結晶であり、中華民族の優れた伝統文化を伝承する古典的なメディアであります。

中国共産党員は、一貫して中国の優れた伝統文化を広めることを己の責任とし、絶えず優れた伝統文化に新しい時代の内実を与えています。人民日報の読者の話によると、習近平総書記の一連の重要なスピーチと文章の中には、中華民族の優れた伝統文化の広大で深奥なる知恵が輝いており、特に引用されている古典名句は寓意が深く、生き生きとして極めて示唆的な意義を持っているといいます。

習近平総書記の重要なスピーチと語録を勉強しているうちに、自身の伝統文化の素養の限界から、語録に使われている典故の歴史背景に乏しく、その現実的な意味をうまく把握できず、重要なスピーチと語録の勉強と理解に支障が出るのではないかという懸念を抱きました。

それゆえ、人民日報社では、本書『習近平用典』を編集出版することにしました。

本書出版の趣旨は、習近平総書記の重要なスピーチと語録に引用されている典故の現実的な意味についての解説および典故の背景と原意についての説明を通じて、多くの党員幹部による習近平総書記の重要なスピーチと語録の精神に対するより深い学びを助け、習近平総書記の思想の真髄を正確に理解することにあります。

人民日報社社長の楊振武は自らこの本の編集に携わり、序言を執筆しました。副編集長盧新寧と評論部の楊健、張鉄、范正偉、詹勇、李拯などが説明文を、楊立新が典故の意味と説明をそれぞれ執筆し、劉春雷が校訂を担当、董偉、鞠天相、曹騰、蔣菊平、頼凌麗、高亮、王怡なども校訂、編集、出版などの作業に参加しました。

本書の編集と出版にあたり、多くの重要な文献と専門家の観点を参考にさせていただきました。ここに深く感謝の意を表します。また、編集者の力不足から、いろいろ不備なところもあると思います。お気づきの点がありましたら、ご指摘いただけますようお願いいたします。

主な参考文献

習近平『習近平談治国理政』外文出版社、２０１４年
習近平『之江新語』浙江人民出版社、２００７年
習近平『幹在実處走在前列——推進浙江新発展的思考與実践』中共中央党校出版社、２００６年
習近平『擺脱貧困』福建人民出版社、１９９２年
白居易著朱金城箋校『白居易集箋校』上海古籍出版社、１９８８年
張田編『包拯集』中華書局、１９６３年
包拯撰楊国宜校注『包拯集校注』黄山書社、１９９９年
嚴羽著 郭紹虞校釈『滄浪詩話校釈』人民文学出版社、１９８３年
李贄『蔵書』中華書局、１９７４年
王聘珍撰 王文錦點校『大戴礼記解詁』中華書局、１９８３年
高明注訳『大戴礼記今注今訳』台湾商務印書館、１９７５年
李世民撰 張玉齢釈訳『帝範』遠方出版社、１９９８年
蘇軾著 龍吟訳評『東坡易伝』吉林文史出版社、２００２年
馮夢龍原著 蔡元放改編『東周列 国誌』中華書局、２００９年
『杜荀鶴文集』上海古籍出版社、１９９４年
程顥、程頤著 王孝魚點校『二程集』中華書局、１９８１年
朱熹輯『二程語録』商務印書館、１９３７年
『二十四史』中華書局、２０００年
杜牧著 馮集梧注『樊川詩集注』上海古籍出版社、１９６２年
杜牧『樊川文集』上海古籍出版社、１９７８年
趙翼『陔余叢考』商務印書館、１９５７年
『格言聯璧』清光緒十九年（１８９３年）
龔自珍撰 劉逸生注『龔自珍己亥雜詩注』中華書局、１９８０年
顧炎武『菰中随筆』中華書局、１９８５年
『顧炎武全集』上海古籍出版社、２０１１年
陶鎧編『官箴薈要』線装書局、２０１１年
房玄齢注 劉績増注『管子』上海古籍出版社、１９８９年
『管子 附戴望校正』商務印書館、１９３４年
顔昌嶢著 夏剣欽、邊仲仁點校『管子校釈』嶽麓書社、１９９６年
陳桐生訳注『国語』中華書局、２０１３年
陳秉才訳注『韓非子』中華書局、２００９年
『韓非子』上海古籍出版社、１９８９年
邵增樺注訳『韓非子今注今訳』台湾商務印書館、１９８２年
周勛初改訂『韓非子校注』鳳凰出版社、２００９年
韓非著 陳奇猷校注『韓非子新校注』上海古籍出版社、２０００年
『韓詩外傳今注今訳』台湾商務印書館、１９７９年
班固撰 王先謙補注『漢書補注』上海古籍出版社、２０１２年
『漢魏古注十三経 附四書章句集注』中華書局、１９９８年
範曄『後漢書』中華書局、２００７年
劉安等編著 高誘注『淮南子』上海古籍出版社、１９８９年
姚春鵬訳注『黄帝内経』中華書局、２０１０年
銭仲聯校注『剣南詩稿校注』上海古籍出版社、１９８５年
銭徳蒼輯『解人頤』嶽麓書社、２００５年
朱熹、呂祖謙撰 張京華輯校『近思録集釈』嶽麓書社、２０１０年
万斯大撰 温顕貴校注『経学五書』華東師範大学出版社、２０１２年
王安石『荊公論議』上海古籍出版社、１９９２年
饒尚寬訳注『老子』中華書局、２００６年

王弼注　樓宇烈校釈『老子道徳経注校釈』中華書局、２００８年
任継愈訳『老子今訳』古籍出版社、１９５６年
葉紹鈞選注『礼記』商務印書館、１９２６年
楊天宇『礼記訳注』上海古籍出版社、１９９７年
『礼記正義（十三経注疏）』北京大学出版社、２０００年
傅東華選注『李白詩』商務印書館、１９２８年
蔣世弟選注『林則徐詩文選』華東師範大学出版社、１９９４年
楊国楨選注『林則徐選集』人民文学出版社、２００４年
陸玖訳注『呂氏春秋』中華書局、２０１１年
張雙棣等訳注『呂氏春秋』中華書局、２００７年
張燕嬰訳注『論語』中華書局、２００６年
何晏集解　皇侃義疏『論語集解義疏』商務印書館、１９３７年
銭穆『論語新解』生活·読書·新知三聯書店、２００２年
楊伯峻訳注『論語訳注』中華書局、１９８０年
臧克家主編『毛澤東詩詞鑒賞』河南文藝出版社、２００５年
万麗華、藍旭訳注『孟子』中華書局、２００６年
金良年撰『孟子訳注』上海古籍出版社、２００４年
黄宗羲著　段誌強訳注『明夷待訪録』中華書局、２０１１年
李小龍訳注『墨子』中華書局、２００７年
魏源著　趙麗霞選注『默觚：魏源集』遼寧人民出版社、１９９４年
劉基『擬連珠編』商務印書館、１９３７年
『歐陽修全集』中華書局、２００１年
杜甫著銭謙益箋注『銭注杜詩』上海古籍出版社、２００９年
王符著　汪継培箋　彭鐸校正『潜夫論箋校正』中華書局、１９８５年
唐甄『潜書』古籍出版社、１９５５年
唐甄『潜書注』四川人民出版社、１９８４年
『清代筆記小説大觀』上海古籍出版社、２００７年
唐圭璋編纂　王仲聞參訂　孔凡礼補輯『全宋詞』中華書局、１９９９年
『全唐詩』中華書局、１９９９年
董誥等編『全唐文』上海古籍出版社、１９９０年
彭玉平編著『人間詞話』中華書局、２０１０年
王国維『人間詞話』上海古籍出版社、２０１１年
陳寿撰　裴松之注『三国誌』中華書局、２００６年
夏僎『尚書詳解』商務印書館、１９３６年
荀悦撰　黄省曾注『申鑒』上海古籍出版社、１９９０年
高流水、林恒森訳注『慎子、尹文子、公孫龍子全訳』貴州人民出版社、１９９６年
黄曙輝點校『尸子』華東師範大学出版社、２００９年
尸佼著　汪継培輯　朱海雷撰『尸子訳注』上海古籍出版社、２００６年
李山主編『詩傳通釈』北京師範大学出版社、２０１３年
朱熹集注『詩集傳』中華書局、１９５８年
程俊英訳注『詩経訳注』上海古籍出版社、２０１４年
朱向前主編『詩史合一：毛澤東毛沢東詩詞的另一種解讀』人民出版社、２００８年
司馬遷『史記』中華書局、２００６年
盧元駿注訳『説苑今注今訳』天津古籍出版社、１９８８年
劉向撰　程翔訳注『説苑訳注』北京大学出版社、２００９年
司馬光『司馬温公文集』商務印書館、１９３７年
顧嗣協『四庫未收書輯刊·依園詩集六巻』北京出版社、２０００年
繆鉞等撰『宋詩鑒賞辞典』上海辞書出版社、１９８７年

銭鍾書『宋詩選注』生活·讀書·新知三聯書店、２００２年
蘇軾著　傅成、穆儔標點『蘇軾全集』上海古籍出版社、２０００年
孔凡礼點校『蘇軾文集』中華書局、１９８６年
蘇轍著　陳宏天、高秀芳點校『蘇轍集』中華書局、１９９０年
孫武著　黄葵訳注『孫子兵法』浙江古籍出版社、２０１１年
駢宇騫、王建宇、牟虹、郝小剛訳注『孫子兵法·孫臏兵法』中華書局、２００６年
蘇軾撰　王松齢點校『唐宋史料筆記叢刊：東坡誌林』中華書局、１９８１年
王安石著　秦克、鞏軍標點『王安石全集』上海古籍出版社、１９９９年
兪紹初校點『王粲集』中華書局、１９８０年
王守仁撰　呉光、銭明、董平、姚延福編校『王陽明全集』上海古籍出版社、１９９２年
王勃『王子安集』上海古籍出版社、１９９２年
文天祥『文山先生全集』商務印書館、１９３５年
劉勰著　黄霖導讀　黄霖整理集評『文心雕龍』上海古籍出版社、２００８年
陳淡然『寤言』清光緒二十七年（１９０２年）版
梁啓超著　宋誌明選注『新民説』遼寧人民出版社、１９９４年
歐陽修、宋祁『新唐書』中華書局、１９７５年
歐陽修撰　徐無黨注『新五代史』中華書局、１９７４年
袁枚著　郭紹虞輯注『続詩品注』人民文学出版社、１９６３年
荀況撰　楊倞注　盧文弨、謝墉校『荀子』商務印書館、１９３６年
張覚『荀子訳注』上海古籍出版社、２０１２年
桓寛『塩鉄論』上海人民出版社、１９７４年
檀作文訳注『顔氏家訓』中華書局、２００７年
孫星衍、黄以周校『晏子春秋』上海古籍出版社、１９８９年
呉則虞編著　呉受琚、兪震校補『晏子春秋集釈』国家図書館出版社、２０１１年
楊萬裏著　王琦珍整理『楊萬裏詩文集』江西人民出版社、２００６年
王愷鑾校正『尹文子校正』商務印書館、１９３５年
林寒選注『於謙詩選』浙江人民出版社、１９８２年
張衡著　張震澤校注『張衡詩文集校注』上海古籍出版社、１９８６年
張居正『張太嶽集』上海古籍出版社、１９８４年
張居正『張文忠公全集』商務印書館、１９３５年
駢宇騫、駢驊訳『貞観政要』中華書局、２００９年
呉兢編著『貞観政要』上海古籍出版社、１９７８年
『鄭板橋集』中華書局、１９６２年
卞孝萱編『鄭板橋全集』斉魯書社、１９８５年
曾国藩著　史林注訳『治心経』中国言実出版社１９９９年
王通撰　阮逸注『中説』廣文書局（台湾）、１９７５年
郭彧注『周易』中華書局、２００６年
南懐瑾、徐芹庭注訳『周易今注今訳』台湾商務印書館、１９７４年
金景芳、呂紹剛『周易全解』上海古籍出版社、２００５年
王弼、魏康伯注　孔穎達等正義『周易正義　附校勘記』上海古籍出版社、１９９０年
『諸葛亮集』中華書局、１９７５年
孫通海訳『莊子』中華書局、２００７年
陳鼓應注訳『莊子今注今訳』中華書局、１９８３年
楊柳橋撰『莊子訳詁』上海古籍出版社、１９９１年
司馬光編著　胡三省音注『資治通鑒』中華書局、１９５６年
高士奇『左伝紀事本末』中華書局、１９７９年

習近平用典

2019年6月24日　第1刷発行

著　者――人民日報評論部

訳　者――高 潔　陸 晩霞　謝 秦　林 彬
　　　　　沈 書娟　曹 娜　呉 爽

発　行――博文国際
〒136-0072　東京都江東区大島8-28-24
☎03（5609）3632
URL http://www.multiculture.co.jp

編集協力――上部一馬　潘 明慧

発　売――コスモ21
〒171-0021　東京都豊島区西池袋2-39-6-8F
☎03（3988）3911
FAX03（3988）7062
URL https://www.cos21.com

印刷・製本――中央精版印刷株式会社

定価はカバーに表示してあります。

ISBN978-4-87795-380-5 C0010